U0619106

体育学评论：
事件与案例

Ti Yu Xue Ping Lun: Shi Jian Yu An Li　黄璐 著

汕头大学出版社

图书在版编目（CIP）数据

体育学评论：事件与案例 / 黄璐著 . —汕头：汕
头大学出版社，2018.3
　　ISBN 978-7-5658-3305-2

　　Ⅰ.①体… Ⅱ.①黄… Ⅲ.①体育－事件－评论
Ⅳ.① G80

中国版本图书馆 CIP 数据核字（2018）第 004759 号

体育学评论：事件与案例　　　　　TIYU XUE PINGLUN: SHIJIAN YU ANLI

著　　者：黄　璐
责任编辑：邹　峰
责任技编：汤　丽
封面设计：汤　丽
出版发行：汕头大学出版社
　　　　　广东省汕头市大学路 243 号汕头大学校园内　邮政编码：515063
电　　话：0754-82904613
印　　刷：北京市金星印务有限公司
开　　本：787mm×1092mm　1/16
印　　张：16
字　　数：228 千字
版　　次：2018 年 3 月第 1 版
印　　次：2018 年 3 月第 1 次印刷
定　　价：48.00 元
ISBN 978-7-5658-3305-2

发行 / 广州发行中心　通讯邮购地址 / 广州市越秀区水荫路 56 号 3 栋 9A 室　邮政编码 /510075
电话 /020-37613848　传真 /020-37637050

版权所有，翻版必究
如发现印装质量问题，请与承印厂联系退换

目　录

第1章　体育理论的争鸣与评论 ……………………………… 1

　1.1　体育学跨学科、多学科、超学科研究比较评论 ………… 1

　　1.1.1　体育学跨学科、多学科、超学科研究的基本观点 … 2

　　1.1.2　体育学多学科交叉综合研究概念的提出与动力基础 … 8

　　1.1.3　体育学多学科交叉综合研究的展望 ……………… 11

　1.2　体育学纯粹理性批判 ………………………………… 18

　　1.2.1　体育学术单维空间 ………………………………… 18

　　1.2.2　背书匠的没落 ……………………………………… 20

　　1.2.3　纯粹理论的自由遐思与自然秩序法则 …………… 25

　1.3　对一元训练理论的质疑与评论 ……………………… 30

　　1.3.1　一元训练理论的文本形式 ………………………… 31

　　1.3.2　天才的客观存在与理论认同 ……………………… 31

　　1.3.3　两种引证规则 ……………………………………… 32

　　1.3.4　部分论据引证效力尚待商榷 ……………………… 33

　　1.3.5　无科学证伪的经验阐发不能代替结论 …………… 35

　　1.3.6　一元训练理论支持者并未摆脱思维定势的纠缠 …… 36

　　　　1.3.7　支持"一元训练理论" ……………………… 37

　1.4　对竞技运动异化论的质疑与评论 ……………… 40

　　　　1.4.1　问题的提出 ………………………………… 40

　　　　1.4.2　作为语言代码与文字符号的"异化" …… 41

　　　　1.4.3　对竞技运动异化的本性模糊所形成的思维定势 …… 43

　　　　1.4.4　一些实证的讨论 …………………………… 46

　　　　1.4.5　竞技运动异化论的现实 ………………… 51

　　　　1.4.6　基于竞技运动异化论逻辑起点的再商榷 …… 52

　1.5　论体育起源兼评《理解的艺术》一文 ……… 57

　　　　1.5.1　理解的意味与辩驳 ………………………… 58

　　　　1.5.2　解析《理》文的文献依据引证和逻辑推理过程 …… 64

　　　　1.5.3　基于《理》文几个基本认识范畴的商榷 …… 72

　　　　1.5.4　关于体育起源研究的反思 ……………… 76

　1.6　具有中国特色的振兴"三大球"之路

　　　　——回应刘建和教授的问题 ………………… 85

　　　　1.6.1　问题意识的重要性 ………………………… 86

　　　　1.6.2　振兴三大球的主要目的是什么 ………… 87

　　　　1.6.3　我们究竟需要一个什么样的体制 ……… 92

　　　　1.6.4　三大球回归学校还有多长的路要走 …… 97

　　　　1.6.5　结语：请关注陌生 ………………………… 102

第2章　重大体育事件的学术时评 …………………… 105

　2.1　NBA 停摆与资本主义经济危机 ……………… 105

　　　　2.1.1　美国四大职业体育联赛停摆与资本主义经济危机 … 106

　　2.1.2　NBA 停摆与资本主义经济危机 ……………… 109

　　2.1.3　2011 年 NBA 停摆与新自由主义的修正主义 ……… 114

2.2　李宁品牌困局的评论与启示 ……………………… 118

　　2.2.1　产品技术升级：一个象征高科技的媒体"神话" … 119

　　2.2.2　政策扶持力度：被掩盖的比较优势陷阱 ……… 122

　　2.2.3　国际发展战略：被民族情绪冲昏头脑的冒进行为 … 124

　　2.2.4　快速响应机制：不得要领的"快"模仿、"快"时尚 128

　　2.2.5　商业模式创新：一个不受关注的企业战略问题 …… 131

　　2.2.6　给商界、学界的一些参考意见 ……………… 134

2.3　伦敦奥运会羽毛球消极比赛事件评论 …………… 137

　　2.3.1　事件简要回顾 ………………………………… 137

　　2.3.2　"保存实力"式的消极比赛是国际惯例 ……… 138

　　2.3.3　"独孤求败"式的消极比赛是恶劣行为 ……… 139

　　2.3.4　规则是幕后推手 ……………………………… 140

　　2.3.5　动了谁的"奶酪" ……………………………… 142

　　2.3.6　无限度的权力 ………………………………… 143

2.4　巴西世界杯足球赛全景时评 ……………………… 145

　　2.4.1　关于欧洲豪门小组出局 ……………………… 146

　　2.4.2　关于亚洲球队全军覆没 ……………………… 149

　　2.4.3　关于门线技术无瑕表现 ……………………… 152

　　2.4.4　关于体育英雄并未退场 ……………………… 155

　　2.4.5　关于中国足球未来想象 ……………………… 158

2.5　里约奥运会全景时评 ……………………………… 165

　　2.5.1　增强奥林匹克神话 …………………………… 166

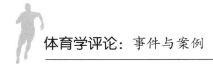
2.5.2 《奥林匹克 2020 议程》实践观察 …………………… 168

2.5.3 奥运会价值再发现 …………………………………… 170

2.5.4 媒体转型正当时 ……………………………………… 172

2.5.5 中国女排重回巅峰的重要意义 ……………………… 174

2.6 中职篮"川辽冲突"事件评析 ………………………… 176

2.6.1 研究意义 ……………………………………………… 177

2.6.2 体育社会组织危机公关案例分析 …………………… 178

2.6.3 体育社会组织危机公关机制 ………………………… 186

2.7 大型运动会真的太多了 ………………………………… 187

第3章 体育学书评案例 ……………………………………… 194

3.1 《竞技体育中的公平竞争》简评 ……………………… 194

3.1.1 《竞技体育中的公平竞争》的基本信息 ………… 195

3.1.2 《竞技体育中的公平竞争》的主要内容 ………… 195

3.1.3 《竞技体育中的公平竞争》的理论与实践价值 … 197

3.1.4 《竞技体育中的公平竞争》的不足之处 ………… 198

3.1.5 小结 …………………………………………………… 201

3.2 《当我谈跑步时，我谈些什么》研究札记 ………… 202

3.2.1 在无聊与充盈之间 …………………………………… 203

3.2.2 在颓废与激励之间 …………………………………… 205

3.2.3 在自我与责任之间 …………………………………… 208

3.2.4 在传统与时尚之间 …………………………………… 210

3.2.5 在消亡与存在之间 …………………………………… 212

3.3 《高中篮球、种族与美国梦》评析 ………………… 215

3.3.1　《美国梦》的研究背景 ·············· 216

3.3.2　《美国梦》的研究方法 ·············· 218

3.3.3　《美国梦》的主要观点 ·············· 220

3.3.4　跟进思考：美国篮球梦的轮廓与文化精神 ·········· 225

3.4　《体育政治经济学》评析 ·············· 230

3.4.1　《体育政治经济学》的内容框架 ············ 230

3.4.2　《体育政治经济学》的理论价值 ············ 231

3.4.3　精读一：体育文化的政治经济学解读 ·········· 234

3.4.4　结语 ···················· 235

3.5　《运动哲学杂志》（JPS）推荐 ············ 237

3.5.1　"论文"与"讨论"栏目 ·············· 239

3.5.2　"专题部分"与"评论性回顾"栏目 ········· 241

3.5.3　机动栏目 ·················· 243

3.5.4　后记 ···················· 243

第 1 章
体育理论的争鸣与评论

1.1 体育学跨学科、多学科、超学科研究比较评论

提　要：从辨识体育学跨学科、多学科、超学科的共性与差异着手，研究三者的本质区别为交叉性、整体性和共通性，应力避研究范式的层级论和广义跨学科概念这两个理解误区，改善研究者和制度安排这两个主要制约因素的发展环境。提出体育学多学科交叉综合研究概念，动力基础主要来自三个方面，即当代体育学理论的持续深入、全球体育实践进程的纵深发展、寻求体育学社会认同与学科地位。明晰体育人文社会科学分支学科间的交叉建构关系，简述体育学多学科交叉综合研究状况。最后断言，多学科交叉综合研究范式将保持在国际体育学术层面上的高吸引力状态，冀望引起学友的关注与重视。

跨学科（Interdisciplinarity）、多学科（Multidisciplinarity）、超学科（Transdisciplinarity）是三种主要的学科间（Cross-disciplinarity）合作研究范式。辨识三者的共性与差异，对理解体育学研究范式大有裨益。同时，体育学的交叉性、综合性、系统性等特点，使其成为一个多学科交叉综

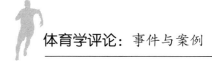

合研究领域。在此针对若干主要问题进行思考，为后期跟进研究提供认识基础。

1.1.1　体育学跨学科、多学科、超学科研究的基本观点

（1）体育学跨学科研究

跨学科研究指的是针对那些无法用单一学科的知识和方法来研究的复杂问题，联系和整合两个或多个学科知识与方法，或两个或多个行业与技术领域，从各专业角度得出新的知识和方法，进而完成共同的研究任务，或解决某个复杂性问题，即便这个问题延伸至其它领域，可进一步整合各学科知识和方法，达到认识解决问题的目的。跨学科研究的核心是强调研究的交叉性，实现新的学科进步发展，这种学科进步主要体现在两个方面：一是学科交叉整合应当开创全新的研究领域，如纳米技术，没有两个或多个学科的支撑，这种技术是无法实现的；二是学科交叉整合应当促进各学科知识与方法的更新发展，如量子信息处理技术，针对学科间的"空白地带"，交叉整合物理学、计算机科学、生物信息学、分子生物学等学科知识与方法，丰富、促进与发展了各学科原有知识与方法[1]。

有学者将跨学科研究的观念追溯至古希腊哲学的发展，认为古希腊的史学家和剧作家常常从哲学、医学等领域采集元素，以更深入地理解他们的素材[2]。也有学者认为该观念来自现代知识的综合与整合以及科学的统一思想[1]。时至今日，跨学科研究得到各国的普遍重视，并纷纷建立跨学科研究中心（专项计划与科研项目），培养跨学科研究力量。根据美国教育统计中心（National Center of Educational Statistics，NECS）的数据，美国跨学科学位授予人数从 1973 年的 7000 人增长到 2005 年的 30000 人。斯坦福大学开展了一项名为"生物 -X"（Bio-X）的计划，探讨生物学、计算机科学、医学和工程研究的交叉点。英国瑞丁大学（Reading University）建立了一个电子网络研究项目，开创了电子人等研究领域。英国物理科学基金资助的英国物理与工程研究委员会（EPSRC），在国内建立了诸多跨

学科博士训练中心，其中沃维克大学（Warwick University）的分子与细胞研究中心（MOAC）专门培养生命科学领域中的数学家和物理学家。爱沙尼亚艺术研究院（EAA）开展了一项专项艺术培养计划，课程侧重艺术表演和媒体混合的形式，旨在从跨学科的角度理解当代艺术。[3] 国际上比较成熟的跨学科研究领域有艾滋病研究、全球变暖、纳米技术、教育研究、妇女研究、民族区域研究、中世纪研究等。

　　体育学跨学科研究在实现新的学科进步发展方面，更多地侧重于第二条道路，即促进各学科知识与方法的更新发展。这是由体育学科的本质决定的。类似于当下一些主流学科的历史演进过程，如20世纪的人类学和社会学普遍缺乏分析技术方法，许多对社会分析技术感兴趣的学者充实到学科队伍中，极大地促进了人类学和社会学的学科成长，同时，技术应用过程中出现的新问题，又反过来促进了分析技术的进步。把握跨学科研究的这一显要特点，即可甄别哪些研究属于体育学跨学科研究范畴。如体育网络工程研究，从概念表层无法判断这是跨学科交叉生成的新兴研究领域，还是网络工程理论与方法在体育实践领域的应用。如果只是把网络工程理论与方法平行植入到体育实践中，例如模仿淘宝网设计一个体育购物网站，模仿设计一个校园体育管理系统，模仿设计一个体育信息资源共享平台等，这些研究对网络工程学科建设而言没有任何的创新促进因素，甚至连学科知识的扩充与积累都谈不上，体育领域只能戴一顶"母学科"的帽子，沦为母学科知识与方法实践中的一个应用部门。反之，如果能够生成新的研究方法，或者研究成果超越了网络工程既有的知识框架，那么可视为深入学科内部交叉整合的跨学科研究领域。由此，体育网络工程研究既是跨学科交叉研究领域，又是母学科实践应用领域，应视具体成果情况具体分析。再如体育政治经济学研究，国内学者着墨不多，国外学者从新政治经济学（偏经济学理论）和国际政治经济学（偏国际关系理论）两个方面着手[4]，既填充了体育学的"空白地带"，又在政治经济学现有知识基础上强调身体实践的作用，为活跃、扩充政治经济学理论起到积极作用。

　　依据以上判断，体育学二级学科框架下，诸如体育哲学、体育社会学、

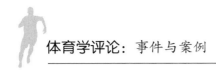

体育文化学、体育计算机理论等领域的大部分研究成果，均属于母学科知识与方法的应用，而非真正意义上的跨学科研究。其一，体育学一般是引入母学科方法，鲜有在研究过程中生成新方法，进而反过来促进母学科方法更新，如借助经济学理论模型，对体育经济现象进行描述性研究。其二，有些研究的概念体系往往体现为"只可意会不可言说"，既非有关身体的（Physical Body）研究，也非竞技（Sport）与休闲（Leisure）的阐述。如体育哲学研究领域，既非对柏拉图、尼采、卢梭、福柯等身体观的发展，也非对既有竞技哲学知识框架的超越，更多的是运用掌握的哲学知识对体育现象进行个性化的阐释。诚然，大部分研究成果不属于体育学跨学科研究范畴，但这并未否定母学科知识应用的积极意义，对体育学多视角问题思考、知识积累与研究方法的多元化大有裨益。

（2）体育学多学科研究

多学科研究指围绕某个重大社会实践问题，将两个或多个学科的研究人员组织起来，每个参与研究的学科力求从本学科的角度，运用本学科已有的知识和方法，产生独立的、具体的学科研究成果的一种学科间视角、知识与方法的非综合性混合研究形式。多学科研究倾向于各学科知识与方法的实践应用，学科知识是累积性的，并非相互作用的[5]，不会为各学科带来新的知识发展，不会导致学科数量的增加或减少。多学科研究往往由某个统领全局的机构牵头组织（交由第三方管理），将某个重大社会实践问题分为若干个独立的子系统，各学科分别解决本学科力所能及的研究子项目，各学科研究成果在学科间实现共享，并保持分享共同利益和学科平等的关系。多学科研究的核心是强调研究的整体性，对社会实践问题的整体认识，或对整个研究模式、形式和功能的系统思考，或对研究结构与信息形成一个整体观念。

国际上比较成熟的多学科研究领域有教育理论、信息通讯、物理、医疗、诗歌、绘画中的立体主义、艾滋病研究等。例如全球艾滋病流行研究，研究小组从基础医学、临床、流行病学、政治学、社会学等多个学科进行深入的整体研究，每个学科研究部分都是独立存在的，学科间没有交叉和联系，第三方机构综合考虑各学科的研究成果，制定一个顾及多方因素的、切实有效的、整体性、系统化的全球艾滋病防治策略，为全球共同解决艾滋病这一人类重大灾难性问题提供理论保障。再如健康与医疗领域，多学科会诊是指来自不同专业背景的研究者，在他们各自的学科范畴和能力范围内，对一些病理特殊的、复杂的患者进行全面诊断与评估，进而统摄各方观点，提出一个整体的治疗方案[6]。

体育学研究领域亦不乏种种案例。早在冷战时期，苏联为抗衡美国竞技体育，打击西方阵营的嚣张气焰，特邀运动训练、生理生化、兴奋剂、社会学等各学科专家会诊竞技体育。中国借鉴苏联竞技体育的"举国体制"模式，强调集中统一管理、资源有效配置和多方参与研究的发展模式，最典型的是北京奥运会科技攻关项目。提高运动员竞技水平是一个全方位的、多因素影响的系统化工程，涉及体能、营养、生理代谢、训练方法、心理变化、就业保障等方面，国家体育总局承担了多学科研究中的第三方组织管理机构的责任，在行政管理层面上提出了"全方位、多学科、综合性、零距离"[7]的奥运科技攻关理念，将各学科专家组织起来，统一管理、多方参考、综合决策、整体实践，为中国取得辉煌的奥运成绩起到了重要的支撑和保障作用。

（3）体育学超学科研究

超学科研究是指在熟练掌握两个或多个独立学科理论与方法的基础上，提炼学科间共同互通的理论与方法，形成超越独立学科理论、方法和问题的更加一般化的理论范式，进而将这个理论范式转化或应用到不同的研究领域，增进对其它研究领域或复杂性问题的理解[8~9]。在德语国家，超学科概念更多地被理解为学科间研究的一体化形式（Integrative Forms of Research）[10]，这与超越学科知识的统一性原则相适应。作为学科间一体化的概念理解，超学科研究涵盖了一系列相关科学知识以及科学外实践经验问题的解决方法，不仅仅针对科学讨论及衍生的学科研究，还面向研究解决现实问题。例如马克思深入学习政治学、经济学和社会学理论，寻找

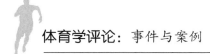

学科间的共通理论与方法，进而超越原有学科理论框架，形成了历久弥新的马克思主义哲学理论，并将这种哲学分析范式转化与应用到艺术、历史文学等领域研究中[11]。超学科研究的核心是强调研究的共通性，对多学科知识与方法的整合应用程度，是判断其是否属于超学科研究的显著标志。也有学者将超学科研究定义为一种特殊的跨学科研究形式，有利于淡化学科间界限，为更好地研究解决公共问题服务[12]。

随着全球问题的增多和社会问题的升级，需要用超学科理论与方法解决的复杂性问题在不断积累发展，超学科研究获得了更多关注。建立超学科研究项目面临很大挑战，或者说这是一个只能无限接近却无法实现的理想，亟待考虑的是有关超学科的研究方法、组织机构和教育教学问题[12]。超学科项目带头人或主要研究人员必须具备两个或两个以上学科知识、方法和授予学位，还需具备多个专业的从业经验，以便更好地将超学科理论范式与新的复杂性问题有效结合起来。

体育学界习惯用"大一统"的感性思维方式进行概念分析与定义，最典型的当属"大体育"这一无所不包的概念体系，表面上看是一种多价值取向的属概念整合，有利于实践应用，实质上是逻辑思维是否严密严谨的表征。马卫平等人[13]在体育学跨学科概念分析中将"Interdisciplinarity"定义为学科互动，将"Transdisciplinarity"定义为跨学科，在通篇讨论跨学科这个概念时，其概念所指既非"Interdisciplinarity"也非"Transdisciplinarity"，而是普遍意义上的"学科间研究"或"跨越学科界限的研究"，即"Cross-disciplinary Researches"这一概念。唐东辉等人[14]的跟进研究借鉴了这一宽泛模糊的概念体系。刘一民等人[15]早期对体育跨学科概念的思考同样植根于"学科间研究"这个广义概念范畴。李永宪等人[8]的后续研究初步厘清了三者的特性与差异，且突出了超学科研究的作用。由于跨学科、多学科、超学科研究概念的高度接近，三者的本质区别仍在争论中，尚未达成普遍一致的看法，尤其在体育学感性思维环境中，这就为分辨学科研究性质带来了难度。例如北京奥运会科技攻关项目，根据不同的研究切入点来选择研究范式与方法，多学科、跨学科、超学科研究范式往往并存于同一研究对象中，三者在具体实践过程中更多的是以混合的形式存在，研究范式的边界比较模糊。尤其在判断超学科研究领域的时候，因为跨学科研究在生成新知识和方法时，也会涉及对各学科共通知识的超越性问题，而多学科研究也并不是完全在互不联系的研究环境中进行的。

（4）三种学科研究范式的共性、差异与理解误区

三种学科研究范式的共性主要体现在，共同面临复杂的社会实践问题，三者可并存于同一研究对象。强调学科间的平等、资源与成果共享以及互相尊重理解。在认识论、方法论和知识应用三个层面上进行学科间合作与发展。学科带头人或主要研究人员必须精通两个或两个以上学科知识和方法，有必要获得两个或两个以上专业学位。三种学科研究范式的差异远甚于其共性（见表1-1）。以解决实际问题或学科建设问题为出发点，形成两种学科间研究导向，多学科和超学科研究均以解决重大复杂的实际问题为旨归，跨学科研究在此基础上兼具学科建设发展重任。在学科建设这一层意义上，由学科导向的跨学科研究，"Interdisciplinarity"可译为交叉学科；由学科导向的学科间研究，"Cross-disciplinary Researches"可译为交叉学科研究[16]。诚然，本书使用维基百科、Worldlingo等公共概念工具，综合提炼一些普遍认同的学科概念观点，三者差异的甄别使用具有一般性，并未考虑部分学者或来自区域的富有创新的观点案例。同时，概念本身在不断的争辩与发展变化中，本书提倡具体问题具体分析。

表1-1 跨学科、多学科、超学科研究范式的差异

	研究导向	研究对象	学科发展	知识与方法	研究强调	本质差异	主要研究者
跨学科	学科导向问题导向	复杂性	增加或减少	产生新领域、知识与方法	交叉性	学科间交叉整合	具备双学位或多学位
多学科	问题导向	整体性复杂性	保持不变	在原学科范畴内产生新知识与方法	整体性	学科间互不联系	具备双学位或多学位
超学科	问题导向	复杂性	增加或减少	提炼学科间共同的知识与方法	共通性	学科间交叉提炼	具备双学位或多学位，多个专业的从业经验

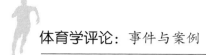

明确相关概念及其关系之后，应力避两个主要的理解误区。误区一是形成研究范式的层级论，即认为学科间合作的初级形式是多学科研究，高级形式是狭义的跨学科研究，最高级形式是超学科研究。如体育学多学科研究被误读为学科间合作的初级形式，是对某一共同问题认识的简单集中，或多学科知识和方法的简单叠加[8]，亦"难以摆脱以偏概全的局面[13]"。真正意义上的多学科研究不仅为跨学科、超学科研究打下坚实的基础，且直接针对解决重大复杂的社会实践问题。误区二是在广义范畴理解跨学科研究，将不同研究范式一概列入跨学科研究框架。"大一统"概念的流行，在实践应用中，诸如制度设计、学科设置、课题审批、教育教学、人才培养等方面很容易出问题。有必要厘清不同研究范式概念间的联系与差异，明确研究目标与性质，为更好的研究设计与项目实施创造条件。为此，在研究者和制度安排这两个制约学科间研究发展的核心因素方面，研究者应积极扩充知识面，改善知识结构，加强学科间的交流与对话。现有体制应创造更多的便利条件，改善僵化的制度设计，如项目评审与评估、成果发表与交流、学科设置与地位、创建第三方研究机构等方面。

1.1.2 体育学多学科交叉综合研究概念的提出与动力基础

体育实践更多的是一种社会存在与文化形态，体育现象与问题极具复杂性，相应的学科建设发展具有交叉性、综合性、系统性等特点，故以问题导向的体育学研究，三种学科间研究范式通常并存于在同一研究项目中，其概念定义为跨学科、多学科、超学科研究范式的综合应用，或学科间研究的综合运用形式，或涉及多个学科交叉的综合研究，为便于概念表述，在此命名为"多学科交叉综合研究"。体育学多学科交叉综合研究并非新近兴起的学科发展模式，在体育学发展的很长一段时期内，其被视为一种复杂的、不可控的、难以实现的，且存在诸多应用障碍的边缘化研究范式。相比之下，跨学科交叉研究具有可操作性强，利于开辟新的交叉研究领域和建立交叉学科等优势，作为体育学理论发展的主要研究范式，位列学科体制的核心地位。

随着体育全球化实践的纵深发展，传统体育学理论框架不能满足日趋多元化、复杂化的国际体育现象的解释需要，这为体育学多学科交叉综合研究范式的应用发展提供了机遇，同时促进了体育学理论与实践发展回归学科原点的思考。按照亚里士多德的说法，"一切的技术和科学，只要其研究不限于事物的部分，而是以某一终极的种为对象，那么隶属于每一个种的事物就应由单一的一门技术或科学来研究。例如，体育科学要研究，什么样的训练对什么样的身体有利，什么样的训练是最优良的，以及对于大多数人来说，什么是他们全都能接受的一种训练方法[17]"。以体育为对象建立的全学科并未局限于某一主导跨学科门类的发展或应用，而是在体育实践引领下的一种高度综合化的学科交叉发展过程。体育的学科化研究在于建立不同的体育分支学科基础，以追求个体卓越，进而促进整体性发展的方式，换言之，所有学科化研究的努力将汇聚成一条道路，共同为体育实践提供解释与指导。体育学多学科交叉综合研究的兴起，更大程度上是由体育学内外部发展环境（多维面实践发展环境变化）引起的，以多学科理论综合应用与解释日益复杂的全球体育实践为动力基础，形成的体育学科应对发展和多学科综合作用的结果。在诸多的发展动力因素中，表征体育学内外部发展的三个核心动力因素极为重要。

首先，当代体育理论的高度分化与纵深发展为其提供了学科内部发展源动力。理论解释不仅局限于两个变量间的考察、比较与研究，而是建构多主体、多目标、多变量、复杂性的研究模型。以体育文化社会学为例[18]，从传统体育学科视域来看，属典型的基于两个变量间比较的跨学科交叉研究，而研究者试图超越跨学科研究框架，考虑多视角、多目标、多变量的影响，应用多个跨学科知识体系来解释体育社会实践活动，有关该学科的评论亦说明，多学科知识与解释模型被借鉴到体育文化社会学研究领域，诸如哲学、政治经济学、历史社会学、文化与社会人类学、女权主义与种族主义研究、全球化理论、后现代主义理论、符号理论、民主化理论等自主建构的多学科研究理论框架[19]。这类研究更多地借鉴应用了多学科知识，从便于理论发展、实践应用与获得学科地位的角度赋予学科概念命名，并

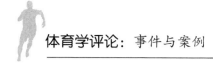

倾向于表达一种理解体育实践整体性与复杂性的实现路径。无论体育文化社会学是偏向体育文化学还是体育社会学的知识视角，都应被视为一种体育理论的深入与学科进步。体育学研究范式转向同时与全球化趋势保持同步，"我们必须鼓励年轻人从事多学科融合的工作，培养既是生物学家又是工程师，既是计算机专家又是数学家的一专多能人才，以便他们未来在各个学科的交流中拥有更好的合作能力[20]"。作为全学科的体育学更有资格代言多学科交叉综合研究的美好前景。

其次，全球体育实践的稳步推进与日趋复杂为其提供了学科外部发展推进力。冷战后跨国资本主义的全球扩张，导致经济、政治、文化、社会领域的二次全球化进程，世界体系呈现多极化，全球实践日趋复杂多变。体育实践已不再属于国家内部事物，更多的是践行全球—区域化体育实践模式（全球化思考，本土化行动），这极大地提升了体育学与复杂多变的全球实践相结合的理论国际化发展道路。通过多个学科知识模块的整合，涵盖观点、概念、方法、技能、数据、理论体系等环节，建立一个共同的研究内容框架，来自不同学科背景的研究者围绕一个中心实践问题同时或依次完成研究工作，获取一个多目标的、多视角的、综合全面的、系统化的研究结果，以解决那些单一学科或跨学科交叉研究无法解决的体育实践问题，提升对体育本质存在、发展规律及外在表现的进一步理解。在全球化复杂的、多级的、多身份的理论考察中，跨学科交叉研究已不再满足体育实践需要，多学科知识综合与应用成为实然选择。如白人运动员的社会行为研究[21]，研究者侧重于考查其在种族政治、社会身份与特权、文化背景、民族认同、媒体再现、经济环境、国家建构等多变量影响下的行为表现[22]，进而形成一个由政治学、民族学、传播学、文化学、社会学、伦理学等多学科交叉综合研究的理论框架，以解释日益复杂的全球体育实践活动。

再次，体育学寻求社会认同与学科合法化进程为其提供了学科整体发展辅助力。各学科的本质存在、知识架构与应用范畴不一，犹如"术有专攻"的涵义，学科间没有高低之分，没有贵贱之别，更不能功利地以各学科显性或隐性的社会贡献大小排序。然而，社会实在性的存在，足以炮制学科间社会地位的不平等，学科的社会认同程度为学科建构本身与社会地位之间搭起互通桥梁，开展广泛深入的学科间研究无疑是促进提升体育学社会地位的有效途径。如柏拉图、亚里士多德、卢梭、伊利亚斯等大学者为体育学的辩护，不仅为跨学科研究者理解体育理论与实践提供了便利，为体育学的开放、交流与合作做出了表率，为体育学的学科影响与社会认同贡献了力量，且在体育理论与体育实践间形成了良性互动与循环可持续的发展关系。再如北京奥运会科技攻关时期，院士进入体育科学引人关注[23]，这有效改善了体育学既有知识结构，无形中提升了体育行业的社会认同度与学科地位。

1.1.3　体育学多学科交叉综合研究的展望

体育实践的全学科属性决定其横跨自然、人文、社会三大科学系统，一般而言，自然科学与人文社会科学间的学科差异性较大，二者间的交叉联系唯有通过共同解决某个体育实践问题建构起来，二者在各自学科系统内部的交叉联系相对更为活跃，以运动人体科学为例，为解决运动训练实践中的关键问题，需要生理生化、力学、医学、营养、激光等各学科研究者的共同参与，进行多目标、多学科、多视角、多方法的综合研究。受笔者知识结构的制约，在此仅以体育人文学科群与体育社会学科群之间的交叉建构关系为讨论对象。

以体育社会科学为中心，国际上初步形成了四个主要分支学科，即体育政治学、体育经济学、体育文化学和体育社会学，这里的体育社会学指狭义的学科范畴，研究一些突出的或新的体育社会问题的学科。而体育政治学则有必要做一些解释说明，体育政治学除去体育制度（政策）与体制（权力）这两个核心研究领域外，尚有体育身份政治、主义研究（民族主义、女权主义、后殖民主义、帝国主义等社会文化思潮的政治学转向）、媒体政治、国际关系、宗教、种族等一些比较成熟的研究领域，中国体育政治学研究者局限于概念的使用与对体育政治现象的批判，并未对政治学概念进行衍生扩展。在传统的学科认识框架中，体育政治学研究空泛无物，一

定程度上限制了中国体育政治学理论与实践的延伸。以政治、经济、文化与社会这四个学科维面的自由组合，可以衍生出若干体育学多学科交叉综合研究领域，如体育政治经济学、体育文化社会学、体育文化经济学、体育文化政治学（身份、种族、宗教政治等）等，每个多学科交叉研究领域均致力于多个变量要素的综合考察，为便于概念表述与研究交流，往往选择两个主要涉猎学科的概念组合来表达研究主题，一是直接命名学科概念，如《职业体育的政治经济学》[24]、《体育名人的文化经济学》[25]等研究成果，二是间接表达学科概念，如《足球向东：中国、日本、韩国足球商业文化》[26]、《体育、文化与政治》[27]等研究成果。

以体育政治经济学为例，一方面，受冷战后资本主义消费方式全球扩张的影响，体育全球化进程中的政治经济功能备受关注。尤其是一些民族国家，体育经济发展中的政治因素起到很大的作用，如果不能考察体育经济实践中政治要素的作用影响，则不可能为全球体育经济实践做出一个合理的解释。全球体育经济实践的整体性与复杂性，为体育政治经济学的建立与发展提供了根本动力。另一方面，受二战后新政治经济学（New Political Economy）和国际政治经济学（International Political Economy）两大理论范式的影响，体育学无所不包的全学科属性，使其迅速有效地借鉴跨学科的研究成果，有力推进了全球体育政治与体育经济实践多变量考察的理论发展。体育政治经济学发展至今，已形成体育教育（Physical Education & Sport Education）政治经济学、体育媒体政治经济学、体育文化政治经济学、职业体育政治经济学、体育组织政治经济学、体育赛事政治经济学等研究分支，近年来更是产出一批创新性的研究成果，如2004年出版的《体育组织政治经济学》[28]，植根于全球体育经济市场，考察国际体育组织的政治经济影响，为多视角理解国际体育发展规律提供理论基础。2007年出版的《澳大利亚足球政治经济学》[29]，从全球—区域化视角理解职业足球的发展规律。2007年出版的《重大体育赛事政治经济学：以北京奥运会为例》[30]，将北京奥运会的政治环境纳入体育赛事经济学的考察范畴，力避经济统计数据的堆砌罗列，为进一步理解重大体育赛事开辟了全新理论视角。

　　体育社会科学多学科交叉综合研究状况远胜于四个主要分支学科间的交叉建构关系。如图 1-1 所示，如果简略划分为核心学科群与边缘学科群，那么四个主要分支学科（核心学科群）与边缘学科群之间形成的交叉建构关系，将进一步扩展体育社会科学多学科交叉综合研究空间。就目前状况而言，体育社会科学分支学科间的交叉建构关系尚不成熟，即便如此，学者们的大胆探索与积极尝试为多学科交叉建构活动提供了可能，其动机来自研究者的个人偏好和体育实践的发展需要，这有效拓宽了体育学的固有思维和研究框架，初步形成若干个体育学多学科交叉综合研究领域，如体育经济伦理学研究领域的《伦理、金钱与体育》[31]，体育文化史学研究领域的《体育、文化与历史》[32]，体育文化史学案例研究领域的《体育与爱尔兰：历史、身份与问题》[33]，体育社会史学案例研究领域的《印度足球运动的社会历史分析》[34]、《英格兰游泳运动的社会历史分析》[35]，体育文化哲学研究领域的《体育、马克思主义与文化研究》[36]，体育经济史学研究领域的《1790—1914 年英联邦平地赛马的经济史学与社会学分析》[37] 等。

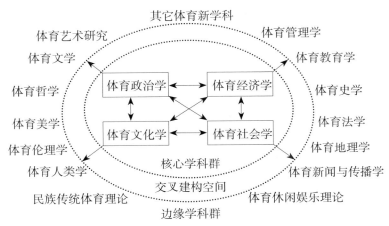

图 1-1　体育人文社会科学分支学科间的交叉建构关系

　　以体育传播学为主的多学科交叉综合研究，形成了体育政治传播学、体育传媒经济学、体育文化传播学、体育社会传播学、体育传媒管理学、体育传媒史学等研究方向，如《体育新闻制造与职业意识形态》《体育经济学和媒体》《体育、文化与媒体：批评性读本》《体育、媒体与社会》《体育、文化与广告》《体育和媒体：管理关系》《体育、修辞与性：历史观察和媒体呈现》《电影和历史中的体育》等研究成果[38]。以《体育、文化与广告》研究为例[39]，广告是当代信息传播的重要表现形式，体育文化借助广告媒介传播，以建构自我形象、内容与影响，该研究植根于文化政治学和文化传播学背景，广泛借鉴历史、文化、政治、传播、视觉符号理论、种族主义、女权主义、艺术设计、营销学等多学科知识，为深入理解体育文化广告传播现象奠定了基础。必须承认，这种罗列体育学前沿成果的方式，并不能全面系统深入地说明问题，亟待针对某一独立成熟的体育学多学科交叉的学科发展案例进行深入研究。意在抛砖引玉，期待学友们的后续研究跟进。

此外，体育学多学科交叉综合研究的价值和意义至少可以明确在若干方面：多维面解释与理解全球体育实践；基于国际视野理解区域或民族体育发展进程；多学科理论研究方法的综合应用；为多学科间交流及相互了解建立桥梁；共享各学科理论发展成果；开拓新的体育学研究领域；体育学创新的孵化器；扩展解决体育实践问题的行动空间；扩大体育学的社会影响；提升体育学的体制地位；推进体育学的学科合法化进程等。诚然，当下不可贸然判断体育学多学科交叉综合研究范式具体能起到多大的理论促进作用，以及扩展的学科发展意义和实践影响。如果理论必须承担预言未来的责任，那么我们判断，在今后较长的一段时间内，多学科交叉综合研究范式将保持在国际体育学术层面上的高吸引力状态，为迈向开放体育学和超越体育学的未来图景树立一座里程碑[40]。

参考文献

[1] Wikipedia. Interdisciplinarity [EB/OL]. [2011-03-07].http://en.wikipedia.org/wiki/Interdisciplinarity.

[2] Augsburg T, Henry S. The politics of interdisciplinary studies：essays on

transformations in American undergraduate programs［M］.Jefferson：McFarland Publishers，2009：272.

［3］Wikipedia. Interdisciplinarity［EB/OL］.［2011-03-07］.http：//www.worldlingo.com/ma/enwiki/en/Interdisciplinarity.

［4］Schimmel K S. Sport and International Political Economy：An Introduction［M］.New York：Palgrave Macmillan，2005：1-18.

［5］Wikipedia. Multidisciplinarity［EB/OL］.［2011-03-07］.http：//en.wikipedia.org/wiki/Multidisciplinarity.

［6］Bernard C K，Anita W P. Multidisciplinarity，interdisciplinarity and transdisciplinarity in health research，services，education and policy：Definitions，objectives，and evidence of effectiveness［J］. Clin Invest Med，2006，29（6）：351-364.

［7］蒋志学.体育科技进步推动我国体育事业发展［C］.天津：第九届全国体育信息科技学术大会，2010.

［8］李永宪，刘波，肖宇.体育科学跨学科研究初探［J］.体育学刊，2010，17（8）：11-16.

［9］Holber H R，Susette B K，Walter G M，et al. Idea of the Handbook［J］. Handbook of Transdisciplinary Research，2008：3-17.

［10］Mittelstra J. Methodische Transdisziplinaritt［J/OL］.［2011-03-07］.http：//www.leibniz-institut.de/cms/pdf_pub/mittelstrass_05_11_07.pdf.

［11］International Center for Transdisciplinary Research. A new vision of the world：Transdisciplinarity［EB/OL］.［2011-03-07］.http：//basarab.nicolescu.perso.sfr.fr/ciret/english/visionen.htm.

［12］Rudolf K，Balsiger P W. Interdisciplinarity and Transdisciplinarity：A Constant Challenge to the Sciences［J］.Issues in Integrative Studies，1999（17）：87-120.

［13］马卫平，游波，李可兴.体育研究中的跨学科取向——内涵、意义与方法［J］.体育科学，2009，29（8）：90-96.

［14］唐东辉，覃立.体育科学跨学科研究简论［J］.西安体育学院学报，2010，27（1）：19-22.

［15］刘一民，王武斌.略论体育跨学科研究［J］.武汉体育学院学报，1994，28（3）：15-18.

［16］韩新君，张泳.高校体育交叉学科的设置——基于非传统体育院系的探讨［J］.北京工业大学学报（社会科学版），2008，8（5）：73-76.

［17］［古希腊］亚里士多德.政治学［M］.颜一，秦典华，译.北京：中国人民大学出版社，2003：115.

［18］Jarvie G. Sport Culture and Society：An Introduction［M］.New York：Routledge，2006.

［19］Zysko J. Sport，Culture and Society：An Introduction［J］.European Sport Management Quarterly，2009，9（2）：209-211.

［20］［美］苏珊·霍克菲尔德.生命科学的第三次革命［J］.新华文摘，2009（16）：142-144.

［21］Kusz K. Revolt of the White Athlete：Race，Media and the Emergence of Extreme Athletes in America［M］.New York：Peter Lang，2007.

［22］Farred G. Revolt of the White Athlete：Race，Media and the Emergence of Extreme Athletes in America［J］.International Journal of Sport Communication，2007，1（1）：122-123.

［23］刘承宜.院士进入运动科学［EB/OL］.［2007-12-17］.http：//tiyuol.com/bbs/viewthread.php? tid=4777&highlight=%D4%BA%CA%BF.

［24］Bourg J，Gouguet J. The Political Economy of Professional Sport［M］.Cheltenham & Northampton：Edward Elgar Pub，2010.

［25］Smart B. The Sport Star：Modern Sport and the Cultural Economy of Sporting Celebrity［M］.London：SAGE，2005.

［26］Manzenreiter W，Horne J. Football Goes East：Business，culture and the people's game in China，Japan and South Korea［M］.New

York: Routledge, 2004.

[27] Whannel G. Culture, Politics and Sport: Blowing the Whistle, Revisited [M]. New York: Routledge, 2008.

[28] Forster J, Pope N. The Political Economy of Global Sporting Organisations [M]. New York: Routledge, 2007.

[29] Stewart B. The ames are not the same: The Political Economy of Football in Australia [M]. Melbourne: Melbourne University Press, 2007.

[30] Close P, Askew D, Xu X. The Beijing Olympiad: The Political Economy of a Sporting Mega-Event [M]. New York: Routledge, 2006.

[31] Walsh A, Giulianotti R. Ethics, Money and sport: This sporting Mammon [M]. New York: Routledge, 2006.

[32] Stoddart B. Sport Culture and History: Region, Nation and Globe [M]. New York: Routledge, 2009.

[33] Bairner A. Sport and the Irish: Histories, Identities, Issues [M]. Dublin: University College Dublin Press, 2005.

[34] Bandyopadhyay K, Majumdar B. A Social History of Indian Football: Striving to Score [M]. New York: Routledge, 2006.

[35] Love C. A Social History of Swimming of England, 1800-1918: Splashing in the Serpentine [M]. New York: Routledge, 2007.

[36] Carrington B, Mcdonald I. Marxism, Cultural Studies and sport [M]. New York: Routledge, 2008.

[37] Huggins M. Flat Racing and British Society, 1790-1914: A Social and Economic History [M]. New York: Routledge, 1999.

[38] 黄璐，陈新平，李颖．西方体育媒体研究专著述评及其启示 [J]．体育学刊，2010，17（1）：107-112.

[39] Jackson S J, Andrews D L. Sports Culture and Advertising: Identities, Commodities and the Politics of Representation [M]. New York:

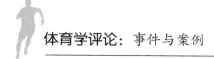

Routledge，2004.

［40］黄璐.体育学多学科交叉综合研究概述与展望［J］.成都体育学院学报，2012，38（2）：28-32.

1.2　体育学纯粹理性批判

提　要： 宏观审视改革开放 30 余年体育学发展状况，提出学术单维空间主导体育学科发展论断，潜在隐患在于"背书匠"文化的盛行，分析"背书匠"的角色扮演、分类、行事逻辑和可能导致的危机。当下体育学理论思考的广度、维度和力度正面临前所未有的挑战，预示体育专业社会领域处于一个二维空间转换的世界，它为纯理论、纯理论与实践提供实在的机遇。从休闲本质——"自由时间"和"心无羁绊"的视域，阐述纯粹理论的自由遐思和自然秩序法则，提倡体育学致力于纯理论进程，坚持体育实践的核心地位（体育实践本身即理论真实的反映），旨在探索和维护体育学科发展的正当性与合法化，沿着正确的轨道，更好地前瞻未来。

体育专业社会领域处于一个二维空间转换的世界，它为纯理论、纯理论与实践提供实在的机遇。

1.2.1　体育学术单维空间

改革开放 30 多年成绩斐然，中国体育科学取得实质性进展，它以中国体育科学学会的成立和体育科研队伍的壮大为标志，表现为体育学科大发展，系统科学的应用和软科学研究的发展，体育科学技术面向体育实践，体育科技发展规范化、制度化与法制化[1]。理论进展与实践突破主要集中在体育社会科学、运动训练学、运动医学、运动生物力学、运动心理学五个论域[2]。从体育专业社会领域的发展视阈评价成绩取得的社会实在意义，具有推动国民经济与社会发展的合时代要求（中国参与全球化进程所处位置与姿态表征出的"全球—中国化"发展的过程阶段）与社会合法性（中国社会意识形态与意义维度所允许表现的范畴）。以举国"金牌战略"制定与实施的，旨在参与精英竞技（Elite Sport）形态的全球竞争及取得的突出业绩和不具备发展比较参照谱系的学校体育（School Sports）与大众体育（Mass Sports）场域的改革发展作为认识论维面的社会价值正当性见解与理由，映射并框架为限定时间范畴的体育专业社会领域整体"形象大厦"。这个形象大厦隐含危机并表现出强烈的社会实在性，崇尚社会实在性（实用理性）的民族传统意识观照社会实践领域的结局，表现为科学与技术时代必然的理论指导和迫切的实践应用相结合，并强烈指向社会实在价值实现的终极意义。表征体育科学发展现状与普遍价值意义的第7届全国体育科学大会对主流研究方向做了归结，"科研项目紧扣当前我国体育事业发展的主题、理论与实践的联系更加紧密、多学科理论的广泛交流与应用全面提升研究成果水平[3]"。《中国体育科学学科发展综合报告（2006—2007）》[4]亦能说明，其对社会实在的作用力的效果或者说最值得肯定的成就即围绕金牌做出的归结行动，《中华人民共和国2006年国民经济和社会发展统计公报》第十条目（文化、卫生和体育）[5]归结或崇尚的即这种历史功绩。于外在（形式），它表现为纯理论与实践相结合且于各自空间的发展促进与论域扩展；于内在（内容），则与外在赋予的实际意义相背离，它由社会实在的纯理论（或带有强烈社会实在性倾向的体育学基础研究领域，以下表述为相对纯理论）和社会实践构成体育学术单维空间。没有"通过对真理和正义的意识且对理念（自在自为的真理）的掌握所取得的实际存在的精神世界[6]"。参与的实践进程，而由体育学术单维空间观照的体育实践发展可能委身成为依附政治宣传、体制优越论、逐利主义实现谋划的道具，结局必然偏离社会理想状态及可能的稳定极限。相对纯理论的风行和相对纯理论与实践相结合所取得的突出业绩为体育专业社会领域潜在的不好的可能性提供了解词，直接孕育并催生出身体文化畸形，且能够扩展的相关社会领域，亦是一个"背书匠"行走的时代。

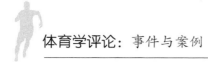

1.2.2　背书匠的没落

中华人民共和国成立以来，一些宏观事实及置于历史评价视野的结论，譬如狂热的极端民族主义、闭关锁国幽灵在中国的潜在延续、口号主义、达标主义、无理论涵养的精神纯粹主义、全盘苏联化等，"左倾""右倾"等标志性的历史事件作为其内在的自然外化的结果呈现。改革开放全民意识的觉醒、民族复兴的社会冲动和全民精神振奋的迫切性促使代表最广大人民基本利益及实现全民精神诉求的阶段政治做出系列努力，短期容易实现的社会发展目标及匹配的短期社会发展规划本身被置于阶段政治发展的中心，致力于短期可能崛起的社会领域成为阶段政治最优路径选择，而致力于精英竞技形态的社会场域，且在参与全球竞争过程中寻求价值实现与参照评估的发展作为一种全民社会发展突破的可能与事实是显而易见的，"权力抹掉了它的幻想特征，并使文化的某些方面成为替罪羊[7]"。波德里亚（1996）把这种状况描述为"权力只有过于快活，才没有让足球来承担愚弄群众的恶魔的责任[7]"。精英竞技逐渐被阶段政治中心化，隐喻民族复兴、政治愿景及功利主义加入阵营盘点有力的位置，体育专署机构的建立及采取的系列行动陷入阶段政治中的部门政治追求功绩最大化的怪圈，阶段政治中心化的精英竞技成为中心化的中心。带有强烈目的性的精英竞技中国化强化了精英竞技工具意义维面而弱化或无暇顾及甚至不屑发现过程意义的维面，锦标主义与金牌崇拜是狭隘的精英竞技中国化发展的必然，在锦标主义制造的各式金牌中，受全球竞争过程评估的金牌更具备绩效的代言资格，这种情势根植于为参与国际重大赛事（如夏季奥运会、世界杯足球赛等）提出的各类振奋人心的标语与口号中（如国际视野、面向世界、为国争光等），并获得充分宣扬，它标榜的或显而易见的效果是把具备相对身体禀赋优势的个体推向竞技场，并经过时间堆积与科技加工制造身体超人。以科学应用与转化的名义建构的超人科学及衍生的体系化的超人学科，大批直属的独立研究机构与联系紧密的大学硕博点成立及展开头衔的争夺。新型的超人科学致力团队由海归派、国产硕博学位持有者、基础科学的知识承载者、政治性理论家、具有理论诉求且转换精神世界的身体超人、一些潜在的本科在读学生及预想进入学科势力范围的梦想者构成。力学、化学、生物学等具有良好学科背景的基础科学个体投身超人学科的势力范围并作为青睐对象被追捧，体科所、硕博点、综合性教育与研究机构、跨学科跨地域科研机构交流等不同类型的平台提供了实践契机，并赋予不同的表现与交流形式（年会、学位论文、学术会议、图书期刊、内部数据库等成果形式载体）。相对纯理论的风行及其支持者（更多的指主持人意义上的政治人物与理论权威）"占据一个职位，稳稳地控制着许多系科、学派、刊物和专业学会……由左派造成的学术政治化几乎势不可挡[8]"，为超人学科的历史功绩提供合时代要求与社会合法性的理由或解词的恰恰是"那些具备资格证实和评价能力的人，他们不是一个宏大的公众群体，而是一小群受过高度专门训练的专家[9]"。这种黯淡无光的、潜在的困境不得不这样：体育学术单维空间吞噬了体系流程中各重要环节（政策意见、学科资源、作为自由和独立自主性的研究者、传播渠道、评价体系）！真实发生的事件(Probable Event)与假想中的可能性(Hypothetical Possibility)在信息网络时代不断被猎奇与放大：能量耗尽的超人陷入生活窘境（邹春兰事件、艾冬梅事件及未来可能出现的系列相关事件）、外学科背景的体育类研究生无法胜任相应岗位（那些抱怨工作难求、前途黯淡、无心为上级提供真诚致力的外学科在读研究生，以及预跨学科谋取生计的、前仆后继的、面对就业现实又不得不重新审视读研回报的本科生）、超人学科的泛化与资源短缺间矛盾及产生的利益纷争（"十运"传言、"假摔事件"、裁判争议及未来可能系列丑闻的发生）、超人学科的资格称号与社会头衔授予机构[10]的近亲繁殖与看谁更科层、更传统、更典型的竞赛等。超人学科的隐患所自然禀赋的影响力延伸到可能的相关社会领域并赋予可能的风险转嫁，光荣退役的超人被安置到各级各类身体教育机构与社会体育机构，超人学科体系与理念全盘移植，嫁接至学校体育与大众体育场域用以解释场域内出现的、亦迫切需要解决的议题，超人学科带头人或一定意义上置换为相对纯理论主持人兼各场域话语权于一体，并活跃地转换于

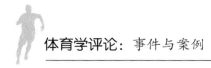

多维论域且扮演多重角色。

由体育学术单维空间引发的体育专业社会领域相对纯理论的风行与崇拜，直接作用场域为参与精英竞技形态的全球竞争所建构的超人科学范式，以及潜在延伸场域为学校体育与大众体育发展过程中暴露出的系列问题。直接作用场域的结果呈现可描述为"在崇尚身体'实用'的古代，奋力推行'重文轻武'思想；在崇尚意识'实用'的现代，努力制造'头脑简单、四肢发达'的身体家[11]"；潜在延伸场域的结果呈现则描述为对超人科学范式的模仿本身就陷入体育学术单维空间的怪圈，发展情势依然表现为相对纯理论掌控的结局，它抹灭了理论作为纯粹的理论所自然禀赋的预言实践和做出判断的活力与功能，总是在问题发展到事态严重的阶段采取"亡羊补牢"策略，以及未经精神世界观照所取得的实际存在的政策方针与不负责任的实施过程，一个生动的实证[12][13]。据各类课题调研数据显示，近年来我国青少年体质持续下降，作为一种"亡羊补牢"的意味而不得不面对的举国事实，相关机构又要开始大范围实施体育学术单维空间主导的"临时抱佛脚"的社会实在工程。体育学术单维空间对体育世界社会实在的观照逐渐形成"一体两翼"（以精英竞技为主体并以学校体育和大众体育场域为延伸）的格局，其框架描述与解释范畴可定位为"一门相对独立的学科体系，在提高竞技运动水平、丰富人民文化生活、增强人民体质方面发挥着越来越重要的作用[4]"，其可能隐喻一种背书匠文化，亦为背书匠们理直气壮地行走在体育世界提供声援和理据。

合格背书匠的现实生活是枯燥乏味的，他们作为工具意义上的人，不懂人情世故及不具备运作特殊事物的才能（费孝通描述这种意蕴为在西洋社会里争的是权利，而在我们却是攀关系、讲交情[14]），这种由特定历史阶段社会控制的新形式产生的单向度社会[15]衍生的单向度的人自诩为技术问题专家，他们负责诠释体育世界社会实在所需的高深知识与技术性问题，总是在原野细心耕耘而对社会现实不闻不问，甚至不具备诘问社会现实的能力。作为超人本身，他们以更好的服务社会实在与自我价值实现的名义参与不同形式的集训活动，正如上述对粗放式训练传统的批判及批判的反思所呈现的，其耗费大量时间、精力、资源，亦以人身自由的相对限制与精神领域发展的制约换来的；作为制造超人的主体本身，他们以传承体育文化传统与习得基础科学或高深知识为骄傲，着眼于部门利益与集聚在体育专业社会领域的圈子，同时敏感地捕捉母学科流行议题，并超快捷地与体育世界社会实在相联系，作为进阶的筹码，或为资本再生产提供前提，或争取超人学科体系中更为有利的位置。高级背书匠的现实生活是丰富多彩的，他们作为高级工具意义上的人，扮演锦标体制自诩的理论复兴与"救世主"角色，一种超越计算机效用范围的高级电脑，他们是中华传统文化的传承与集大成者，洞悉上层意志、熟谙人情世故并通晓运作一些特殊事物，他们超限开发自身禀赋材质，力求实现对社会资源掌控的最大化，领导且控制着庞大的合格背书匠共同体，超人学科体系及其延伸的相关社会领域中有着丰厚待遇与职位头衔授予的正是这样一批处于高端的相对才华横溢的人，他们控制着学术资源与体系流程中的各重要环节及可能的趋向与未来。

那些如古希腊高级妓女（Love Goddesses）般飘逸的，被超人传统定义为领头人的高级政客与高级电脑丧失了"我们作为人，和我们作为最终发挥功能的有所成就的主观[16]"所赋予的一切美好的可能，他们扮演更多的是观看者（Spectator）的角色而非观察者（Observer），无视观察者"作为一个看的主体，比在一系列指定的可能性内观看的人更重要[7]"的原则，背书匠们自在地将纯理论赋予的神圣使命抛之脑后，与之对应的回报是无时无刻不被棘手的历史遗留问题困扰（我们惊讶地发现，早期纲领中那些为人熟知的老问题和见解又回来了，尽管是以某种改变了的形式出现的[17]），而每天又要面临新的议题且是严重、紧迫的问题，这些问题赋予现象学观察并呈现为青少年体质下降、学校体育体制面临挑战、超人出路与安置困境、全民健身工程实施效率偏低、日益深化与泛化的"假""黑""丑"事件、体育产业化实质性进展缓慢、竞技体育"海外兵团"问题、民族传统体育多样性濒临灭亡、特殊体育研究匮乏……体育学术单维空间观照体育实践的结局难逃最糟糕情境（the Worst Case

Scenario）的命运。祖国人民正在普遍质疑建构于相对价值意义之上的合时代要求与社会合法性对社会实在产生的影响，超人学科体系核心正引发前所未有的广泛且激烈的争议及其势力范围的消解，一些看破门道的有识之士，更多的由时代文化禀赋优势的"80后"们、赛博空间（Cyberspace）崛起的纯粹学术共同体、被超人学科体系边缘化的不平者构成，正在致力于去中心化的努力。

行文至此，有责任感或优雅的批评家深表疑虑，体育学没有纯理论吗？体育学怎么可能会没有纯理论！那么笔者要轻松愉快且虔诚地告诉那些真正关注体育世界，亦抱有责任感或对这些斑驳文字所传达的内容与意义感兴趣的人们，那些近乎消失的孤独天才及其鲜得一见的纯思想作品或超越限度抱以未来憧憬纯理论"理想共同体"（Ideal Community）的态度，是不可能代言体育学纯理论诞生的，然而从社会实在维面的可能依据，"'艺术科学'果真具备科学所应当具备的条件吗？对于这个问题，单就那职务的第一部门来说，是可以作肯定的回答的[18]"，社会实在主体参与评价过程本身就不具备真正意义上的任何价值，这里并不是讨论体育学术单维空间或锦标体制为何与何为的范畴，而是赋予纯粹理性的姿态，康德认为，"天才是给艺术提供规则的才能（自然禀赋），由于这种才能是艺术家天生的创造性能力而且就其作为天生的创造性能力而言本身是属于自然的[19]"。天才的稀缺性与跳跃性的特征启示了体育学纯理论诞生的社会基础是建构在普遍发生的意义之上，而当下的超人学科体系产出更多的是缺乏自由和独立自主性的超人而非自在自为的天才。没有普遍的、足够多的天才及其多元的纯思想、纯思想与实践结合的作品的证言，就不可能拥有社会意义普遍发生的基础，亦不可能进入超越论的轨道，普遍意义秉承一种建构理想共同体的梦想且经过社会特殊加工形成（自在自为的）体系雏形，并赋予标志性事件发生的划界意义，这种普遍意义的超越论状态亦可用来衡量是否存在真正意义上的体育学纯理论，而不是任由社会实在主体参与评估得出的结论。如好莱坞影片《天国王朝》（Kingdom of Heaven）那句赋有时代背景和魄力的台词所传达的：一个骑士的诞生！（Rise a Knight！）亦可理解为"骑士诞生了！"或众多骑士构成的价值共同体。笔者的主观趋同的诞生意义即这种严格意义上（普遍意义、体系雏形与标志性事件）的维面。如果根植于时代性的理论不能较好地回答与满足社会实践提出的问题和要求，那么它离淡忘或以柔性的、潜在的方式（知识无用论者与学历无用论者）被人们遗忘就不远了。

1.2.3　纯粹理论的自由遐思与自然秩序法则

背书匠文化终结的开始的同时，一种被压抑的或需要诱发的人（主体性意义维度）本真的自由遐思和自然予以严格规定的秩序法则正在一个没有真正意义上存在思辨传统的国度萌芽。这种赋有超越的、批判的、潜在的意义呈现与挖掘，必须在凝视精神传统中发现与提炼，必须摆脱现实樊篱与跨越心灵局限，必须站在广袤的大地上远眺。"我们必须使自己的直觉、想象力甚至灵魂向与我们自己的视野、信仰和价值观不同的视野、信仰和价值观开放。我们必须使学术界将世界问题作为一个整体来思考，从与整体的关系的角度看待区域性问题[20]"。鲁迅则运用文学文本形式将此描述为："自信力的有无，状元宰相的文章是不足为据的，要自己去看地底下。[21]"这种认识论革命或逻辑起点的转向带来的理论遐思对于一个正在崛起的年轻学科来说具有积极的建设意义，它追寻意义的传统与根源，来证明一些可能成为真实（社会实在）的判断与断言。

西方文艺复兴运动启蒙了纯理论思潮且涌现出象征纯理论的思想巨擘，宗教改革运动在政治与社会实在维面的革新，为纯理论进一步发展和形成体系雏形（纯思辨的传统与诸多为纯理论献身的先哲），且具备标志性事件意义（以现代大学的起源为标志）提供了环境土壤与空间基础，西方精神传统溯源必然重提"言必称希腊"的借喻，雅斯贝尔斯致力于评价历史的坐标与谱系中涉及"希腊"与"自由"关键词的表达，"希腊产生了一种自由，它虽然只是一个短暂的现象，但没有在世界上其它任何地方出现过。以这种行动，希腊城邦奠定了西方所有自由的意识、自由的思想和自由的现实的基础。按照这种政治意义，中国和印度对自由一无所知[22]"。

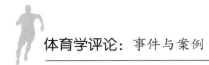

如果赋予自由以解构主义的姿态，其更多的将与休闲、游戏的意蕴相联系而被理解为一种"生存状态"（State of Existence）。戈比认为"休闲是从文化环境和物质环境的外在压力中解脱出来的一种相对自由的生活，它使个体能够以自己所喜爱的、本能地感到有价值的方式，在内心之爱的驱动下行动，并为信仰提供一个基础"。亚里士多德认为是一种"不需要考虑生存问题的心无羁绊的状态[23]"。赫伊津哈认为"首要的一点即游戏是自愿的行为，被迫游戏就不再是游戏了[24]"。康德则直接将其划界，"每一种活动不是一种劳作（有目的的活动）就是一种游戏（有意图而无目的的活动）[25]"。它建立在"自由时间"（马克思语境）与"心无羁绊"（the absence of the necessity of being occupied）或者说建立在时间和空间特定性的获得之上。我们将思维回溯到古希腊先哲的视野，一些沉潜的且必须的孕育纯理论的社会背景清晰地呈现在眼前，"在古雅典，那些出生在本土的男性城市公民，在某种意义上说，就是享有特权的有闲阶级。他们的手中控制着大量的奴隶，只给妇女极有限的权力，这种特权地位使他们得以过一种安逸闲适的生活[23]"。以柏拉图作为理论镜像亦当发现，"柏拉图出自名门，其社会关系乃至阶级感情显然在奴隶主贵族方面；他于雅典城外创建学园。当时有名学者登门造访，质疑问难，不仅成为雅典的最高学府，而且蔚为全希腊的学术中心[26]"。

这种状态直接引发其思想继承者与批判者亚里士多德的言辞：人惟有独在休闲时才有幸福可言，恰当地利用休闲是一生作自由人的基础。"自由时间"与"心无羁绊"的获得即满足向纯艺术或纯科学萌发的底线与资格。

我们的思维一般将艺术活动定势于崇高的领域，它是自然或现象或主客体的抽象为纯真纯善纯美的升华，诚然，危险的异化力量（庸俗、奢靡、浮躁、功利）无时无刻不在窥机腐蚀着大众生活中艺术唯美的形象，从现象学与解释学的视阈分别呈现出两种风景，即同外在但不同内在。康德认为艺术和手艺是截然不同的两种风景，"前者叫做自由的艺术，后者也可以叫做雇佣的艺术"，二者区别于"愉快不是出于感觉的享受的愉快，而必须是出于反思的享受的愉快；所有审美的艺术作为美的艺术，就是这样一种把反思判断力、而不是把感官感觉作为准绳的艺术[27]"。康德的"自由的艺术"、戈比的"为信仰提供基础"、亚里士多德的"心无羁绊的状态"、赫伊津哈的"自愿的行为"、席勒的"真正意义上的人"、凡勃伦的"精神调剂的结果"都能够表现愉悦的情势或者说主体的巅峰体验状态，愉悦认同"一种本身就使人快适的事情而得出合乎目的的结果（做成功）"而否定"作为劳动，即一种本身并不快适（很辛苦）而只是通过它的结果（如报酬）吸引人的事情、因而强制性地加之于人[27]"的实在，并以漫步、休闲、游戏的姿态从"世世代代、芸芸众生曾经或正在过着他们的日常生活，仿佛日常是一种自然的氛围，他们从未停下来去追寻日常的含义是什么[28]"的意境的反思中获得对生活世界的升华与超越。以上是西方二元论传统给出的阐释意义，凡勃伦则倾向一元论的解释域或后现代气质再次引发震撼，他将愉悦的价值视为艺术和手艺（康德语境）的可能共相的统一，认为"这种价值，一部分是以有闲作为博取别人敬意的一种手段时的功用的反映，一部分是借此在精神上得以获得调剂的结果。"[29]可以明确，哲学、艺术、科学的起源和获得真正意义上的发展（言必称希腊）建基于"自由时间"与"心无羁绊"之上（时空特定性的获得）。

　　中国自近代以来背负历史的沉重和民族复兴的情绪，犹如魏源主张"师夷长技以制夷"，面对哲学、艺术、科学的想象与精彩，缺乏必须的"自由时间"，亦缺乏必要的"心无羁绊"状态，工具论、实用性取向主导理论"中国化"进程，体育学的命运自不待言。缺乏逻各斯观照的体育概念框架超级广阔，时至今日，没有什么问题不在体育学研究范畴之内，如果不能认识到体育学的边界和局限，便不可能成为真正意义上的独立学科。更为危险的是，任何关涉体育实践问题的解释都可以从母学科理论中移植或改写，这种理论嫁接和修改的学界普遍现象与日常生活的实在性联系紧密——职称评定、薪酬待遇、头衔身份、领导岗位等。即使推崇母学科借鉴，也是基于母学科中国化的理论状况与运行环境，体育学本身可以达到的理论与实践高度大打折扣。中国体育学的国际化进程／评议面临危机，除超人科学的建立与发展获得国际同行的关注之外，进一步明确超人体制

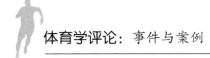
和训练方法深得国际同行认可，其余学科建构部分自始至终未能步入国际化轨道。在三大索引、国际性体育学术组织、国际体育学术同行评议期刊等象征性舞台上感受不到来自中国学者强烈的声音，文献引证范畴局限于中国式体育学建构和母学科中国化成就，国内认为较为新颖的选题和突发的新的体育社会问题，在国外可能已经关注/行动多年。身处圈子丛林中，我们感到无比的自信，而站在丛林顶峰，看到那羞涩的事实正在发生，唯有无比的失落。

体育学理论思考的广度、维度和力度面临前所未有的压力。致力于纯理论进程有助于探索和维护体育学科发展的正当性与合法化，沿着正确的轨道并更好地前瞻未来。诚然，体育学致力于纯理论进程，并不是否认体育实践的核心地位，在满足一定条件下，体育实践本身即理论真实的反映。后北京奥运时代预言传统理论的终结和实践转向的呼唤，体育学应该也必将以崭新的姿态迎接新的机遇和挑战。

参考文献

［1］陈俊钦，黄汉升，许红峰，等.新中国体育科技50年回顾与前瞻［J］.体育科学，2000，20（5）：3-7，18.

［2］田野，任海，冯连世，等.中国体育科学发展现状与展望［J］.体育科学，2005，25（1）：5-10.

［3］田麦久.我国体育科学的新征程——第7届全国体育科学大会学术总结［J］.体育科学，2005，25（3）：3-7.

［4］田野，王清，李国平，等.中国体育科学学科发展综合报告（2006-2007）［J］.体育科学，2007，27（4）：1-14.

［5］中华人民共和国国家统计局.中华人民共和国2006年国民经济和社会发展统计公报［J］.新华文摘，2007，（9）：49-55.

［6］［德］黑格尔.小逻辑［M］.第2版.贺麟，译.北京：商务印书馆，1980：35，397.

［7］［英］丹尼·卡瓦拉罗.文化理论关键词［M］.张卫东，张生，赵顺宏，

译.南京：江苏人民出版社，2006：218，142.

［8］［美］拉塞尔·雅各比.最后的知识分子［M］.洪洁，译.南京：江苏人民出版社，2006：221.

［9］Fogel R W，Elton G R. Which Road to the Past？ Two Views of History［M］. New Haven： Yale University Press， 1983：64-65.

［10］［法］布尔迪厄.国家精英——名牌大学与群体精神［M］.杨亚平，译.北京：商务印书馆，2004：206-207.

［11］黄璐.李力研体育学术精神追忆［J］.天津体育学院学报，2006，21（4）：336-338.

［12］钟南山，孙云晓，毛振明.专家学者"会诊"青少年体质——高了胖了"虚"了［N］.人民日报，2007-04-25（11）.

［13］新华社.中共中央政治局召开会议 加强青少年体育和网络文化建设工作 中共中央总书记胡锦涛主持会议［N］.中国教育报，2007-04-24（1）.

［14］费孝通.乡土中国生育制度［M］.北京：北京大学出版社，1998：27.

［15］［美］赫伯特·马尔库塞.单向度的人［M］.刘继，译.上海：上海译文出版社，2006：3-18.

［16］［德］胡塞尔.欧洲科学的危机与超越论的现象学［M］.王炳文，译.北京：商务印书馆，2001：220-226.

［17］［德］汉斯·格奥尔格·加达默尔.哲学解释学［M］.夏镇平，宋建平，译.上海：上海译文出版社，2004：190.

［18］［德］格罗塞.艺术的起源［M］.第2版.蔡慕晖，译.北京：商务印书馆，1984：2.

［19］彭锋.西方美学与艺术［M］.北京：北京大学出版社，2005：132-139.

［20］Northrop F S C. The meeting of East and West： an inquiry concerning world understanding ［M］.New York：Collier Books， 1966：3-14.

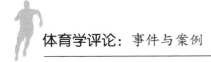

［21］鲁迅.鲁迅杂文全集［M］.北京：九洲图书出版社，1995：826.

［22］［德］卡尔·雅斯贝尔斯.历史的起源和目标［M］.魏楚雄，俞新天，译.北京：华夏出版社，1989：74–76.

［23］［美］杰弗瑞·戈比.你生命中的休闲［M］.康筝，田松，译.昆明：云南人民出版社，2000：6–14，36.

［24］［荷］约翰·赫伊津哈.游戏的人：关于文化的游戏成分的研究［M］.舒炜，等译.北京：中国美术学院出版社，1996：8–9.

［25］曹俊锋.康德美学引论［M］.天津：天津教育出版社，1999：420.

［26］［古希腊］柏拉图.理想国［M］.郭斌和，张竹明，译.北京：商务印书馆，1986：译者引言.

［27］［德］康德.判断力批判［M］.邓晓芒，译.北京：人民出版社，2002：147–149.

［28］Kosík K，Schmidt J. Dialectics of the Concrete： a study on problems of man and world ［M］. New York： Springer Science+Business Media，1976：42.

［29］［美］凡勃伦.有闲阶级论——关于制度的经济研究［M］.蔡受百，译.北京：商务印书馆，1964：32.

1.3 对一元训练理论的质疑与评论

提　要：质疑一元训练理论主流观点及论据支撑方面的若干问题，认为一元训练理论主流文本是一种个体言说方式的超规则化文本；不能否认天才的客观存在与理论认同问题；引证规则必须参照一个标准；"二次文献"的引证效力尚待商榷；无科学证伪的经验阐发不能代替结论；一元训练理论支持者并未摆脱思维定势的纠缠。旨在促进一元训练理论自省、发展、超越的过程，最后提出建议支持"一元训练理论"。

一元训练理论指运动能力中的"技术"和体能是一元的，不存在没有体能内容的动作技术，不存在没有技术形式的体能发放。技术与体能，就像形式与内容一样，在客观现实中无法分离（只能在概念的指向中，为了思考的需要，人为地予以分离）。[1]一元训练理论为运动训练工作提供了新的选择路径，具有方法论创新意义。本书就一元训练理论主流观点及论据支撑方面的若干问题提出质疑，以促进一元训练理论自省、发展、超越的过程。

1.3.1　一元训练理论的文本形式

近年来，代表运动训练创新体系的新思路，由江苏省体育科学研究所茅鹏及其同事提出，并命名为"一元训练理论"。关于该理论成型的历史，一元训练理论探索者将其追溯至20世纪50、60年代，近年来一元训练理论作为理论重提和发展而风靡运动训练领域。一元训练理论的主流文本以茅鹏撰写的多篇论文得以显现，文本对内容的阐释并非遵循既定的学术规范，而是突显个体言说方式的超规则化文本，主要表现为陈述方式的非学术化，多篇论文出现交叉重复信息，理论体系构建的空泛。诚然，新思想的阐释并非局限于选择何种文本形式，一元训练理论后继跟进者运用学术规则化文本，兼茅鹏多篇论文所长，完成了理论框架的勾勒工作，却无法超越茅鹏给定的一元训练理论范畴、内容假设及阐释路径方向。

1.3.2　天才的客观存在与理论认同

在西方美学与艺术视阈中，"在解释艺术创造方面天才比灵感更具有解释力"。康德认为"天才是给艺术提供规则的才能（自然禀赋）。由于这种才能是艺术家天生的创造性能力，而且就其作为天生的创造性能力而言，其本身是属于自然的，因此我们也可以这样来表达：天才就是天生的内心素质（ingenium），通过它自然给艺术提供规则。"[2]那么，在竞技场上展示身体艺术的运动员们是如何呈现天才理论的呢？运动员选材研究的兴起、发展与日益重视映射问题实质。让身高均为1.6 m的夫妇孕育出

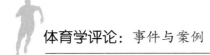

像姚明一样近 2.3 m 的个头的小孩，除非患有先天病症（譬如侏儒病），从人类基因组学、应用遗传学角度，几乎是不可能（未来克隆人技术发展如何，那是后话），即使存在高个头的黄种人，其运动自然禀赋也无法与姚明的篮球天赋相媲美（穆铁柱和姚明的对比就是说明），与之相反，让身高均为 2 m 的夫妇孕育出像占旭钢的个头的小孩，且超低"底盘"的举重运动天赋，似乎具有"天方夜谭"的意味。正是由于这些百年难遇的身体艺术天才的出现，使西方人感叹东方竟能出现姚明如此高个头且身体灵活性极强的人士，亦感叹发端于西方的举重运动也能在东方出现诸多"底盘"超低人士（新中国举重项目的一系列世界冠军）。如果说中华两千年的封建统治扼杀了人们对天才的认知，建国初期盛行的"平均主义"否定了天才理论的存在意义，"文革"时期的"扯淡艺术"视天才为粪土，那么，改革开放以体制释放的超越力量，使猛然警醒的中国民众挣脱了社会意识形态束缚，在教育、体育、艺术等领域涌现的天才，逐渐被人接受并潜移默化地赋予现象学的解释意义。事实上，茅鹏对天才理论有过看法："像邓亚萍、姚明这样的成功者，是极少数先进家庭付出特殊努力的结果，而非社会的体制性结果，自然就廖若晨星了。"[3] 很显然，让身患帕金森病的人士运用一元训练理论，预想在台球运动领域与奥沙力文媲美，确实不太现实。2005 年 4 月，18 岁台球小将丁俊晖的神奇崛起，依据茅鹏的推理逻辑，丁氏父子的"草根"训练法，似乎也应当圈定在一元训练理论的效应范围之内。

1.3.3　两种引证规则

茅鹏认为，在"行会做派"里："我成老大"（或"甘当附庸"）是核心目标；"让每个人知趣地各守其份"是维护核心的必要条件；"见什么人说什么话"是维护内部关系的行为基础；对于国家和历史的"使命感和价值观"是不存在的。"行会做派"一切围绕"大佬"控制，一切进行"暗箱操作"。中国足球为什么沾不上世界二流，通用电气等企业为什么高踞于世界跨国公司前列，在"做派"上就泾渭分明了。[4] 茅鹏明显认识到中国体育事业发展进程中的反规律化现象（作为成熟的中国人来说，不可能不认识到），这种反规律化现象可以简单描述为中国少年足球基础再好，在进入所谓的中国足球市场化之后，偏偏不启用优秀的足球天才，处处表现为难以被西方理论解释的处事方式（中国特色的游戏规则）。亦不能对西方世界抱有幻想，世界演进规律说明该现象在不同建制国家的出现是一种必然，西方学者同样对这种反理性、反社会发展规律的现象进行过诘问："即使我们发现某种完全颠倒事实或令人气愤的东西，我们也可以质疑那种反应并且询问，这是不是一种合适的反应，我们是不是确实应该受它指导。"[5]运动成绩的显现并非完全取决于训练模式的选择，各种影响因素的现实存在是学界对该问题的普遍认识，"运动员竞技能力的获得是训练学因素、生物学因素、人文社会学因素三者整合的结果[6]"。茅鹏在盲目夸大一元训练理论的训练学效应，以获得其观点提出的论据支撑。这种盲目夸大自我观点优势且忽略引证事实存在具体应用场域的尝试，致使其陷入"只许州官放火·不许百姓点灯"（两种价值标准、两种评价尺度、两种引证规则）的矛盾境地，而其在大量列举体育事业发展事实的过程中，加剧了这种自相矛盾的深化与泛化。茅鹏多次将足球和举重项目发展效果进行对比，却忽略项目发展规律因素的意义呈现。足球项目市场潜力大，产业附加值高，发达国家（英国、德国等）、一些优秀的发展中国家（阿根廷、韩国等）、不发达国家（巴西、喀麦隆等）均热衷于发展此类竞技项目，而举重、跳水、体操等市场化前景暗淡的项目备受国际社会冷落，一般像中国这类预想在竞技场上证明国家实力，并上升到国家意志的高度，制定社会保障发展体系并付诸实施的国家（日本、韩国以承办奥运会为契机曾经完成过这样的努力），对于市场潜力小，但跻身奥运会内容的项目将保持浓厚兴趣，结果必然存在两种比较优势的对比，亦是学界关注低含金量金牌存在现象的原因所在。

1.3.4　部分论据引证效力尚待商榷

茅鹏在推行一元训练理论构想的文献参考环节中，若干条目应当引起

注意，如引用《体坛周报》《三联生活周刊》《文汇读书周报》《钱江海晚报（南通）》《报刊文摘》相关信息作为论据，这些论据的引证效力尚待商榷。"如今，新闻娱乐化现象不仅在都市报中盛行，在严肃类报纸、电视、网络媒体的报道中也同样时有所见。在一些电视的读报节目中，也出现了娱乐化的读报现象。"[7]以娱乐化文本形式为主体的新闻娱乐化趋向热衷于完成新闻事实的文本替换过程，加上社会转型期受众心理的本位意识的趋利性、自主心理的务实性、接受心理的求俗性等因素干扰，难免其中掺杂矫揉造作的成分，扭曲客观发生的体育事实，体育新闻作为当前虚假新闻重灾区的现实能够表达这种情势。由相关媒体评选出的2004年"中国十大假新闻"中体育占3条（分别为第1、3、5位）[8]。我们亦能从新闻学教育呈现出的问题中反思这种根据的实在性，"特写需要细节，需要现场感。而那篇消息没有对现场的描写，如果要将这种很简单的事实改写成特写，必须重新补充采访，否则，学生只有在课堂上虚构出细节和现场，而虚构则犯了新闻写作的大忌[9]"。譬如近期媒体对海外归来的篮球运动员王志郅的采访，连王志郅的人影都没看见，如何创造出特写？更何况一些定位于大众文化层次、娱乐性、地方性报纸，能够发表出相关体育事件特写或内幕曝光，实在应该高仰。即使体育新闻工作者置身现实情境，也很难做出合乎体育运动发展规律的价值选择，因为其（即便是资深体育评论家）较难达到茅鹏的体育理论研习广度与深度，何况个体审美经验判断各异，引申出的结论将大相径庭。这其中经过三次信息失真过程：历经现场性的新闻工作者将其认识水平架构现象之上并得出结论，结论转换为带有娱乐倾向的文本加以主体发挥，茅鹏引证并赋予理论意义。这种"三次文献"引证现象在茅鹏撰写的论文中多次出现，"捷克足球队身高2.02 m的科勒，电视评论员说他"脚底工夫一点也不差"……有关部门制订的……国内某杰出篮球队，有一位……可实际上，一位中国队员事后总结说……而中国队员回顾说……[10]""电视中报道这届……我看到的报道，说的是"内部总结"……[11]""有记者问国家体操管理中心主任高健……我们虽然缺少刘翔训练的详细资料，但已有的闻听和视觉资料，已足够对一些问题进行判断。中央人民广播电台说刘翔每天训练 2 小时[12]"……此外，不可忽视潜在的论据引证效力问题，譬如"陈忠和说，有时一天训练结束后，坐在那里一个小时，还想不出第二天怎么练？心里很着急[12]"，该段并未置引号，是茅鹏将陈忠和亲口对其说的话做了文本再现，还是引用了相关信息加以处理且未加标注，我们不得而知。在第二次"西学东渐"的今天，记忆犹新的是西方科学范式严谨、精确的话语方式，如果西方科学允许"据说""有关部门""某人""那是相当的"等这类模糊词汇的流行，不知它的现实意义何在。似乎我们可以创办富有传统中华意味的杂志《体育与中华传统学术》，运用传统学术范式展开讨论了。同时，茅鹏在文献标引方面难以达到"规范"要求，著作引证绝大部分没有标明具体页码，不便于后人查证；部分报纸引证不符合"规范"要求；后继论文均建立于该基础之上（自引现象）。我们不否认茅鹏的学识才能，同时坚定西方科学范式，但这两点难以做出选择（相信茅鹏还是相信科学的问题）。

1.3.5 无科学证伪的经验阐发不能代替结论

茅鹏提出的一元训练理论不具备任何的、严格意义上的科学（生理学、心理学、力学等西方实验科学）基础，且没有严格意义上的实证过程（连社会学都推崇实证，更何况复杂变换的人体运动现象）。有研究将经典训练理论"超量恢复"模型研究现状概括为"该理论缺乏足够的科学实验数据的支持。它的提出仅仅依靠在未严格控制实验条件下获得的对体内糖元代谢的实验数据，其结果是不能轻易延伸到对整个机体不同的器官和系统的适应机制进行解释的程度[13]"，经典训练理论根基的核心即"超量恢复"理论，至少尝试了可控的实验过程并赋予了一定的解释意义，而一元训练理论支持者则通过对经验的阐发、现象的描述、相关联理论的旁征博引建构起理论根基，训练过程和结果呈现的不可控因素更为繁多，难以实现科学证验过程，得出有效结论。实质是忽略了事物发展的"内在"属性，以呈现事物发展的"外在"表现作为形象描述理论假设的工具意义。如洛伦兹变换式 $m=m_0c^2\sqrt{1-v^2/c^2}$ 中，就有同一实体在不同状态下表现为两种质量

问题，m_0 指静止质量，m 指运动质量。赋予哲学意义，休谟做过同类解答过程："我们必须确定地承认，自然使我们与它的一切秘密保持很大的距离，它只让我们认识到事物的少数表面的性质；至于那些为事物的影响所完全依据的力量和原则，则对我们隐藏起来。我们的感官只告诉我们面包的颜色、重量和硬度，至于面包所具有的那些适于营养和补益人的身体的性质，无论是我们的感官或理性都不能告知我们。"[14]茅鹏运用列举事实和平移科学两种方法论以引申结论，无法扬弃自我意识的束缚与牵引，所谓的论据只限于更好地、完整地、形象地描述所提出的假设，并不具备结论意义上的支撑作用，明显逻辑错误地出现作为其表征：《一元训练理论与三大球（上篇）》中"表1中国男子足球与男子举重发展对比示意图"的"竞技效果"栏目内容[15]，实质为新中国成立以来男子举重和男子足球项目运动成绩的模糊统计，这些运动成绩的取得是多方面因素综合的结果（政治氛围、领导水平、地方经济、文化、教育等），其与训练方法有关联，但还不至于关联到用"竞技效果"（"竞技效果"内涵在学理上甚为模糊，《体育科学词典》未查及该词，茅鹏参加了该词典的撰稿工作）一词取代"运动成绩"[16]一词的地步；假定茅鹏引用的"竞技效果"与"运动成绩"为相同内涵，以下出现的偷换概念现象却不能做出合理解释，《由崔文华现象再谈训练理论与制度的改革》中"表1中国男子足球与男子举重训练效果对比表"的"竞技效果"栏目内容[17]与上述所列举的表格内容相同，表格名称却由"发展对比"改为"训练效果对比"。从中基本能影射茅鹏引证假设提出的急切，运用相似论方法，引用大量相关联事例，借鉴基础学科内容（仅为表面的概念层次），却陷入科普层面的内容堆积且为经验与灵感证明的乏力，"没有逻辑必要性地夹杂思想史内容，不但无助于对原创文本的理解，而且还会搅乱、掩盖、埋没原创思想的内在逻辑联系[18]"。

1.3.6　一元训练理论支持者并未摆脱思维定势的纠缠

如果说茅鹏尝试构建一元训练理论体系的努力存在引证失效的事实成立，那么建基之上的一元训练理论支持者并未超脱茅鹏给定的一元训练理论范畴、内容假设及阐释路径方向的选择。有学者依据茅鹏的一元训练理论，更为全面、系统地解析刘翔的训练特点，进一步扩大了一元训练理论在提升训练效果的"行而上"意义，"把握训练的本质，实施有效的专项技术训练是运动训练的关键，刘翔的训练做到了这点，所以才创造出他今天优异的成绩[1]"；亦有基层教师延续了茅鹏关于高水平竞技的纯理论探讨范型，分别以高水平的田径短跑项目[19]、篮球和足球项目[20]充实，发挥了茅鹏纯理论探讨的内容。不可否认，一元训练理论支持者在文本的规范化和框架搭建的条理化方面实现了跨越。

1.3.7 支持"一元训练理论"

"一元训练理论"应当给理论的适用范围划界。该理论支持者始终围绕高水平竞技运动（Elite Sport）展开讨论，结论的引申不能解释和指导其它身体文化（Physical Culture）表现形式，如群众体育（Mass Sports）、身体教育（Physical Education）、身体娱乐（Physical Recreation）等，实验的选择和控制不能跨出高水平竞技运动场域，"人力、物力、财力"条件的满足作为突破理论体系范型的基本前提。"人力"即由管理人员、高水平运动员、教练员、尖端科研团队构成的和谐人文环境；"物力"即训练必须的物质基础及尖端实验仪器与设备；"财力"即训练工作的政治条件和经济支持。直接为各单项国家队设计系统实验，是最优的路径选择，但问题是，传统体制的坚固性及处于假设意境的一元训练理论尚不足以调动各方力量为一种可能的判断付诸实施，利用地方资源和一切可调动力量做出积极有益的尝试成为证明想法的可能选择或与传统交锋的退守行为。茅鹏所在的江苏省体育科学研究所可以与地方优势单项联合攻关，并积极与坐落南京市的南京大学等研究型高校、科研院所建立合作关系以加强科研实力，实现理论与实践的共同促进。基层工作者可以围绕一元训练理论的假设问题并结合基层运动训练工作实际情况，谈谈自己的看法，讨论内容虽不能直接置换为高水平竞技运动范畴，却不可抹杀其潜在的理论开拓意义及其予以学科发展的启示作用。

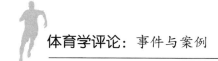

一元训练理论的价值可尝试致力于全民健身领域的效率提升方面，"人人参与体育"（Sport for all）关系国民体质与健康问题，锻炼方式的方法学创新有益于推动全民健身工程实施效率，提升人们生活质量及为中国社会发展提供优质的人力资源（侧重身体方面）保障；亦可尝试致力于各级各类高校开展普通学生运动训练工作的效率提升方面，以追求教育效率的最大化。

有必要对一元训练理论效果促进的元因素展开讨论，以把握一元训练理论意义的核心，进一步促进其潜力的发挥。应当对一元训练理论效果促进的各个方面有深刻认识，在各效果促进因子繁杂交错的现象呈现中提炼元因子，注意在不同身体文化表现形式中的因子排序问题。

胡适在《治学的方法与材料》中论及："假设不大胆，不能有新发明。论据不充分，不能使人信仰。"即便一元训练理论不能以确凿铁证唤起政治的关注，却无法抹杀其作为一种训练实践的跨越意义而现实存在的事实。新思想的提出有批判和否定的成分，也有值得发扬和肯定的成分。一元训练理论存在的诸多问题尚不足以为其提供严谨的智慧支撑，但必须看到其探索运动训练创新路径的勇气和后继的潜力优势，奔腾的思想潮水必将松动固有训练思维的根基，连带反思活动的深化和泛化，象征着这种果敢的探索本身寄寓的美好假说[21]。

参考文献

［1］魏际英，杨威.从茅鹏的"一元训练理论"看刘翔的训练特点［J］.广州体育学院学报，2005，25（2）：103–106.

［2］彭锋.西方美学与艺术［M］.北京：北京大学出版社，2005，11：132–139.

［3］茅鹏.一元训练理论［J］.体育与科学，2003，24（4）：5–10，18.

［4］茅鹏."官路子"与"核心竞争力"［J］.体育与科学，2005，26（5）：1–7，40.

［5］阿玛迪亚·森.东方和西方：理性所及的范围［M］//哈佛燕京学社，

三联书店主编.理性主义及其限制.石一日，译.北京：生活·读书·新知三联书店，2003，5：4-5.

［6］彭杰.论中国奥运金牌得主的成功之道［J］.北京体育大学学报，2005，28（7）：887-889.

［7］戚鸣，刘朝霞.试析新闻娱乐化现象［N］.光明日报，2006-04-15（7）.

［8］陈斌，贾亦凡.2004年十大假新闻［J］.人大复印报刊资料《新闻传播》，2005（4）：28-32.

［9］皮传荣.新闻学教育的文学化误区［N］.光明日报，2006-04-29（7）.

［10］茅鹏.一元训练理论与三大球（下篇）［J］.体育与科学，2004，25（5）：14-19.

［11］茅鹏.为《为何铿锵不再？》答问［J］.体育与科学，2004，25（1）：1-3.

［12］茅鹏.备战北京奥运会不可无视的经验教训［J］.体育与科学，2004，25（5）：1-7.

［13］孙波，种静萍，蔡士凯.运动训练学理论体系进展［J］.体育与科学，2005，26（4）：65-67，64.

［14］［英］休谟.人类理智研究［M］.吕大吉，译.北京：商务印书馆，1999，8：26.

［15］茅鹏.一元训练理论与三大球（上篇）［J］.体育与科学，2004，25（4）：1-4，9.

［16］中国体育科学学会，香港体育学院编.体育科学词典［M］.北京：高等教育出版社，2000，12：395.

［17］茅鹏.由崔文华现象再谈训练理论与制度的改革［J］.山东体育学院学报，2005，21（1）：56-57.

［18］崔平.也谈原创——对学术研究中语境依附教条的逻辑批判［N］.光明日报，2006-04-11（12）.

［19］姜丽.对我国短跑项目应用一元训练理论的初探［J］.肇庆学院学报，2005，26（2）：77-79，89.

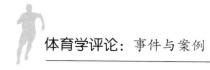

［20］姜丽.一元训练理论应用于篮球、足球训练初探［J］.天津体育学院学报，2005，20（5）：42-45.

［21］黄璐，邱新宇，杨磊，等.对"一元训练理论"的几点质疑［J］.体育学刊，2007，14（2）：117-120.

1.4　对竞技运动异化论的质疑与评论

　　摘　要：运用文献资料法，理论与实证相结合，质疑当前学界日益高涨的竞技运动异化论，为重塑竞技运动异化论逻辑起点进行了商榷，商榷观点为谨慎考察事物的本性，遵循事物由"善"起源（具有阶段性特点）向"恶"发展的过程中单一的思维判断理路，此外，不同的体育概念分别表征出不同的体育文化生长的土壤，在实际运用时应引起重视。

1.4.1　问题的提出

　　随着改革开放春天的到来，中国科学社会主义建设迎来了久违的学术复兴。"异化"一词作为富有独特内涵的外来词汇飘洋过海来到中华大地，在新时期中国社会主义现代化建设中发挥着应有的作用。随着80年代初中国学术界对异化理论的大讨论，体育领域也积极参与并引入"异化"一词用以解决新时期中国体育理论与实践发展过程中的现实问题。发展至今，"异化"一词已被学界广泛认同，在哲学、社会学、翻译学、传播学、体育学等领域的科研论文中均能觅得踪影。在关于竞技运动异化理论的诸多研究成果中，以华南师范大学体育科学学院周爱光的《竞技运动异化论》为最，该专著基本反映了学界探讨竞技运动异化问题的前沿成果。周爱光曾在《竞技运动异化论》后记中讲到，"80年代初的那次全国性的异化大讨论使我第一次接触到了异化这个词，然而，不知为什么当时却对异化产生了一种莫名奇妙的恐惧感，好像一提到异化这个词就会招来麻烦似的[1]"。

笔者初识"异化"一词可没周先生那么"恐惧",倒是很欣喜能够遇到这样一个学术性词汇。它不仅富有深刻的哲学意蕴,而且在外观的审美形态上很是"神秘",将其体现在科研论文的文字表述时,可以提高文章的理论深度,甚至可以间接地体现出一个学者的学术水平。以致在我们所撰写的文章中常常自觉或不自觉地运用上该词,正所谓"不亦乐乎"。或者出于对科学精神的敬仰,我们加强了对"异化"一词根源的探求,渐渐地发现"异化"一词是有其独特性格的,亦具有独特对话语境。与之相对应的是现实的景象,在当前的体育学术论文中,动辄就是"异化",正所谓"方兴未艾"。"竞技运动异化论"是需要重新审视的时候了。本文的观点是为商榷。

1.4.2 作为语言代码与文字符号的"异化"

人类语言、文字的出现标志着人类文明的产生,同时它是人区别于自然界其它物种的重要特征。在人类文明的历史发展脉络中,语言代码与文字符号的创造、运用、更替反映着人类文明的历史进程,新语言文字的产生和旧语言文字的消亡是世界演进的规律。如当前我们运用的外来词汇"体操""体育""异化""哲学""历史""经济"等[2],就是人类文明发展进程中被赋予独特内涵的语言代码与文字符号。再如当前流行的网络语言文字"886""偶""晕倒""粉丝"等,代表着当前新兴人类独特的对话语境。很显然,语言文字承载着时代风尚,是不断发展变化的。新语言代码与文字符号的产生是人类探索当前事物发展规律(具有阶段性特征)的现实表达,同时赋予不同时代的人类现实生活中的普遍意义。"异化"一词是人类为满足现实所需创造出来的新词汇,学界普遍认为"异化"一词是德国古典哲学家黑格尔使用的一个具有辩证法思想的概念,原词是die Entfremdung[3](《竞技运动异化论》认为在黑格尔之前还有费希特)。黑格尔创造了一个新词汇,用以表达自己的学术思想。请注意,黑格尔创造的"异化"不具有特殊性。孟德斯鸠在《罗马盛衰原因论》中论及:"在罗马,任何会输入危险的新鲜事物的行动都要受到监察官的制裁,因为这

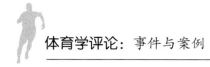

些新鲜事物会改变公民的情绪或精神，并损害罗马的永久性，如果我可以使用这个名词的话。"[4]孟德斯鸠为了论证既定议题，表达自己的学术思想，在《罗马盛衰原因论》中创造了一个新词汇——"新鲜事物"，而且特别为这个词加了批注，即"如果我可以使用这个名词的话"。孟德斯鸠的"新鲜事物"被人们遗忘了，黑格尔的"异化"倒是被人们广泛应用了。当然，创造新词汇的不仅仅只有黑格尔和孟德斯鸠这两人，还有很多的先哲创造过，这是需要在我们的意识思维中加以补充的。一般来说，对于具有较大社会影响力的"大家"而言，向社会传播新词汇的概率就较大，如果换作一个普通人，就会被社会认为不遵守文字规范而被视为异端。下面，我们来看看"异化"一词的现实扩张。

随着人类历史的时空演进，异化的内涵与外延在不断发展变化。在近代英法经验唯物主义哲学家那里，异化是指人的活动产物最终疏远、远离人的最初意志。在德国古典哲学家那里，异化是指人的活动产物和活动本身越来越远离人的本性或本质，成为人自己无法控制甚至要受其控制的一种社会现象。马克思用异化来描述一种颠倒了的主客体关系，认为异化是人的活动产物对人的消极反作用，它是产生于主体的客体成为与主体相对立的异己力量，奴役甚至支配主体的活动。西方马克思主义学者在对异化进行历史研究的基础上，各有取舍地进一步发展了异化这一哲学范畴。[5]《竞技运动异化论》中以马克思的异化理论为界线对各种异化论进行了划分，马克思以前的异化论有费希特、黑格尔、费尔巴哈，马克思以后的异化论有卢卡奇、马尔库塞、沙夫[1]，各异化论观点阐述的较为详细，可供参考。发展至今的异化概念，具有多学科属性。如翻译学中的"异化"，"异化（Foreignization）问题在译学史上是一个古老而又年轻的问题。在我国，几乎所有的翻译大师都曾论及异化问题[6]"。如英国《新社会学词典》（1979年版）中关于"异化"的辞条解释："从广义来说，意指个人同他或她的社会存在的主要方面相疏远。"[7]如传播学批判学派经常使用异化概念说明某些不合理的传播现象。[3]如文学中的异化："异化概念深植于俄国精神生活的文学传统中。"[8]透视这些不同认识观点，梳理出异化内涵的两条清晰主线：一是，以主要代表人物为特点的阶段性时代内涵；二是，哲学异化理论具有强烈的学科张力，是不同学科新方法论的有益补充。此外，我们也应该看到，异化概念不仅在学术层面上的运用日益高涨，在大众传媒的措辞中，也逐渐被接受并有蔓延之势。如陈力丹的《准确使用"异化"概念》一文对大众传播类杂志中异化概念的滥用作了批驳："像《新闻性报道和广告性新闻是一种异化》《新闻异化：调查性报道的傲慢与偏见》《关注新闻图片的异化现象》等文章，谈的都是关于某种既定概念或现象的变异，完全不是黑格尔哲学意义的'异化'。"[3]

在不同的对话语境中，异化概念被赋予了不同内涵。不同学者有不同理解，不同学科有不同规定，不同社会阶层（如科研人员、服务员等社会群体形成的对异化概念的专业与业余的看法）有不同的认识。作为语言代码与文字符号的异化内涵与外延的当代扩张，在充当新方法论角色的同时，带给人们的意识思维以浑浊的负面影响。对体育现象中异化问题的探讨也未能脱于其中。决定这些负面影响存在的本质是什么，需要对其进行必要的反思。

1.4.3　对竞技运动异化的本性模糊所形成的思维定势

作为语言代码与文字符号的异化概念产生的意义在于：它是具有强大批判力的哲学范畴，能够使人们对社会进行深刻的反思，并对社会现象进行大彻大悟的穿透。卢梭以"异化"为武器抗议资本主义社会中的不合理现象，对私有制，特别是封建社会所产生的道德沦丧和特权崇拜进行了深刻的批判；费尔巴哈则把批判的矛头指向了基督教神学。[5]作为一种哲学批判方法论的异化范畴，成为了人们批判社会不合理现象的工具。那么，作为批判新时期中国体育事业发展过程中不合理现象的工具——"异化"，将采用哪种姿态来穿透中国体育事业发展过程中的不合理现象呢？以哪位先哲的异化理论为出发点，或以哪个学科异化内涵与范畴为基准，是长期困扰我们的议题。

在涉及体育学相关异化问题的文论中，大都采用马克思异化理论作为

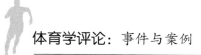

批判现实的工具（仅限于清晰异化内涵的体育文论中，无谓目的的体育文论自不会在此框架之内），如戴国斌在《武术现代化的异化研究》一文中即是采用马克思提出异化的"四个规定"来论证既定议题的。[9]

《竞技运动异化论》中综合了马克思主义之前（包括马克思主义）诸学派异化论观点，发现在诸异化论之间存在着必然的关联，即批判的继承性、结构的同一性、认识对象和认识内容的差异。在"结构的同一性"中认为异化概念均具有相同的结构。其一，"主体"和"客体"的存在；其二，"主体"和"客体"之间存在着必要的联系。并运用图示法且辅以文字阐述了"结构的同一性"的含义：异化概念中内在的异化结构表现为由主体产生的客体脱离主体成为独立的存在并与主体相对立，在保持其独立性的同时，进而反过来支配其主体。这种异化概念的结构贯穿于诸异化论之中，作为一种哲学范畴，它适用于分析任何认识对象和内容并且不受时间和空间的限制。因此我们把这种具有一般普遍意义的异化概念称为"一般性异化"。[1]最后，《竞技运动异化论》把这种一般性异化作为分析包括竞技运动中异化现象在内的方法性概念，即定义为"由主体产生的客体脱离主体成为与主体相对立的独立存在，并在保持其独立性的同时反过来支配其主体的结构[1]"。

这其中我们忽略了对竞技运动异化的本性问题的考察。

诸异化论观点的先哲在进行价值判断前，均设定了"善"的标准。如在马尔库塞、弗洛姆等西方马克思主义学派那里，对异化问题的阐述也是以设立一个"应当"层面的人的本质或本性为前提，异化就是对这一人性论设定的背离或疏远。[5]欧洲文艺复兴运动的爆发标志着人类对"黑暗"社会抗争的滥觞，先哲们纷纷以思想为武器控诉世界的"丑陋"现象，这本身即是一种对复归"善"的努力，对"恶"的讨伐。卢梭将与封建社会所产生的道德沦丧和特权崇拜相对立的现象作为价值判断的"善"的起源；费尔巴哈对基督教神学的讨伐，是将基督教神学所埋没的人类"善"的本性作为"善"的起源；马克思在揭示资本主义劳动价值论的弊病所进行的价值判断中，劳动是创造人类美好未来的产生，是为解放全人类而服务的，这本身就可认定为一种"善"的起源；马尔库塞把自由看作人的本质规定，认为精神、理性、自由是人类存在的最高的"善"的表现形式。

由此可以看出，在卢梭、费尔巴哈、马克思、马尔库塞等先哲运用"异化"作为批判现实的工具时，均是对"恶"的讨伐，那么，它的逻辑起点即是将所探讨事物的本性认定为"善"的起源。用"善""恶"的价值判断来表达异化的关系，亦由"善"产生出的"恶"脱离"善"成为与"善"相对立的独立存在，并在保持"恶"的独立性的同时反过来支配"善"的主体的结构。

马克思在经济学领域运用了"异化"用以分析劳动现象，从而认为资本主义生产异化了人的本质，使人处于异化的困境中。当马克思运用"异化"这一哲学批判方法论以揭示资本主义劳动价值论的不足时，实际上马克思已经从便于论证议题的角度将人类劳动的根本出发点设置为"善"，资本主义制度对人类劳动这种"善"的事物的扭曲，需要以理论的形式呈现给世人，这直接赋予了为表达从"善"的起源向"恶"的现实转化的趋势的异化概念以理论意义。需要指出的是，"异化"这一哲学批判方法论在马克思看来，并不是理想的批判工具，以致于马克思在运用异化概念与范畴时有所权重。张和平在《略论弗洛姆的异化观》一文中感知了这种动向："我们看得很清楚，马克思在《1844年经济学—哲学手稿》中是把异化概念视为中心概念的。""马克思在《资本论》中也使用过异化概念，并且正像弗洛姆所引用的那段论述一样，马克思在《资本论》中确实有异化思想。但它显然已经处于附庸的地位了，它只是作为唯物史观的补充而存在。因此，我们认为弗洛姆引用马克思《资本论》的个别论述确定异化同样是《资本论》的中心概念的做法是不可取的，也是根本错误的。这一点我们通过马克思主义的哲学史就可以很容易得出，根本用不着大动干戈[10]"。

正如一个人的人生观的确立需要经历不成熟到成熟的发展过程一样，马克思在发表《1844年经济学—哲学手稿》（以下简称《手稿》）和《资本论》两部具有强大影响力的作品时，正能够反映马克思的思想成长的过程。很显然，写于《手稿》之后的《资本论》，是马克思的思想成熟的标志，

已确立唯物史观的马克思，运用成熟的哲学思想对《资本论》中的相关议题进行了阐释。而在《资本论》中，马克思对异化方法论的青睐，正如张和平在《略论弗洛姆的异化观》一文中所分析的，较之《手稿》时简直是"判若两人"。作为哲学批判方法论的异化概念与范畴具有其局限性，这种局限性是什么？

在此，我们举例说明。当我们认定为"善"的事物转变为"恶"的事物，再从"恶"的事物回归为"善"的事物，最后又由"善"的事物转变为"恶"的事物时，其表达关系式为"善"→"恶"→"善"→"恶"。该关系式进行了三次转换，即"善"转换为"恶"，"恶"转换为"善"，"善"再转换为"恶"。最后由"善"的事物转变为"恶"的事物的过程即可用异化方法论予以阐释。反向推理，如果事物本身即是"恶"的起源，经过"恶"转换为"善"，"善"转换为"恶"，"恶"转换为"善"，"善"再转换为"恶"四次转换过程，表达关系式为"恶"→"善"→"恶"→"善"→"恶"。最后由"善"的事物转变为"恶"的事物的过程也可用异化方法论予以阐释。两种不同本质的事物在属性关系转化中得出了同样的结论，由此我们可以推出不同本质的事物向"恶"的方面发展即是"异化"。然而，这样的推理结论与现实之间却形成了一种悖论关系。

竞技运动异化的本性是"善"的起源还是"恶"的起源呢？答案很明显，哲学中的"二律背反"关系是客观存在的，我们所感知的事物现实共存于"恶"与"善"之中。

写作《资本论》时期哲学思想成熟的马克思或许感悟到了这样一种动向，以致于他在论证既定议题时并没有将事物所具有的不以人的意志为转移的某些本性强加于"恶"的头衔加以批判，对所批判事物的本质或本性的考察更为严谨。

1.4.4　一些实证的讨论

运动员服用兴奋剂而致使其身体受到伤害，同时包括促动运动员服用兴奋剂的社会环境，这些是被我们视为竞技体育异化现象的。而当我们跨越了历史，情况又会怎样呢？古罗马的角斗士及其附属的一切是被我们认同为"体育"的。孟德斯鸠的《罗马盛衰原因论》中有关于古罗马角斗士的论述："他们从伊特鲁里亚人那里学会了举行剑术比赛，他们看惯了在进行这种比赛时所造成的流血和负伤。"[4]"剑斗士比赛接连不断地举行，这一点就使罗马人变得极其残酷：人们可以看到，由于格老狄乌斯常常亲自出席这样的比赛，他就越发变得喜欢流血的事件了。"[4]服用兴奋剂间接地伤害运动员身体，而角斗士之间的拼杀则直接地伤害身体；社会环境在促使运动员服用兴奋剂，而古罗马民众欣赏角斗士身体伤害艺术的社会风尚则在潜移默化地刺激角斗士之间的拼杀。

我们再对古罗马角斗士体育中的赌博现象进行简要回顾。"观众在比赛中下重赌，当他们变得烦厌或失控时，国王就会分发水果和面包以防止事态变得过于敌对。在某些情况下，当人们极度兴奋时，组织者就会在观众中分发带有诱人奖品的免费抽签票以防止骚乱[4]"。

那么，处于古罗马时代的民众是如何看待角斗士体育中的身体伤害和赌博现象的呢？很显然，欣赏角斗士体育的古罗马民众喜欢观览那样的风景，并且在赌博的刺激中获得身心的欢娱，执政者更是对这样的现实景象追捧有加。而在我们所处的时代是不会出现这样的光景的。这可以说明，不同的时代、不同的地域表现出不同的文化审美特征。当前有些学者（如《角斗士——古罗马体育的异化》一文[11]），将古罗马体育作为一种体育异化看待。处于暴政统治时期的古罗马孕育出了独特性格的角斗士体育，作为观赏型运动表演的角斗士体育是古罗马社会意识形态的集中体现。角斗士之间残暴的身体伤害、观众心灵的麻木、赌博的泛滥等现象的出现，只能说是一种"复归"，复归角斗士体育所表征出的古罗马社会的罪恶。

当然，会有观点提出，古罗马体育的表现形式来源于古希腊奥林匹克运动，古希腊奥林匹克运动的起源是"善"的。如此说来，现代奥林匹克运动也起源于古希腊奥林匹克运动，现代身体教育活动起源于古希腊体育等，那么，人类所有的身体活动都应该归结于使人类从猿到人的劳动的产生，那就失去了探讨的价值和意义。既然处于社会主义初级阶段的我们提倡理论与实践相结合，作为"异化"这一哲学批判方法论就应该与时代的旋律同步，服务于现实。

我们将对历史的审视转为对当前现实问题的探讨。美国职业体育是以追求最大利益化为终极目标的，与此相对应的是世界性商业体育的兴起。以高尔夫球为例，在美国、日本等经济发达国家，高尔夫运动是作为一项休闲产业来发展的。近几年，中国的北京、上海、深圳等经济发达城市开始兴起高尔夫运动，由此形成了一种高消费的体育休闲娱乐产业雏形。富人们需要的就是这样的高尚消费形式，作为一种意识形态的存在而不以人的主观意志为转移。又如美国NBA，它所追求的就是运动员明星化，以运动明星为"吸引子"来实现产业与金钱间的桥梁架接。而我们却把这种不以人的主观意志为转移的意识形态作为竞技运动异化现象来考察，苦思冥想的创造出一些灵丹妙药加以改变。

《竞技运动异化论》从三个方面对竞技运动异化现象进行了全面考察，即竞技运动文化中的异化、竞技运动社会中的异化和竞技运动中人异化。其中将竞技运动社会中的异化现象分为积极性异化现象、消极性异化现象和无意识的人异化现象。积极性异化包括理想人格典型的异化、理想技术典型的异化、理想协同配合的异化和人性复归的异化。消极性异化包括竞技运动政治利用的异化、社会舆论过分期待的异化、兴奋剂使用的异化、金钱诱惑的异化和暴力的异化。无意识异化现象则伴随着积极性异化现象和消极性异化现象所产生的人的无意识的异化。[1]无论"高""矮""胖""瘦"，都可以钻进同一个"框框"里面。这个"框框"可以穷尽事物发展的所有可能，不论"善"还是"恶"，积极亦或消极。萨马兰奇说过："奥林匹克运动应当看到异化对于现代体育的危险。"[12]我国学者胡小明在《体育人类学》中谈及："近现代体育成为工业化的副产品，是因为其劳动方式导致身体活动的异化。"[13]《竞技运动异化论》（包括持同样观点的国外学者）认为异化现象有其积极的一面，那么，为什么我们还将其视为一种消极的可怕事物呢？很显然，这里面体现的是百家争鸣的学术态势，每个学者有自己不同的认识，在现实之中，公说公有理，婆说婆有理。

尼采于1862年在他和朋友共同创办的"格玛尼亚"文学协会上所发表的演说中谈及："如果我们无限扩大物质这个词的意义，那么，世界史就是物质的历史。因为必定还存在着更高的原则，在更高的原则面前，一切差别无一不汇入一个庞大的统一体；在更高的原则面前，一切都在发展，阶梯状的发展，一切都流向一个辽阔无边的大海——在那里，世界发展的一切杠杆，重新汇聚在一起，联合起来，融合起来，形成一个整体。"[14] 尼采是进行过"重新估定一切价值"的现实努力的，想必尼采是找了个"物质"来说事，尼采所认为的"物质"在未来的时空发展中能否代表全部，这是后话，暂且不做讨论。但拿"异化"来说事的人们在随意扩展其意义的过程中，却形成了种种语言障碍、理论悖论、实践矛盾，支持"异化"意义扩张的人们能否将其推向统领该领域内涵的总概念，那也是后话，需要用时间检验。就近说，"异化"意义的扩张是不能"征服"其它相近概念而跃居为总概念的，如果丧失理性妄加兼容并蓄，就意味着其它相近概念的湮灭，以及其在运用相关方法论对细节问题探讨的工具性模糊情况产生的后续影响，无论从理论的做作还是从实践的运用上均没有存在的益处，或者更可以表现出一群从事特殊职业的人们在为了"异化"而发展"异化"，在时代风尚创新这种迫不得已的社会情境下生产出的学术"另类"。

《竞技运动异化论》在阐释"竞技运动社会中的异化现象"中的关于"无意识的人异化现象"的表述过程中，用了一页约1500字的篇幅，就将主题交代完全，结尾的文字叙述为，"那么，为什么竞技运动中会发生人异化现象？竞技运动中产生人异化现象的真正原因究竟是什么？应当怎样有效地克服竞技运动当中的人异化现象？对这些问题的解释说明正是竞技运动哲学的重要使命所在[1]"。《竞技运动异化论》是将这些问题的解析寄托在哲学上面了。

马克思在创作《资本论》时或许已经意识到作为哲学批判方法论的"异化"是具有其局限性的，异化方法论范畴不能随意扩张，扩张的结果就像我们现在所处的情形，每个学者都有自己的"异化观"，由各自的"异化观"所阐发出各异的"异化理论"，到头来是谁也不屈从于谁，而恰恰我们又

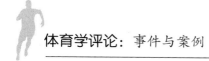

不具备马克思那么广泛且深刻的社会影响力，不能将自我所认为的异化理论发扬光大。

让我们再从另一个角度来考虑这个问题。异化作为哲学批判方法论的存在是具有现实意义的。也就是说，运用异化理论来阐述问题，最后要对问题的产生原因做出合理的交代。如《竞技运动异化论》中对竞技运动中暴力异化现象的探讨，仅用了五百余字就完成了结论。[1]再如《竞技体育异化现象产生的原因及对策探讨》一文认为竞技体育存在三个方面异化现象，即滥用违禁药物、运动员资格作弊、裁判执法不公。[15]该文用了几千字就完成了导致这三个异化现象客观存在的原因及解决策略的探讨。如果我们不采用异化方法论，又是一番怎样的景象呢？

山西大学体育学院的石岩对体育暴力现象进行过较为系统的研究，并得到了国家社会科学基金的资助，一系列理论研究成果发表于各体育期刊，这其中有对欧洲球场观众暴力研究现状的综述，有对国内外反球场观众暴力立法的探讨，有对我国球场观众暴力遏制策略的研究等。再如《影响奥林匹克运动发展的因素分析》一文从五个方面阐述了奥林匹克运动发展的危机，即过度的商业化开发带来了现实的潜在的威胁：体育政治化是奥林匹克运动发展要解决的难题、兴奋剂是奥林匹克运动发展必须摆脱的阴影、奥运会大型化是奥林匹克运动发展要挣脱的桎梏、腐败是奥林匹克运动发展的隐性阻力、体育暴力和恐怖活动是奥林匹克运动的灾难。[16]这些文论并没有将异化方法论作为解决问题的手段，但对问题探讨的依然有模有样、有根有据，那下面我们该推出怎样的结论呢？我们可以将这些研究成果冠以"异化"的美称再发表一通，也便成了现在的景象。一批批体育文论被生产出来，贴上"异化"的标签，内容还是以前的内容，只是多了一些"异化理论"作为辅助，提升了某些文论的神秘色彩。北京体育大学的易剑东博士在向体育界同仁推荐一本国外体育学术力作——《体育与现代社会理论家》时感言："更多的体育研究者只是对一些时髦的学术词汇和理论简单和孤立地引进，缺乏对其语境和环境的分析，造成牵强附会的局面。特别是近年来大量涌现的体育学博士和硕士论文表面上套搬了令人眩目的学术概念和理论词汇，实际上作者并没有弄清楚他们引用和套搬的概念和理论的实质。"[17]

1.4.5 竞技运动异化论的现实

对竞技运动异化的本性模糊所形成的思维定势长期困扰着我们，使我们在对某些议题进行讨论时丧失了必要的严谨，这种严谨的丧失直接导致了在讨论相关议题上的意识模糊，造成的严重后果即是人云亦云、以讹传讹。

关于实证，请允许我们拿当前手头边的《体育文化导刊》2005 年第 8 期列举。如《寻觅体育的"类"文明——论公共体育精神》一文中的这几句："中国国内赛场存在'异化'现象的根源是我们只有强烈的体育'种'意识（单纯为民族和国家争光），而缺少富有激情的'类'文明。""以及当今国内赛场上种种严重的'异化'现象。""因而导致赛场上'异化'现象的屡禁不止。""这既是追求体育'类'文明的表现，又是抵制中国体育异化现象的重要措施。""缺少公共体育精神是中国体育存在'异化'现象的根源。"[18]如《欲望，竞技体育的"无间道"》一文中的这句："竞技体育在给人们带来快乐和金钱的同时，也深深地体会和面对着诸如腐败、兴奋剂、球场暴力、功利主义等体育异化力量的摧残。"[19]如《2008 年北京奥运会人文思想刍议》一文中的这句："其主要问题是它将物质利益置于高于一切的位置，将物质享乐置于精神之上，这种价值观对体育的直接影响就是导致了竞技的异化。"[20]再如《论东西方体育差异及融合发展前景》一文中的这句："那种以看残忍竞技为快，以不择手段地战胜对手为乐的令人发指的'比赛'和实战模拟战，使体育异化到近乎残杀的地步。"[21]

从这些个带"异化"词语的语句来判断，并辅以文论的论域环境分析，作者们均认为异化是消极性的，与《竞技运动异化论》中提出的积极性异化相比较，总有一方是存在问题的。暂且附和了学界认识体育异化理论的主流，这些"异化"又表示什么内涵呢？这些"异化"内涵依个人的兴趣爱好各异所理解为各异的体育异化内涵，看来我们是不能将《竞技运动异化论》中提出的消极性异化的内涵来代表这些文论中的异化内涵的，同时，

我们无从可知这些文论中的异化内涵是以马克思先生、黑格尔先生的，还是其它先哲们的异化理论为逻辑起点，更无从了解是认同哲学范畴的异化、翻译学语境的异化、传播学视野的异化，亦或独特的体育异化理论为逻辑起点。也许只有文论的作者自己知道了。此外，在不同的文论，或同一篇文论中，"异化"一词还有"戴帽"和"不戴帽"之分（加冒号的问题），不知道从个人的视角出发的这些冒号的产生，都代表着怎样的独特意蕴？

《体育文化导刊》每年12期，仅一期即产出这么多"异化理论"，试想，我国是人口大国，同时是科研论文生产大国，质量不高但数量可观，每年出版的大量体育期刊伴随着扩版的风行（包括大众期刊办学术期刊的现象，如《武术》（学术版）、《体育世界》（学术版）等，体育"异化理论"必产出了不少。随着这种"竞技运动异化论"滥觞的学术"时尚"潮流的向前奔放，有一点是值得肯定的，以后总会有更频繁的、更高深莫测的体育"异化理论"被生产出来。

1.4.6　基于竞技运动异化论逻辑起点的再商榷

本书以为，竞技运动异化论的逻辑起点可以提炼为，谨慎考察事物的本性，遵循事物由"善"起源（具有阶段性特点）向"恶"发展的过程中单一的思维判断理路。

如上述提及的美国NBA实例，美国社会酝酿NBA产生的终极理想即是资本者获得最大利益的场域，没有利益的驱使是不会有大量资本聚集现象出现的，由此决定了NBA发展过程中出现的由金钱驱动并控制人们现实行为产生的规律，这是不以人的意志为转移的。我们可以认为它是一种竞技运动异化现象，并以名目繁多的异化理论加以穿透，得出一些将其加以改变的结论，但NBA可管不了那许多，追求利益的最大化依然是它的审美理想，异化方法论的架构是没有现实意义的。反观学校体育中开展的校园体育竞赛活动，它的终极理想是为提升学生健康（包括增强学生体质、发展运动技术、培养吃苦耐劳精神等）服务的。如果商家将学校体育竞赛作为一种商业模式进行运作，在运作过程中出现了背离提升学生健康的学校体育竞赛审美理想的客体，由从主体（以提升学生健康为目标）产生出的客体（以追求利益为目标）脱离主体成为与主体相对立的独立存在，并在保持其独立性的同时反过来干扰或控制其主体的行为。这样，我们可以判断这种为追求商业利益的学校体育竞赛活动是为提升学生健康的学校体育竞赛活动的一种异化现象。

再如上述提及的高尔夫球产业实例，人类文化现象中总会有"阳春白雪"和"下里巴人"之分，这在人类历史长河中是得到验证的。作为以少部分人的高尚娱乐为终极理想产生的世界高尔夫球产业，必然回归"阳春白雪"的文化本色。普通民众不可企及的奢侈消费，是被列为竞技运动异化现象的，这种不以人的意志为转移的体育文化审美范式，在运用名目繁多的异化理论加以穿透时，同样是没有现实意义的。反观公共社区体育中开展的大众健身活动（以商业健身俱乐部为代表的"消费"体育暂不列入探讨范围之内），它的终极理想是为满足平民百姓的健康需求（包括增强体质、发展运动技术、陶冶情操等）服务的。如果出现利用公共设施盲目乱收费（收费标准相对于某城区人均收入水平及健身费用支出水平过高），城区公共健身设施建设虚华、攀比之风的现象，这将背离公共社区体育为满足大众健康需求的初衷，从而与现实客观存在的健身条件形成"供需失衡"的现象。这种由从主体（以满足民众健康为目标）产生出的客体（以追求大众健身利益化的公共社区体育"供需失衡"现象）脱离开主体成为与主体相对立的独立存在，并在保持其独立性的同时反过来干扰或控制其主体的行为。这样，我们可以判断这种为追求大众健身利益化的公共社区体育"供需失衡"现象是为满足大众健康的公共社区体育健身活动的一种异化现象。

像美国NBA、世界高尔夫球产业这类在事物发展本性中，且不以人的意志为转移的"恶"的起源，是不应该作为一种异化现象进行批判的。

还有一类竞技运动现象是否可作为一种异化现象进行批判是值得再商榷的，这一类竞技运动现象的代表即体育暴力问题。体育和战争有千丝万缕的联系，从古希腊的军事操练、古罗马的角斗士残杀，到现代社会的军事体育、当代竞技体育中的对抗性项目等现象中存在的带有明显身体对抗

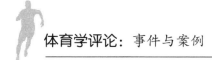

的运动形式，如古希腊军事操练中的团体战术演练，古罗马角斗士之间或角斗士与野兽之间的拼杀，现代社会军事体育中的对练形式，橄榄球、冰球、足球等当代竞技体育项目中的身体接触，似乎更能展现竞技运动所与生俱来的某些本性，而非一种主体中所没有的，创造出来的客体，从主体中创造出的客体反过来干扰或控制其主体的异化现象。

此外，还有一种方法。即像戴国斌的《武术现代化的异化研究》[9]一样，将异化方法论的范畴进行规定，在"形而上"的本质规定中进行并完成主题的讨论。

与此同时，必须深刻认识到体育概念问题，亦在不同的时间、空间中产生出不同的体育"意识形态"问题。《竞技运动异化论》中论及："在以往的竞技运动异化论中，之所以出现概念混同的现象，其中的一个重要原因就是没有明确地规定作为研究领域的竞技运动概念的含义。"[1]"在绪论中我们已经看到，正确地把握竞技运动概念的含义是阐明竞技运动中异化问题的不可缺少的必要条件。也就是说，如果不弄清'什么是竞技运动'，也就不可能对竞技运动中的异化问题给以科学的说明。然而，目前在体育理论界关于竞技运动概念的解释却是众说纷纭、多种多样。"[1]

概念集中反映某事物客观存在与发展规律，是人们高度概括某事物发展内涵与外延所契约的精炼文字。体育概念上的只字之差，所反映体育事物客观存在与发展规律是截然不同的。长期以来，学界对体育概念的思辨一直没有停止。在我们的思维意识中，体育（总概念）一般分为大众体育与竞技体育。随着当代世界文化多元化发展趋势对我们的提示，学界对多元化体育概念进行了重估，各种概念均代表着不同的"意识形态"。亦从逻辑学对概念定义与划分的角度来考虑，可以认同为各种概念所体现出的各异"种差"。下面结合实际，引用中西表达体育的相关概念。西方涉及体育的概念一般有 Physical Education、Sport、Olympic Games、Physical Recreation、Sport for all 或 Mass Sport、Elite Sport 等；我国涉及体育的概念一般有运动、身体教育、大众体育、竞技体育、娱乐体育、职业体育、学校体育、军事体育等。就拿本书所探讨主题的核心概念——竞技运动来说，林笑峰认为竞技（Sport）是比赛身体运动技术和能力的身体娱乐活动过程，是身体娱乐的一部分，包括群众性的竞技和优秀选手的竞技，优秀选手的竞技又分为业余和职业的竞技。[22]当然，关于学界对竞技运动的认识是不止林笑峰这一种看法的，在此不多赘述。从林笑峰对竞技（Sport）的理解为出发点，可以肯定，竞技运动具有多种"意识形态"，在当前学界现有研讨成果的视野中，至少存在两种"意识形态"，分别为"群众性的竞技"和"优秀选手的竞技"，这两种"意识形态"分别表征出两种不同竞技运动文化生长的土壤。在某些议题的对话语境中，是不能以局部代表整体，以某一种竞技运动的"意识形态"代表全部的竞技运动"意识形态"的。

下面请允许我们在新近发表的文论中举例：

田荣和在《体育的工具性异化与人性化复归》一文中基于体育内涵的理解大致有这些："在近代的启蒙运动时期，当时的中国正面临着国家被瓜分的危险，体育才受到重视，但当时的体育强调政治军事功能，与振兴国家、实现政治目的联系在一起。""学校体育在教学和竞技体育的框架中，也无法超脱功利化的影响。""体育是一种社会存在的现象，其发展不可能超出社会发展水平和人类自身认识水平。"[23]《体育的工具性异化与人性化复归》一文将体育内涵理解为多样化态。一为体育的总概念；二为该文第3大标题（体育教育的人性化复归）中论述的主题范畴——学校体育；三为在引用论据过程中所涉及的竞技体育内容和军事体育内容。综观全文，可以看出该文重点论述的场域是学校体育，但作为学校体育的上位概念——总概念体育的出现频次却占了该文相当篇幅，并辅以竞技体育和军事体育（大众体育尚未论及）内容为点缀。该文讨论主题（工具性异化与人性化复归）的场域在体育总概念与多种"意识形态"的体育分概念间的相互切换中展开，在论证议题的论据中，该文往往以某种"意识形态"的体育分概念所出现的异化现象来表示整体，这是有悖于科学严谨性的。[24]

参考文献：

[1]周爱光.竞技运动异化论［M］.广东：广东高等教育出版社，1999.

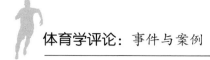

［2］刘正琰，等.汉语外来词词典［M］.上海：上海辞书出版社，1984.

［3］陈力丹.准确使用"异化"概念［J］.当代传播，2003（5）：17.

［4］［法］孟德斯鸠.罗马盛衰原因论［M］.北京：商务印书馆，1962.

［5］曹亚芳.对异化范畴哲学内涵的几点分析［J］.学术论坛，2003（6）：10–12.

［6］李玉良."异化"问题新论［J］.中国科技翻译，2002（3）：1–4，25.

［7］四川省社会科学院综合理论研究室编.异化与人道主义问题评论集［M］.成都：四川省社会科学院出版社，1984.

［8］［比］J.M.布洛克曼.结构主义［M］.李幼蒸，译.北京：中国人民大学出版社，2003.

［9］戴国斌.武术现代化的异化研究［J］.体育与科学，2004（1）：8–10，14.

［10］张和平.略论弗洛姆的异化观［J］.河南师范大学学报（哲学社会科学版），2003（3）：1–6.

［11］韩志芳.角斗士——古罗马体育的异化［J］.体育文化导刊，2004（2）：64–65.

［12］任海.体育院校通用教材：奥林匹克运动［M］.北京：人民体育出版社，1993.

［13］胡小明.体育人类学［M］.北京：高等教育出版社，2005.

［14］杨超，张书珩.文化名人演讲快读［M］.呼和浩特：远方出版社，2004.

［15］王化冰，于涛，张立燕.竞技体育异化现象产生的原因及对策探讨［J］.山东体育科技，2005（1）：40–41，47.

［16］喻坚.影响奥林匹克运动发展的因素分析［J］.人大复印资料（体育），1999（6）：21–24.

［17］易剑东.一部令人激动的体育学术著作——《体育与现代社会理论家》简介与述评［J］.体育文化导刊，2005（7）：66–68.

［18］宋继新.寻觅体育的"类"文明——论公共体育精神［J］.体育文
化导刊，2005（8）：20–21.

［19］王岗，张大志.欲望，竞技体育的"无间道"［J］.体育文化导刊，
2005（8）：14–16.

［20］李明学，李龙珠.2008年北京奥运会人文思想刍议［J］.体育文化导刊，
2005（8）：25–26.

［21］曹利民，马岳良.论东西方体育差异及融合发展前景［J］.体育文
化导刊，2005（8）：29–31.

［22］王化冰，于涛，张立燕.竞技体育异化现象产生的原因及对策探讨［J］.
山东体育科技，2005（1）：40–41.

［23］田荣和.体育的工具性异化与人性化复归［J］.体育学刊，2005（4）：
11–13.

［24］黄璐.竞技运动异化论逻辑起点商榷［J］.天津体育学院学报，
2008，23（3）：239–242.

1.5 论体育起源兼评《理解的艺术》一文

摘　要：运用文献资料法，对《理解的艺术》文中"理解"的意味进行辩驳，解析该文的文献依据引证和逻辑推理过程，就该文几个基本认识范畴进行商榷，推演出结论：由该文根据一些富有"个性化"的基本概念、文献依据引证在说明一些问题上的乏力及对一些基本认识范畴值得再商榷的看法所推导出的结论，不敢信服。其后，对当前体育起源研究进行反思，归纳了它的共性及呈现出的一些问题，总结出一些规律。

《武汉体育学院学报》2005年第10期展示了郑国华、郎勇春和熊晓正三位作者合作的成果，题名为《理解的艺术——从中西体育文化历史比较的视觉评析》[1]（以下简称《理》文）。对于品读过《理》文的读者来说，

定能深悟《理》文的选题对建设中国体育理论和指导现实生活有着重大意义。简而言之，就是"中国是否产生过体育"的问题。众所周知，"体育"一词是舶来品（当然也存在不同异议），关于"体育"一词来源的论据，在此推荐两篇文章[2][3]。"中国是否产生过体育"这个对中国体育理论和现实生活的追问振聋发聩，赋予自由意味的学术思维直指事物本质，探索经过几代人辛勤劳作与坚毅传承建筑起中国体育理论"大厦"的根基。"中国是否产生过体育"一句天真无邪的发问，却蕴涵着意识思维的海阔天空。要为这一看似简单的议题答问，不仅需要执着科学追求的勇气，保持学术自由和学人心灵自由的底线（中国科学院研究生院的李醒民认为"学术本身有生命，真正的学人视学术如生命，学术自由和学人心灵自由是学术有生命的前提条件[4][5]"），而且至少在三个方面应达到知识习得的高度，即对体育内涵的历史演变及当前各种体育内涵辨析论点的深刻认识；具有扎实的历史（包含体育史）知识；具有深厚的逻辑思维功底。这三个必须具备的知识层面对解答"中国是否产生过体育"这一议题提供了基本思维意识保障，首先，对体育内涵都存在模糊，还谈什么体育的产生？其次，连基本的历史知识都不具备，还考察什么体育产生环境及引证一些完美的论据？其三，连基本的逻辑推理程式都不具备，还推理什么可信的结论？《理》文表现出执着科学追求的坚毅勇气，从中西文化历史的独特视角阐释了这一议题，为人们多维度理解中西体育的产生提供了新的思路。对《理》文支撑结论的文献依据引证和逻辑推理过程，笔者有异议，与《理》文作者商榷。

1.5.1 理解的意味与辩驳

马基雅维里是第一个使政治学独立、同伦理学彻底分家的人，有"资产阶级政治学奠基人"之称，并且是历史家、军事著作家、诗人和剧作家。在所有这些方面都有其传世的著作，包括《君主论》《论提图斯·李维著[罗马史]前十卷》三卷、《佛罗伦萨史》八卷、《兵法》（直译：《战争的艺术》）七卷、《曼陀罗华》（喜剧），还有其他剧本、诗、文以及大量的关于出使各国的情况报告和通讯等。[6]马基雅维里学术论域的广阔体现出其知识面的宽泛，评论爱情这一人类永恒的议题，也少不了他的踪影。需要注意的是，不仅马基雅维里表达过对爱情的理解，很多先哲从不同的角度对爱情发表过感慨，黑格尔说过："爱情构成生命的一个环节，没有这个环节的生命是残缺的。"[7]对于爱情，不同时代表现出不同意蕴的爱情风尚，表征出处于不同时代的人们对爱情的普遍理解，庸俗的爱情观和高尚的爱情观表达出不同对话语境中的人们对爱情的感悟。庸俗的爱情观容易理解其含义，而高尚的爱情观却要求人们在达到某一知识层次的高度才能理解其含义，作为学者的马基雅维里和黑格尔很显然在达到某一知识高度的前提下，理性地探索过爱情的真义。

梵高对其画中所显露的崇高艺术性作过阐释："当我画太阳时，我希望使人们感觉到它是在以一种惊人的速度旋转着，正发出威力巨大的光和热的浪。当我画一块麦田时，我希望人们感觉到麦粒内部的原子正朝着它们最后的成熟和绽开而努力。当我画一棵苹果树时，我希望人们能够感觉到苹果里面的果汁正把苹果皮撑开，果核中的种子正在结出自己的果实而努力。"[8]梵高的人生观与深刻的艺术见解并不是普通人能够理解的。随着当前物欲世界的来临，人们精神生活的匮乏与功利心态的普遍泛滥，除了极少数受过专业艺术审美教育的人们能够体验到梵高对艺术的深层次理解，想必越来越多的人们不知梵高画中所要表达的是什么东西。其实，不仅我们现在所处的时代是这番景象，一百多年前的欧洲资本主义社会物欲世界滥觞就已经发生了，这在高更（保尔·高更（1848—1903年）法国著名画家，后期印象派三位大师之一）发表的演说中亦可窥见。高更最终用演说的形式鞭挞了当时那些对其画中意蕴不甚理解却肆意发表尖酸苛刻的歪曲评论的人们："他们那些人什么都不懂。我的画对巴黎人来说，太简洁，太精致，太精神化了。""让他们那些人见鬼去吧！"[8]这就好比让中国约9亿（我国有13亿人口，9亿在农村[9]）的农民兄弟（以整体文化素质而言）去理解柏拉图、亚里士多德等先哲那些很有考究的话，这个理解的过程免不了要露出两种截然不同的嘴脸：一种为心地善

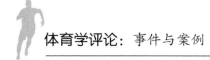

良、诚实守信的农民兄弟，他们不懂先哲深厚的思想意境就真实地表现出来，不懂就是不懂；另一种为内表不一、巧猾诡辩的农民兄弟，他们不懂先哲深厚的思想意境却虚伪地表现出来，不懂装懂。前者外化的表现形式为沉默，他们以一种期待的目光并付诸对美好生活追求的汗水，祈求在后天努力中获得打开先哲思想对话语境的钥匙；而后者外化的表现形式为喋喋不休、指手划脚、枉下定论，他们以一种焦躁的目光并幻想对美好生活企及的一切，盼望在后天等待中获得踹开先哲思想对话语境的力量。很显然，对原本"善"思想的理解衍生出两种认识，一种是对"善"思想的真实表达，另一种则是对"善"思想的歪曲想象。从对原本"善"思想的理解中衍生出的两种认识又重新获得了延伸扩展的机会，一种延续着对"善"思想精髓的宣扬，另一种则背道而驰坠入"恶"的深渊。

对于爱和画这两个认识范畴来说，马基雅维里和黑格尔从理性思维的遵循出发对爱的真义进行了穿透，梵高和高更从揭示艺术规律出发对画的本质进行了穿透，与之相对的是，一些人不理性地胡编乱造现代爱情观，随意评说艺术的肤浅，像这种无视自然与社会发展规律的理解随处可见，就近来说，中国爆发十年"文化大革命"的事实即可作为论据。很显然，"理解"一词具有两面性，呈现出"善"与"恶"的分区。《现代汉语词典》中对"理解"一词的解释为"懂；了解：你的意思我完全理解丨实践是理解的基础。[10]"《现代汉语词典》解释的"理解"一词并没有强调"理解"的内涵仅代表宣扬"善"的唯一，这也同时证明"理解"一词在当代人们的意识思维里具有两个面（"善"与"恶"）。例如以李宏志为代表的"法轮功"邪教组织对中国科学社会主义建设产生了消极影响，他们的人生观和世界观代表着某一类民众对事物的个性化理解，而这种理解恰恰与21世纪的时代精神相悖离，是无视世界辩证演进发展规律的胡编乱想，但确实就有那么一批不具有独立理性思维分辨能力的民众受其蒙骗，让"恶"思想在沐浴科学阳光的中华大地上生根繁衍，最终却难逃人民的慧眼。由此可见，"理解"的内涵及现实生活的客观存在表现为两种景象，"善"与"恶"的价值评价标尺交融于肤浅的认识和深层的认识之中，并努力地将世间美与丑的画卷呈现给人们。《理》文对"理解"一词的认识为"理解就是对事物的一种高级的、综合性的和深层的认识。我们对中西体育文化的研究就需要这种理解"。《理》文从独立的"善"方面对"理解"进行了自我规定，认为对中西体育文化的研究需要一种高级的、综合性的和深层的认识，这种认识即是《理》文对"理解"的内涵作的富有创新性的、个性化的"理解的艺术"。其实，从独立的"善"方面对"理解"的内涵进行本质规定在现实生活中有一更为贴切的词汇，即"理性认识"。《现代汉语词典》中对"理性认识"一词的解释为"认识的高级阶段。在感性认识的基础上，把所获得的感觉材料，经过思考、分析，加以去粗取精、去伪存真、由此及彼、由表及里的整理和改造，形成概念、判断、推理。理性认识是感性认识的飞跃，它反映事物的全体、本质和内部联系[10]"。

这里需要清晰的是，人类文字的客观存在除了能传达事物特征信息以外，还具有承担方法论的责任。如"异化"一词在传达事物特征信息之外，还普遍赋予人们认识客观事物的方法论意义，在"异化"方法论体系中最具代表性的是马克思关于劳动异化的理论，马克思以一种哲学批判方法论的异化范畴对资本主义劳动价值论中的价值规定进行了揭示，对资本主义生产方式的客观现实进行了讨伐。而"理解"一词除了传达事物特征信息之外，并未普遍赋予人们认识客观事物的方法论意义（或许因为我们知识面不够宽阔，尚未寻获哪位先哲关于"理解"的理论）。同时，"理解"一词作为方法论意义的客观存在并未在《理》文关于"理解"的认识中做出回应，那么这就表明，《理》文关于"理解"的认识是一种自我规定，并没有以相关理论作为论据支撑。《理》文自我规定的"理解"的内涵能否成为该文立论的根本呢？下面我们从文献和现实的角度进行一些必要的考察。

预想阐释"中国是否产生过体育"这个命题，必然追加出两种截然不同的观点，即"中国产生过体育"和"中国没有产生过体育"。这两种观

点背后蕴含着学人对中国体育起源思辨的智慧，不同的视角、不同的理论基础、不同的理解，在现实中引申为支持两种观点的众多民众分野及由此引发的一系列后续影响。毋庸讳言，"中国产生过体育"这一观点代表着中国民众对其的主流认识，从中国本土学者编辑出版的各类体育史学教材、论著中即能说明问题，用不着大动干戈。由高等教育出版社新近出版的普通高等教育"十五"国家级规划教材——《体育史》[11]具有较强代表性。在这一主流认识之外，我们不能忽略另一种观点（"中国没有产生过体育"）的客观存在，毕竟这一观点具有一定规模的受众，是需要我们引起重视的文化现象。

华南师范大学体育科学学院的博导胡小明教授认为："20世纪70年代末，曾刻苦学习中国体育史，常掩卷叹息——中国古代无体育、近代不科学、现代缺理论。""说'古代无体育'，主要是指中国古代没有较完整的体育思想观念、知识体系、传承制度和运行机制。健康、长寿等养生思想，射、御等礼仪教育，舞狮舞龙等节庆民俗，搏击武艺等杀人之术，只能称为体育的萌芽。"[12]国家体育总局科研所的李力研研究员认为："现代化是西方化。西方化当然就是欧洲化。近代化的根基当然又在古希腊，古希腊是唯一诞生了体育和体育盛会的国家。"[13]以胡小明和李力研对中国体育起源认识为代表的不同声音划开清晨所独有的安谧与宁静，让我们在一定程度上去仰以察古、俯以观今、展望未来，让我们在生活的闲暇去反思我们所形成牢固思维定势的当前，得以提升21世纪中华民族伟大复兴的雄心壮志。李力研认为"古希腊是唯一诞生了体育和体育盛会的国家"并非空穴来风。我国第一大文献检索机构——中国期刊网收录李力研所创作的体育文论很是丰富，李力研的研究场域大致有体育社会学[14]、体育人类学[15]、体育史学[16]、比较体育[17]、体育医学[18]、体育哲学[19]、体育文化[20]、体育学术批评[21]等，涉及对中国现实以三维划分体育内容的探讨——大众体育、竞技体育和学校体育，随着当前学人对长期以来三维划分中国体育内容质疑的日益高涨，学者们纷纷提出了自己的看法，有学者提出"大体育观"[22]，也有学者提出将"体育总概念"内涵各自进行表述[23]，不一而足。不论以哪种划分"体育总概念"内涵体系为基准，内涵的主体必然是不变的，而李力研对"体育总概念"内涵的各个方面均有涉猎。如从中国古代养生传统的视角阐述："中国传统教育中，从不重视体育。孔孟之道所提倡的'修身'与现代体育根本不是一回事。"[24]从中国古代军事活动的视角阐述："军事对体育的影响是第一位的历史因素。这是一条重要的历史法则。中国古代的体育就明显地受到了商代军事及其文化的影响。"[25]从西方古代体育竞赛的视角阐述"这种情况下，中国便不可能自觉产生出规模宏大、平等竞争的体育运动。这也是我一再强调，衡量一种体育形态是否'纯粹体育'，只要检验一下其体育的立法是否完备就可以的理由。"[17]从西方古代身体教育的视角的阐述："雅典虽然与斯巴达不尽相同，但在体育教育方面仍旧成绩显赫"[26]等。关于李力研从各种意识形态的体育表现形式得出结论的文献依据引证和逻辑推理过程，请参阅李力研相关历史文献，在此不多赘述。由此必然推导出一些与本议题相关的问题。系统参阅过李力研文论的理论工作者不难体会到，李力研的知识面很是宽泛，熟悉中外体育史学知识，学习过大量世界名著，钻研过各种意识形态的体育表现形式，这即可推出其所提出"古希腊是唯一诞生了体育和体育盛会的国家"的认识中国体育起源的观点并非其胡编乱造、随意理解的经验产物，而是经由相关史料分析、严密逻辑思维推理过程的理性认识的理论成果。胡小明则在体育美学、体育人类学方面有较高的造诣，在体育美学和体育人类学学科建设时必然对体育基础理论有深刻认识，且具备严密的逻辑思维，在表征其思想的文论中，必然不会随意理解中国体育起源问题，而去妄自定论"中国古代无体育"。在持这两种观点的学者分区中，我们应该选择哪一种观点呢？是选择拥有大量史料支撑、严密逻辑推理程式的李力研先生的观点，还是选择在自我本质规定中做"行而上"努力的《理》文的观点呢？结论是不言自明的。

《理》文的开场白发人深省："想走进中西体育文化的意境，有一扇门，只有完全打开它才能洞领珠玑。可是有很多人只是在门缝里窥得一斑，

甚至带着情感的偏见，就在那里大谈中国古代竞技体育何以未能成熟，一味地标榜西方之体育精神，国人搞体育必向西方看齐且言必称希腊。固然，我们不否认西方有很多东西值得我们去学习，但是我们在对事物做出判断之前，最起码应该立足整体，从多角度去分析，全面地把握事物的本质所在。你得先打开那扇门，而后才能洞察其中的广阔天地。"对于学术成果来说，时间老人是只无情的筛子，它能将那些胡编乱造、随意理解的经验产物筛掉，使之逐渐坠入遗忘的峡谷。在等待时间老人做出评价的岁月里，我们需要一片内心的安宁，诚挚地等待时间老人的淳淳教诲。难道时间老人已告之《理》文岁月审议的结果，以致于《理》文视那些异质观点为透明，持"立足整体，从多角度去分析，全面地把握事物的本质所在"，将岁月老人的结论公之于众么？

1.5.2 解析《理》文的文献依据引证和逻辑推理过程

众所周知，体育概念在当代中国一直处于百家争鸣的状态，至今尚未完全定论，依然滔滔流入、连绵不绝地向前奔腾。由高等教育出版社出版发行，教育部研究生工作办公室推荐的研究生教学用书——《体育原理》中论及："中国对体育概念理解的内涵不断扩大，需要界定各组成部分及其相互之间的关系，避免因概念内涵无限制扩大而给体育造成的负面影响。"[27]在汗牛充栋的观点之林，我们寻获到哈尔滨体育学院的韩丹关于体育内涵的认识："还有一些'体育××学'。那个'体育'既不标明是运动竞赛，也不表明是学校教育。笼而吞之，不知所出。总之，那种以'体育总概念'为指导的理论观念体系，正是当时三因素临时集合的客观反映。现在，这个体育体系正在分解，变成了各自不同的社会活动。具有不同的社会形态，承担或承载着不同的社会功能，它们不再需要一个'体育总概念'去笼束了。世界大多数国家都倾向于，各自表述。像美国，就没有'体育总概念'，而是分为不同的学科。"[23]韩丹的观点似乎在支撑《体育原理》中的说教。"从不同的角度去观察体育，会得出不同的结论。体育工作者应全面辨证地观察体育，才能更清楚认识体育的本质"。[27]韩丹认为应将各自表述的体育内涵分为三类："一类叫做 Physical Education，意译就是身体教育，简称 PE……二类叫做 Sport……三类休闲、娱乐（Leisure，Recreation）。"[23]有学者专门撰文对这种认识中 Sport 的内涵产生质疑[28]。本书采用这种对体育内涵"各自表述"的方式，仅对韩丹认为的体育内涵"大体上有三类"的观点进行改造，细分为不同形态的体育内涵。关于"各自表述"的体育内涵，西方有 Physical Education、Physical Recreation、Play、Olympic Games 等，中国有身体教育、竞技体育、军事体育、休闲与娱乐体育等。需要说明的是，根据体育概念分类的不同依据可分为不同样态（具体请参照《体育原理》第 20 ～ 22 页[27]），我们以探讨体育起源的内容为出发点，从便于讨论本议题的角度做了调整，并未依据任何已有体育概念的划分原则。

　　作为一篇具有较大说服力的科研论文，在搜集支撑结论的文献依据的基础上，必然遵循某些不同形式的、合乎理性的逻辑推理程式。严谨的逻辑推理过程将零散的文献依据组合成一个证据整体，形成一个严密的、具有强烈震撼力的论据链，经过完美的论据引证和严谨的逻辑推理过程得出的结论才能信服于众，这在当代西方法律体系对客观事物的严密推理过程中体现得淋漓尽致。以下我们展示一个逻辑推理程式（见图 1-2）。

图 1-2　逻辑推理构想 A

　　古希腊对西方古今文明的形成与发展产生了积极的影响，这种外化的标志性建筑即出现了一大批代表古代西方时代脉息的思想巨擘，历史铭记着他们的名字，他们对客观世界沉思的成就正被世人广为传颂。我们无法遗忘那些在人类认识客观世界的道路上努力的人们，Pythagoras（毕达哥拉斯）、Socrates（苏格拉底）、Plato（柏拉图）、Aristotle（亚里士多德）等，这些对客观世界思辨的个体被誉为西方最具思想内涵的男人。中华浩瀚五千年璀璨文明被外化为老子、孔子、孟子、庄子等彰显古代中国时代脉息的思想巨擎，这些对客观世界思辨的个体被誉为中国最具思想内涵的男人。同属于人类范畴的西方男人和中国男人表现出同质特征，他们有相同功能的肢体，有共同探索神秘大自然的勇气和热情，身处同一个地球、同一片蓝天——同属于人类范畴的西方男人和中国男人又表现出异质特征，他们具有不同的思维方式，不同的生活轨迹，不同的语言文字——当我们将评价标准上升至人类共性的高度时，可以认为在一定程度上，同属于人类范畴的西方男人和中国男人相一致，同属于西方男人的Pythagoras（毕达哥拉斯）和同属于中国男人的老子相等同；而当我们将评价标准规定为中西男人的本质特征时，亦可以认为，在一定程度上，同属于人类范畴的西方男人和中国男人不相一致，同属于西方男人的Pythagoras（毕达哥拉斯）和同属于中国男人的老子不相等同。西方男人和中国男人依据某种评价标准的不同表现为相等同或不相等同的结果切换，无论以哪种评价标准为基准推导出的结论，仅限于符合同类评价标准前提下所表现出的相等同或不相等同状态，随意扩展其"意识形态"的应用范畴，结果只能是以个体代表整体，以个案代表普遍，得出不符合思维理性的结论。

下面我们将《理》文的逻辑推理过程辅以文献依据引证的实效性检验置换为"逻辑推理构想A"中进行审视，并引出逻辑推理构想B（见图1-3）。

图 1-3　逻辑推理构想 B

　　《理》文的题名反映出所探讨问题的主题，即从中西体育文化历史比较的视角来理解中西体育。《理》文在为"理解"一词的内涵作自我规定之后，对中西体育文化的范畴作了规定："对中西体育文化的理解有两层意思，其一，我们现代人通过史料来看中西竞技文化，它的研究带有个人情感的偏差；其二，尊重研究对象，考察当事人对竞技文化的选择，即他们的理解，或也叫当事人的理解。中西体育文化理解的前提就是要在这两层意思的基础上厘清两种文化的脉络。"从《理》文这段规定其研究对象范畴的文字中不难看出，《理》文将中西体育文化理解为一种竞技文化。很显然，《理》文所理解的体育内涵并不是狭义的体育内涵。这里我们必须对体育的广义内涵加以阐述。

　　体育狭义内涵的扩展在中国体育学人的思想认识中是一种普遍现象，关于体育学界对广义体育内涵的争论清晰地展现出改革开放为繁荣发展社会科学所提出"双百"方针对现实中国社会发展的促动作用。近期拜读了一篇富有新意的商榷体育广义内涵的文论[29]，该文发现了杨文轩、陈琦等不同学者提出的关于体育概念不同认识观点中的一些逻辑性悖论，并大胆提出了新推导出的体育广义内涵，该文在文末对人类特殊的一些身体动作（为该文所理解的广义体育内涵）提出了见解，分别为杂技、魔术、棋类和牌类、走路、吃饭、呼吸、按摩、打架、性保健方面。就其文中从性保健方面进行的商榷，引用了朱显伟关于性保健的观点，"性保健从原理上说应属于体育运动，但因社会观念问题，讨论把它列入体育还是医学暂无社会意义[30]"。对此，我们有不同看法。性保健作为满足人类生理生活的必须是客观存在的事实，在性行为的过程中参与主体发生了肢体位移，产生了能量变化，且适宜性行为有利于调节心理状态，甚至可以提升性行为参与主体在现实生活中欢愉融洽的程度，正所谓"娱乐身心"。我们不能以中国传统的社会观念作为否定性行为对人类生理生活现实功效的借口，如果将中国传统的社会观念置换为美国开放的性保健范畴，可能结论又呈现出另一番景色。学界对体育广义内涵经过长期争论却无法达以统一，其本质即《体育原理》所述："从不同的角度去观察体育，会得出不同的

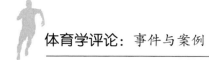

结论。"[27]《解放军体育学院学报》编辑部的李卜婴对体育学术批评地认识为"着眼点和着力点不同，形成不同的论证层次""对基本概念的理解不同，形成不同的范围和结论""争鸣文风与创新"[31]。作为体育学术批评文章，应慎重考察被质疑方的着眼点、着力点和基本概念，尽量与被质疑方在着眼点、着力点和基本概念方面处于相同认识范畴，避免"文不对题""乱评一通"的现象。我们在此附和《理》文所理解的体育广义内涵（竞技文化），并将本文的后续探讨建立在这一基本认识之上。

我们对《理》文所理解的中西竞技文化内涵做一归纳。《理》文对西方竞技文化内涵的理解包括以下几点：Olympic Games，"奥林匹亚圣火普照了西方体育历史的进程，展开历史画卷，我们仿佛看见那肌肉隆起的躯体还在那环行跑道上竞逐"；Play，"虔诚的信徒围着一个皮球在原野上争夺"；Physical Education，"因为斯巴达是最重形体训练的民族，他们不但训练男子，也训练女人，重视身体各部分的平均锻炼"；War，"从十字军骑士的远征到新兴市民的商业投机，无处不弥漫着对强力的崇敬与竞争的讴歌"；Gladiator 意识形态，"缠着缀满铁丁的软皮条的拳头，正在打击对手毫无掩饰的头部，拥满观众的竞技场，回荡着'杀呀！劈呀！'的吼叫，彬彬有礼的骑士正挥剑进行殊死决斗"。《理》文对中国竞技文化内涵的理解有以下 4 点：军事活动，"'三代'夏、商、周时期，畜牧发达，体育文化的萌芽便表现在其游牧生活的武备与战争之中"；休闲娱乐活动，"中国只可能产生温文尔雅的射礼、投壶、围棋、弹棋等"；养生传统，"体育养生思想及实用体育便成为中国体育文化的重心"；礼仪教育，"便形成了体育活动势必与礼先行，讲究'武德''射礼''匹夫之勇不为人齿'"。

从上述分析不难看出，《理》文所理解的竞技文化，并不是单指 Olympic Games（组织化体育竞赛），而是一个宏大的概念，我们认为《理》文所理解的竞技文化为人类与大自然抗争的现实努力，逻辑起点为人类与客观世界的竞技。对于这个提法的论据，请允许我们依次推理。

对于西方所独有的 Olympic Games 意识形态，《理》文有清晰认识："中国体育文化便多从伦理、道德、宗教信仰等文化领域来解释健康的人，把人归于仁、义、礼、智、信之德行，把人性归于善，使中国社会没有像西方社会那样产生以竞技为主要内容的'组织化体育竞赛'。"既然《理》文认同西方这种独有的"组织化体育竞赛"产生的事实，想必《理》文所理解的竞技文化必然不是单指"组织化体育竞赛"，不然《理》文就不会出现各种体育概念及旁征博引各类中西文化活动作为论据。但我们不能仅根据《理》文的文字符号形态就得出果敢判断，这需要我们在当下人们对客观事物的认识中觅得更为完美的论据。《现代汉语词典》中对"竞技"一词的解释为"体育竞赛[10]"。那么，"竞技文化"即指与体育竞赛有关的文化现象。我们试问：人类的战争、中国在静态中锤炼身体的养生传统、中国古代礼仪教育中的"射"等人类存在方式，算是体育竞赛么？当然，这并不代表《理》文所理解的竞技文化是一种无根据的幻想，学术需要富有新意的自由想象，需要标新立异的创新思维，《理》文富有创见性地重塑了"竞技文化"的内涵，我们对其新观点的提出表示尊重。但我们却无法抹去心中的疑惑。

　　有一个表达体育广义内涵的词汇值得我们注意，即"身体文化"。关于"身体"，李力研展示过一种观点："一切动物与植物相比，有一个十分重要的优越之处，就是都能在神经系统的支配下，激发运动系统，实现位移，有选择地获得自己所需要的能量，而不像植物那样永远固定在一处只能被动地等待能量；人与一切动物相比，又有一个十分重要的优越之处，即人有一切动物所没有的高度发达的智慧。智慧的人可以将各种经验转化为知识，又可将知识转化为获取能量的手段。"[32]李力研认为"身体"有两个层级，即动物和同属于动物但具有意识的人类。《现代汉语词典》对"身体"一词解释为"一个人或一个动物的生理组织的整体，有时专指躯干和四肢[10]"。"身体文化"仅表示人类的身体文化，而非动物的，从"文化"的定义亦可看出，"文化"一词的对象是为表达人类客观存在方式所独有的。《理》文所提出的富有创见性的"竞技文化"内涵与当下人们普遍认同的"身体文化"内涵的文字表述形态各异，但却在人类身体

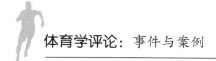

文化范畴的主体性方面显现出惊人的本质类同。我们认为《理》文所理解的竞技文化（人类与大自然抗争的现实努力，逻辑起点为人类与客观世界的竞技）与以人类与客观世界的抗争为逻辑起点的身体文化为同一内涵。

我们认为，身体文化的内涵非常广阔，将身体文化作为中西体育共性认识的逻辑起点，将得出体育起源问题的结论。《体育史》上编古代体育的第一章原始体育中论及："人类社会发展史告诉我们：有了人就有了人类社会，也就有了人类为满足生存需要和心理生理需要的各种活动。体育是伴随着人类的产生而产生的，体育的历史与人类的历史一样长久。"[11]由此我们可以推导出体育最早是在何时、何地起源的，体育并非起源于古希腊，更不是中国，而是非洲。"根据近百年的研究，国际人类学界目前一般认为，人类是由距今 2000 多万年前生活于非洲的森林古猿进化而来的[33]"。之后，我们可以推导出中国体育是何时、何地起源的。中国体育起源当然要晚于非洲，即从中国大地产生人类的那一刻起，中国体育也就起源了。请读者翻翻文化人类学方面的书籍，也便得出中国体育起源的答案了。

达尔文为阐释人类与其他动物之间的心理学差异，发表了《人类的由来及其性选择》一文，一年之后他从动物情绪表达的心理学和生理学角度出发，发表了《人和动物的情绪表达》一文。高贵的人类奉自己为"万物之灵"，因为人类与动物有本质区别，达尔文从心理学和生理学的角度为解析这种"本质区别"做过有益尝试。人将自己和动物区别开来的决定性因素归结为"人的劳动"。体育被高贵的人类认为是属于人类自身唯一的身体表达方式，当下的人们很认同这一看法。以历史的眼光看待这一问题，或许有另类的改变。如果未来出现足够的证据证明动物也存在意识行动（实质上有些动物已具备了较为高级的意识，比如有海豚的智力相当于 5 ～ 7 岁小孩的说法），那我们就不能像当前这样规定体育起源于人类从猿到人转变的过程了，体育就应该起源于地球动物的产生，当未来人类寻找到地球上生命起源（生命包含动物、植物、微生物，这三者均不知何时起源的，如果动物与植物、微生物是同时起源的，我们即可将生命的概念代替动物的概念，当然，如果未来人类发现了除这三维认识之外的生命，那么我们对生命内涵的这三维认识观就需转变，就像诺贝尔物理学奖获得者美国华裔丁肇中发现宇宙中存在"J粒子"一样）的足够证据时，那么，当下我们对体育起源的认识就应该加以修订。动物是如何起源的，生命是如何起源的？这是21世纪人类科学的未解之迷，等待高尚的"万物之灵"为之探索。在此，我们预先提出未来规定体育起源的更为广阔的思维路径：体育是伴随地球生命的产生而产生的，体育的历史与地球生命的历史一样长久。那么，地球上最早出现生命的地方，也便是最早产生体育的地方。但愿首先出现生命的地方是在中国，那样，中国是最早产生体育的国家了。

从本文列举的逻辑推理构想B（见图1-3）中可直观看出，《理》文从同质的方面、以身体文化的广阔内涵为逻辑起点，阐释了中西体育的共性，此外，必须加以提出的是，《理》文论据的取材范围并不仅仅局限于身体文化，一些人类所特有的意识文化也加入到《理》文论据引证的队列，为我们开阔了眼界。如"人们羡慕的榜样是以智慧运筹帷幄决胜千里的晏婴、孙膑、诸葛亮等智者形象。毛遂自荐、负荆请罪、狡兔三窟等历史故事，无不体现了对睿智贤德的赞颂""这与韩信屈于无赖胯下之辱之类故事而受到士大夫的赞颂，形成多么鲜明的对比"等。

《理》文以逻辑推理构想B中所描述的身体文化的两个下位概念（西方体育和中国体育）为逻辑起点，继续阐释了中西体育的同质共性。最有代表性的是从军事活动方面进行的中西体育比较："故《庄子》将'勇悍果敢，聚众帅兵'与强力、技能有关的德性列为下德。""丹纳在其《艺术哲学》中讲了这样一个故事：在希波战争时，阿哲西雷阿斯为了……"

同属于身体文化范畴的西方体育和中国体育表现出同质特征，它们有相同的肢体活动（指行走、吃饭等人类共性活动）、相同的战争取向、相同的娱乐取向；同属于身体文化范畴的西方体育和中国体育又表现出异质特征，他们具有不同的身体锻炼方式、不同的养生观、不同的竞赛观。当我们将评价标准上升至身体文化共性的高度时，可以认为在一定程度上，同属于身体文化范畴的西方体育和中国体育相一致，同属于西方体育的 Physical Education 和同属于中国体育的礼仪教育相等同；而当我们将评价标准规定为中西体育的本质特征时，亦可以认为，在一定程度上，同属于身体文化范畴的西方体育和中国体育不相一致，同属于西方体育的 Physical Education 和同属于中国体育的礼仪教育不相等同。西方体育和中国体育依据某种评价标准的不同表现为相等同或不相等同的结果切换，无论以哪种评价标准为基准推导出的结论，仅限于符合同类评价标准前提下所表现出的相等同或不相等同状态，随意扩展其"意识形态"的应用范畴，结果只能是以个体代表整体，以个案代表普遍，得出不符合思维理性的结论。这就好比我们以中西身体文化为逻辑起点推导出的结论仅限于中西身体文化范畴，而并不能根据中西身体文化的同质特征推导出下位概念的内涵相等同的事实，即中西体育在一定程度上具有同质特征，但这种同质特征并不能推导出西方 Olympic Games 等同于中国军事活动的结论。

这其中必须加以说明的是，我们所探讨的中西体育各种意识形态是以中西古代体育为基准，这就好比"刻舟求剑"的寓意，古今同类体育表现形式其内质并非完全相同。我们以武术文化为例证，"今天，经过几千年风雨的荡涤，曾经无比辉煌的中国武术早已超越冷兵器时代的无限荣光，以更为自然、理性的面目出现在我们面前。尤其是进入 21 世纪以后，武术作为中国传统体育文化的代表，在发展中愈来愈散发出浓厚的文化气息，武术也由原先的'格杀术'到今天的'运动武术'而逐渐嬗变为'文化的武术'[34]"。

1.5.3　基于《理》文几个基本认识范畴的商榷

关于《理》文逻辑推理过程中的几个基本认识范畴，我们有异议，以下列举一二。

《理》文关于中西文化孰优孰劣问题的认识为"对中西体育文化进行比较，一个存在广泛争议的命题是，文化是否有优劣之分？站在各族人民互相尊重的人道主义立场上，中西体育文化不应有优劣之分。它们是人类在与自然作斗争中得出的经验总结，是理解的产物。这种理解因当时人类所处的时间、地点和环境而异。我们不能用自己约定俗成的偏见去评判这些理解的优劣，它们是经过无数年和无数次文化积累和修正的结晶，是自然选择的结果。我们狭隘眼光的评判会显得太肤浅和幼稚，就好像你在梦想着骑自行车上月球一样，那不是同一个层次的东西"。国家体育总局副局长肖天在2005年8月国家体育总局召开的《2008年北京奥运会理论研讨会》闭幕式上的讲话论及对这一问题的看法："有人说文化没有优劣之分，没有先进落后之分，这些尚不去争论，但文化总应该有时代和种类之分；有农业文明背景下的文化和工业文明背景下的文化之分；有理性思辨、实证文化与史官、王权文化之分，如果连这一点都不承认，那就成了诡辩论了。""我们不能设想，一位东方的诗人或哲人，坐在一只原始舢板上，嘲笑或藐视那些制造了在其身旁驶过的万吨巨轮、在其头顶上呼啸而过的喷气式飞机的人们没有文化。"[35]"文化没有优劣之分"，这点我们很认同，但正如肖天所说，文化却有时代和种类之分。这就好比拿花生油作飞机燃料，拿中国历时二千年之久的封建文化来建设当下的科学社会主义。科学社会主义建设需要西方科学理性文化作为思想的基础，要建设中国科学社会主义，实现21世纪中华民族伟大复兴，只有努力摒弃中国传统文化中不适合科学社会主义发展的文化内容，积极吸收西方科学理性文化中适合中国科学社会主义发展的养分。这并不是说中国传统文化是劣质的，而是它不适合中国科学社会主义建设，不适合就应该"拿得起、放得下"，敢于"取其精华、弃其糟粕"。

《理》文引用了色诺芬、丹纳、赫拉克利特的文献及田忌赛马的史料来引证以下认识："希腊人心目中的人物不是善于思索的头脑或一个感觉敏锐的心灵，而是血统优良、发育健全、肢体匀称、身手矫捷、擅长各种运动的竞技家。""而中国运动方式大多呈技术型，就是在力量型的竞赛中也崇尚'四两拨千斤'的技巧，以展示技法技巧之优劣为其竞赛特征。"照《理》文所理解的，西方人都是肢体发达的竞技家，而中国人则是智慧超群的体育者了。我们则认为，古代西方人心目中的人物形象并不是《理》文所理解的仅对身体的渲染。"希腊人是具有爱自由、爱荣誉、

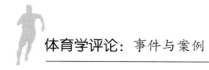

爱光荣的精神的，在这种精神之外，他们还不断从事各种各样的体育运动：他们在他们的主要城市里举行比赛，比赛的优胜者当着全希腊的面接受花冠，因此这便引起了普遍的竞争。不过既然在那个时代人们是用武器作战，而成功有赖于使用武器的人们的气力和技艺，因而人们便不能怀疑，受过这样的训练的人们比起那不分青红皂白地集合起来并不加选择地被率领去参加战争的蛮族大群来具有巨大的优点，大流士的军队正是这种蛮族大群的一个好例子。""罗马人注定和战争结下了不解之缘，他们把它看成是唯一的艺术，他们把自己的全部才智和全部思想都用来使这种艺术趋于完善。""他们从伊特鲁里亚人那里学会了举行剑术比赛，他们看惯了在进行这种比赛时所造成的流血和负伤。"[36] 在西方人那里，一场好的战役并不是仅靠强壮的身体就能够完成的，还要靠智慧。孟德斯鸠将其视为一种"艺术"，一种发挥西方人"全部才智和全部思想"的艺术。罗马人甚至将这种对战事的感悟迁移至角斗士体育的"意识形态"中，他们所希望看到的相互残杀（角斗士之间）并不是仅靠身体气力来完成"你砍我一刀、我砍你一刀"的那种乏味的杀人过程，他们同时热衷于对那种发挥角斗士才智和思想的杀人技艺的渲染，看那些优秀的角斗士发挥才智和思想并外化为肢体表现形式的那种在拼杀中表现出来的"躲闪腾挪"式的技艺。在这种"躲闪腾挪"式的技艺得以表现时，他们可不想看到那些"弱不禁风"式的"娘们"的比赛，而是想看到"血统优良、发育健全、肢体匀称、身手矫捷、擅长各种运动的竞技家"的精彩表演。

《理》文对"组织化体育竞赛"问题的认识为"西方人对竞赛活动的规范总是立足于如何保证在形式上完成公平竞争。因此其竞赛规则主要是针对竞赛活动本身，而很少对参加者提出超出该运动竞赛的道德要求。当然遵守公平原则也是一种道德要求，但西方是靠规则来节制比赛，而不是靠个人品质来维持比赛"。古希腊能够在光天化日之下举办目标明确且遵循"公平、公正"（Fair Play）原则的 Olympic Games（组织化体育竞赛），必然具备某些反映这一事物客观存在事实的内质。俄国革命活动家、哲学家、作家和政论家赫尔岑（1812—1870 年）对事物"内质"和"外化"间的辨证关系做过阐释："外在乃是显现出来的内在，而内在之所以是内在就是因为具有它的外在。没有外在的内在乃是一种不好的可能性，因为它没有显现。没有内在的外在则是不具有内容的毫无意义的形式。"[37]关于赫尔岑所阐释"外在乃是显现出来的内在"这一思想认识，《理》文有过间接体现："概言之，一个民族的心态习惯影响着对民族体育的理解，而这种理解趋向则决定着体育的基本存在方式。"遵循 Fair Play 原则的 Olympic Games 正是古希腊社会风尚的形象表征，且淋漓尽致地体现出古希腊社会所倡导的"公平、自由"的人类存在方式（柏拉图的《理想国》似乎可以反映古希腊人民对建立这种人类理想社会的美好憧憬）。黑格尔就此直言不讳地指出："那更高的、更自由的利学（哲学），和我们的优美自由的艺术一样，我们知道，我们对于它的兴趣与爱好都根植于希腊生活，从希腊生活中我们吸取了希腊的精神。如果我们可以心神向往一个东西，那便是向往这样的国度，这样的光景。"[38]古希腊社会风尚使处于这种风尚孕育下的古希腊人民形成一种"公平、自由"的对待生活的精神，并自觉地演化为一种外化的形式且辅以可操作性的"条条框框"的 Olympic Games，参与者在完成 Olympic Games 过程中严格遵守竞赛规则正是以实际行动表达对理想生活的向往。而中国古代传统文化从"内质"和"外化"的形式上则与古希腊截然不同。从北京体育大学特聘博导魏纪中的一席直白话语即能形象体现："我们的社会还在讲关系，有政府关系、亲戚关系、朋友关系、老乡关系、同学关系。有了这个关系，就有了个圈子。在这个圈子里什么都好说，什么都好办。于是乎很多人的生活目标就是要挤进这个圈子，冀望背靠大树下面好乘凉的好日子。为了挤进这个圈子，有人开始努力地研究别人，努力地迎合他人，努力地扭曲自己。而一旦得了势，也就开始享受别人对自己的奉承和拍马了。要在社会上树立自我奋斗的风气，我认为得强调对人的尊重、对生命的尊重、对人的价值的尊重、对自己的尊重。在奥林匹克精神里，是平等的竞争，是努力对现状的超越，而不是单纯地适应现状。"[39]古希腊为什么出现了靠规则来节制比赛的身体文化活动，中国古代传统文化为什么没有衍生出类似于古希腊 Olympic

Games 的"组织化体育竞赛"，而改革开放以来、沐浴科学阳光的中国大地为什么还有那么一些无聊的人在特定的时空下无谓的做作……这种种外化的形式得以客观存在，用李力研的话说，即"所有这些，绝非偶然，实有深层原因[40]"。

此外，《理》文还有一些对基本认识范畴的理解我们不敢苟同，由于篇幅所限，留待读者品味。对于《理》文所倡导的从中西文化共性方面认识体育起源问题的"理解的艺术"，我们表示尊重，但由《理》文根据一些富有"个性化"的基本概念、文献依据引证在说明一些问题上的乏力及对一些基本认识范畴值得再商榷的看法所推导出的结论，不敢信服。诚然，我们要感谢《理》文从人类身体文化共性（包括人类独有的意识文化）的高度带给我们思维的开阔，更要感谢《理》文从战争、礼仪、娱乐等人类存在方式的共性的角度带给我们体育知识的丰富。

1.5.4　关于体育起源研究的反思

体育起源问题作为体育基本理论中的研究范畴，对清晰中外体育发展脉络有着奠基性的影响。怎样合理把握体育起源问题，体育学术界进行了长期思辨，已达成基本共性认识（请参见《体育史》[11]中关于体育起源问题的论述）。

在"中国是否产生过体育"这一议题上，有一类学者的观点必须加以注意。这类学者的共性即是努力挖掘、苦思冥想中国体育起源的论据，我们分别以"体育"一词的外观（文字）形态和内涵两个方面为划分依据进行举例。关于从"体育"一词的外观形态上努力挖掘中国体育起源论据的例证：国家体育总局科研所的熊斗寅在浩如烟海的古代典籍中挖掘出中国古代起源的确凿证据，但同时被哈尔滨体育学院的韩丹提出了质疑，"有人讲'体育'一词历史悠久，相传在汉代（公元前206—公元220年）已开始使用（原文引用的参考文献出处：熊斗寅，《体育概念的整体性和本土化思考》，《体育与科学》（南京）2004年第2期）。经查，汉代文献中的确有'体育'两字连用的事例，但并非我们讲的身体教育的意思[41]"。

关于从"体育"一词的内涵上苦思冥想中国体育起源论据的例证：上述所评论的《理》文将"体育"内涵扩大为人类身体文化共性（包括人类独有的意识文化）的范畴，或将"体育"内涵理解为战争、礼仪、娱乐等人类存在方式的共性的角度。从这两个例子不难看出，一个是从"体育"的外观形态方面做的考察，这是一种直接寻找体育起源证据的方式，比如由西方传入我国的"人文"一词，学界就从我国古代典籍中挖掘出"人文"一词及其涵义，当前正广泛地出现在各学科研究成果中；另一个则是从"体育"内涵方面做的考察，这是一种间接寻找体育起源证据的方式，比如不能从古希腊 Olympic Games 的角度得出中国古代体育起源的证据，我们可以从军事、娱乐、养生，甚至人类身体文化的角度去理解"体育"内涵，这样，中国古代军事活动的起源、娱乐活动的起源、养生传统的起源，甚至中国古代人类劳动的起源也便成为了中国体育的起源。

我们很敬重这类为中国体育学术进行坚毅努力的学者，一种在浩如烟海的古代典籍中"大海捞针"，一种则在自我规定的体育内涵中"艰难跋涉"。其实，同样是中国人的我们，也时常在现实中诘问自己：中国被世界誉为"四大文明古国"之一，西方有"体育"，难道中国就没有么？作为体育理论工作者的我们更有这份责任和义务去为这一问题作答。在繁重的教学与训练之余，我们对体育起源问题有过考虑，斟酌良久，却未能找到解决问题的方式，以致于未能形成文字性的材料。看到《理》文发表，感慨颇多，便匆忙形成一些急功近利的文字以展示我们的疑问。或者正如田洺在翻译爱德华·O. 威尔逊的《论契合》一书的译者序中所传承的："正如他在这部书中所说，科学的进步有时并不在于解决什么问题，而在于提出什么问题。"[42]

以下我们就体育起源研究中出现的典型例子展开讨论。

胡小明在《体育美学》中提及："'蹴鞠当场二月天，香风吹下两蝉娟；汗沾粉面花含露，尘拂峨眉柳带烟……'（李渔《美人千态诗》）这首描写女子足球运动的诗，吟后余味无穷。"[43]将蹴鞠理解为现代足球运动是体育学界对这一问题认识的普遍观点，对此我们不作评论。但这是否表示被国际社会所公认的起源于英国的现代足球运动发源地就是中国呢？我们并不能简单地将这两者等同起来，更不能以中国蹴鞠的起源早于英国现代足球运动的起源就得出现代足球运动起源于中国的结论。这其中一个很重要的论据环节我们没有引起足够的重视，即中国蹴鞠传入西方的确凿证据，在没有这一确凿证据支撑的论据链中，我们就将形式上十分相像的中国蹴鞠与西方现代足球运动等同起来，甚至为此请了相关专家开过隆重的会议，想以此确定西方现代足球运动是从中国传播过去的，中国是当代世界第一运动——足球的发源地，这是不够严谨的。休谟的《人类理智研究》对推动西方哲学史的发展产生过重要影响，他在该书中表达应当把各种证明分为论证（Demonstrations）、验证（proofs）和或然性（probabilities）三种（洛克则把所有的证明分为论证性和或然性两种），我们仅引用与本议题有关的段落。"事实上，一切来源于经验的论证都建立于我们在自然中所发现的那种相似性上面。由于相似性，我们被引诱出期望将要产生的结果会与我们已看到的由同样事物所产生的结果相似。除了蠢人或疯子，没有一个人会妄图反抗经验的权威，或拒绝那个人类生活的伟大指导。虽然如此，但我们却必须允许哲学家本着其大大的好奇心，至少去考察一下那个给予经验以巨大权威，并使我们从自然界各种不同事物间的相似性中得到利益的人性原则。根据看来相似的原因，我们便期望相似的结果。这是我们关于一切来自经验的结论的总结[44]"。我们从费希特对卢梭的诘难中亦可发现（暂且抛开费希特对卢梭的看法不谈，仅从费希特拿卢梭来说事所反映的理智成分为依据）："卢梭视为真理的东西，都直接基于他的感觉；所以，他的知识都带有一切建筑在单纯低级感觉上的知识的错误，这样的知识部分地是不可靠的，因为人们对自己的感觉不能做出完满的估计，部分地把真实的东西同非真实的东西混合起来，因为建筑在低级感觉上的判断往往把意义并不相等的东西当作意义相等的东西看待。正是感觉从来不会发生错误，判断力则会发生错误，因为判断力会错误地解释感觉，而把混合的感觉当作纯粹的感觉。"[45]"现代足球运动起源于中国"的观点是站不住脚的，一些思维顽固的认识只是建立在"行而上"的自我理解之上所做出的不理性推断，结果只能是中国人自己认同的事实，而国际社会则不予承认。我们可以从高等学校教材《足球》中得到回应："国际足联主席阿维兰热1985年7月来中国时曾表示：足球起源于中国。再一次表明古代足球运动起源于中国得到世界公认。而现代足球运动起源于英国，则是世界另一认同。"[46]这里还应该注意到，"古代足球运动起源于中国"的观点基本能够被国际社会所接受，必须遵循的逻辑起点是足球运动不仅表现为起源于英国的现代足球运动所特有的"意识形态"，而是将足球运动理解为广义的范畴，即用脚踢"球"的广阔内涵。用脚踢"球"的形式可以是多元化的，"球"也可以是各种样式的。将起源于英国的现代足球运动上升至上位概念（用脚踢"球"）来审视，人类历史上则出现过各种各样的"足球"，从《足球》中我们亦能看到："约在2500多年前的战国时期就有了名叫'蹋鞠'（蹴鞠）的足球游戏。希腊人和罗马人在中世纪以前从事一种叫'哈巴斯托姆'的足球游戏。中世纪的欧洲，在骑士体育中流行着一种叫'苏里'的足球游戏。"[46]当我们赋予起源于英国的现代足球运动上位概念的内涵时，人类历史上呈现出许多用脚踢"球"的足球运动的"意识形态"，而中国则在赋予上位概念的足球运动内涵中起源了一种名为"蹋鞠"（蹴鞠）的用脚踢"球"的人类活动，这种活动在人类用脚踢"球"的历史上最早出现，所以足球运动起源于中国古代。

在定位现代足球运动的起源问题上反映出的问题，与定位其他运动项目和体育学科起源问题之间表现出同质特点。大致表现为两种形式：其一，从狭义和广义两个方面同时定位一项体育运动或体育学科的起源，如关于健美操运动的起源问题："健美操的起源应追溯到两千多年前。古希腊人对人体美的……他们提出了'体操锻炼身体，音乐陶冶精神'的主张。""现代健美操实际上是从20世纪60年代初开始萌芽的，最初是……70年代在美国迅速兴起，掀起热潮。"[47]如关于体育传播学的起源问题："人类体育发展演变的历史，就是体育传播的历史。"[48]"新闻学起源于19世纪的德国，到20世纪世纪末，在美国兴盛起来。随着新闻实践的逐步深

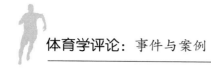

化，新闻事业逐步扩大到大众传播媒介业。'体育新闻'概念逐步让位于'体育传播'概念。本文认为体育传播研究就此产生。"[49]从这一类体育事物起源的定位原则不难看出，先从被定位的体育事物起源的上位概念进行审视，然后针对被定位的体育事物起源所表现出来的本质特征（亦可理解为逻辑学定义概念的"属"+"种差"法）进行再审视。用实例举证：在定位足球运动起源时，将足球运动上升为用脚踢"球"的上位概念；在定位健美操运动起源时，将健美操运动上升为健美体操的上位概念；在定位体育传播学起源时，将体育传播上升为人类身体文化信息传播的上位范畴……其二，单从狭义范畴定位一项体育运动的起源，如关于排球运动的起源问题："排球运动始于 1895 年，创始人是……"[50]如关于街舞运动的起源问题："20 世纪 70 年代末、80 年代初，街舞运动始创于美国纽约贫困工薪阶级的少数民族中。"[51]如关于健美操运动的起源问题："美国的健身性健美操起源于 1968 年，最早是美国……"[52]这类观点并未从被定位事物的广义范畴着手，而是直接依据被定位事物的本质特征（亦为找"种差"）进行该事物起源问题的定位。

这两种形式可以析出一条逻辑线索，我们以健美操运动为例，如图 1-4 所示。

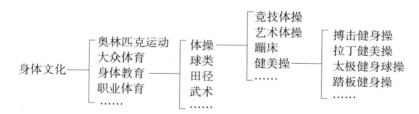

图 1-4 健美操运动隶属层级

在认识健美操运动起源问题上，可以将健美操运动起源的认识上升为体操"属"概念内涵的范畴，即考察健美操运动与同属体操"种"概念内涵的同质共性。此外，最直接的方式是"单从狭义范畴定位一项体育运动的起源"，即考察健美操运动与同属体操范畴的"种"概念内涵之间的"种差"。广义范畴的定位较为模糊，具有不稳定性；狭义范畴的定位则较为精准，具有可操作性。在实际运用中体现为两种表述方法：在论文中因为论域的针对性强和篇幅的制约，常常采用狭义范畴的定位，而在教材、论著中因为论域的宽泛和篇幅的宽裕，常常在狭义范畴的定位基础上，增加广义范畴的定位内容，在于使人们明晰事物的萌芽，亦明晰事物的起源与哪些事物存在关联，但这并不代表广义范畴的定位内容的事实成立。举例说明，搏击健身操是健美操的"种"概念，它的起源定位可以直接从狭义范畴完成，但也可以增加其广义范畴的定位内容，从广义范畴的定位内容只能从"属"概念内涵进行，如果将其连跨两个"属"概念层级，即体操的层级，那就太过牵强了，这就好比将健美操运动起源认定为奥林匹克运动的起源相似，会产生啼笑皆非的结果。搏击健身操广义范畴的定位只能说明搏击健身操与健美操运动有关联，但并不能完成搏击健身操起源于健美操运动的结论，更不能说明搏击健身操起源于健美操运动，就推出其与拉丁健美操、太极健身球操等健美操"种"概念内涵相等同的结论。北京大学哲学系的赵敦华教授博导对中国大学起源的认识与本议题有异曲同工之妙："只要我们能够面对现实，尊重历史，我们就必须承认，不管是外国的现代大学，还是中国的现代大学，继承的都是欧洲中世纪大学的建制；西方现代思想家们提倡的'大学的理念'也都受到了中世纪大学传统的影响。因此，把中国现代大学的起源追溯到清朝皇家的'国子监'，甚至说中国现代大学的前身是具有二千多年历史的汉朝的'太学'，这不是实事求是的说法。但是，在中国谈论大学的传统和现代大学的理念，也不能忽视中国的文化传统。如果全盘否定中国古代有大学的传统，那也不是实事求是的说法。"[53]

参考文献

[1] 郑国华，郎勇春，熊晓正.理解的艺术——从中西体育文化历史比较的视觉评析[J].武汉体育学院学报，2005，39（10）：7–12.

[2] 张天白.体育一词引入考[J].体育文史，1988（6）.

[3] 全国体育院校教材委员会.体育概论[M].北京：高等教育出版社，

1995：12.

［4］李醒民.学术创新是学术的生命［N］.光明日报，2005-11-01.

［5］李醒民.中国现代科学思潮［M］.北京：科学出版社，2004.

［6］［意］马基雅维里.君主论［M］.北京：商务印书馆，1985，7：译者序.

［7］施忠连.世界人生哲学金库［M］.上海：上海文化出版社，1994：
　　171.

［8］杨超，张书珩.文化名人演讲快读［M］.呼和浩特：远方出版社，
　　2004，8：81，89-90.

［9］光明日报评论员.论"三农"——学习十六届五中全会精神系列评论
　　之七［N］.光明日报，2005-11-07.

［10］中国社会科学院语言研究所词典编辑室编.现代汉语词典［M］.第
　　　2版.北京：商务印书馆，1983，1：602，694-695，1018.

［11］谭华.体育史［M］.北京：高等教育出版社，2005：10.

［12］胡小明.一种基于当代现实的体育理论眺望——关于"两条腿"和
　　　后现代意识［J］.体育文化导刊，2003（12）：18-20.

［13］李力研.奥林匹克精神与体育文化——一种东西方文化比较的哲学
　　　文化学视角［J］.天津体育学院学报，2002，17（2）：14-18.

［14］李力研.北京上海沈阳深圳最大型企业员工健康状况与体育锻炼的
　　　社会研究（一）［J］.体育科学研究，2001，5（6）：1-6.

［15］李力研.不同种族的运动能力与非亚欧文明演进的关系研究［J］.
　　　武汉体育学院学报，1994，20（3）：6-10.

［16］李力研.泡尔生对毛泽东体育思想的影响——《体育之研究》再研
　　　究［J］.中国体育科技，2002，38（3）：25-28，45.

［17］李力研.中国古代体育何以未能成熟——以古代希腊为参照的历史
　　　比较［J］.成都体育学院学报，1995，21（2）：90-96.

［18］李力研.来自中关村的健康报告［J］.福建体育科技，1996，15（2）：
　　　15-21.

［19］李力研.体育，希腊人的自由——读黑格尔《历史哲学》片段［J］.

北京体育大学学报，2002，25（1）：1-6.

［20］李力研.“武化”与“文化”——中国体育的土壤特征与气候流变［J］.武汉体育学院学报，1994，20（4）：1-10.

［21］李力研.科学研究必须老老实实——因杨杰、周游两位作者而说的话［J］.体育文化导刊，2003（11）：21-23.

［22］谢雪峰.体育三类型模式：一个需要重新审视的基本理论问题——兼论体育理念［J］.体育科学，2004，24（9）：1-3，18.

［23］韩丹.谈我国体育体系的根本性大变革［J］.体育与科学，2004，25（1）：4-7.

［24］李力研.毛泽东与他的“豪杰”体育［J］.体育科学研究，2002，6（2）：1-10，24.

［25］李力研.商周武备及商周文化——中国古代体育的历史基础一瞥［J］.山西师范大学体育学院学报，1994，9（2）：4-6.

［26］李力研.“用音乐陶冶情操，用体操锻炼身体”——斯巴达体育对柏拉图《乌托邦》的影响［J］.山东体育学院学报，1995，11（1）：6-11.

［27］杨文轩，陈琦.体育原理［M］.北京：高等教育出版社，2004：20-22，30.

［28］毕世明.没有根据的设想——评说《谈我国体育体系的根本性大变革》［J］.体育与科学，2004，25（3）：5-7.

［29］罗永义，关金永.体育概念小议［J］.体育文化导刊，2005（10）：36-38.

［30］朱显伟.关于体育的概念和名词使用的探讨［J］.人体科学，1984（1）：6-7.

［31］李卜婴.创新是体育的灵魂——兼评《体育学刊》上的两篇文章［J］.体育学刊，2001（5）：8-11.

［32］李力研.体育的哲学宣言——“人的自然化”［J］.天津体育学院学报，1994，9（1）：27-35.

［33］胡小明，陈华.体育人类学［M］.北京：高等教育出版社，2005：52.

［34］王岗.武术发展中的"文化围城"现象审视［J］.北京体育大学学报，2005，28（10）：1328-1331.

［35］肖天.对2008年北京奥运会理论研究的思考［J］.成都体育学院学报，2005，31（5）：1-5.

［36］［法］孟德斯鸠.罗马盛衰原因论［M］.北京：商务印书馆，1962：8，11，32.

［37］［俄］赫尔岑.科学中华而不实的作风（修订第2版）［M］.北京：商务印书馆，1962，11：16.

［38］［德］黑格尔.哲学史讲演录（第一卷）［M］.北京：商务印书馆，1959，9：157-158.

［39］魏纪中.我看中国体育［M］.北京：生活 读书 新知三联书店，2005，7：10.

［40］李力研.体育："培养人的勇敢"——亚里士多德体育思想解析［J］.中国体育科技，2003，39（5）：1-5.

［41］韩丹."体育"就是"身体教育"——谈"身体教育"术语和概念［J］.体育与科学，2005，26（5）：8-12.

［42］［美］爱德华·0.威尔逊.论契合［M］.田洺，译.北京：生活·读书·新知·三联书店出版，2002.4，译者序.

［43］胡小明.体育美学［M］.成都：四川教育出版社，1987，9：224.

［44］［英］休谟.人类理智研究［M］.北京：商务印书馆，1999.8：29.

［45］［德］费希特.论学者的使命、人的使命［M］.北京：商务印书馆，1984，10：49.

［46］足球教材编写组.球类运动——足球（修订版）［M］.北京：高等教育出版社，1997，7：3.

［47］王洪.健美操教程［M］.北京：人民体育出版社，2001，1：1-4.

［48］体育新闻传播分会.体育新闻传播学的学科概况与现状［C］//中国

体育科学学会，北京，2004：72.

[49] 王慧琳，阎伟.体育传播学概论［M］.北京：北京体育大学出版社，
2005，8：3.

[50] 全国体育院校教材委员会.排球运动［M］.北京：人民体育出版社，
1999，6：7

[51] 黄璐，吴印波.普通高校《街舞》教材整体框架设计［J］.山东体
育学院学报，2005，21（1）：88-90.

[52] 肖光来.健美操［M］.北京：人民体育出版社，2004：8.

[53] 赵敦华.中西大学传统和现代大学的理念［J］.北京社会科学，2002
（2）：98-102.

1.6　具有中国特色的振兴"三大球"之路
——回应刘建和教授的问题

摘　要：问题意识总是使我们处于科学研究的十字路口，对刘建和教授《综述与诘问：具有中国特色的振兴"三大球"之路》一文抛出的问题进行评论性回应。在认识振兴三大球的主要目的问题上，应做好体育概念的区分，精英体育和职业体育的主要目的不尽相同。中国需要奥运金牌，也需要职业体育市场。在经济"新常态"和"四个全面"精神引领下，体育"举国体制"的改革乃至存废问题，仍处于转型与过渡阶段，"加强党的领导"和"激发市场活力"并存。体工队模式的垄断力量和路径依赖的现实存在，让学校体育和职业俱乐部无法发挥输送国家精英体育人才的功能。"三大球回归学校"顺应了时代与世界发展潮流，是国家经济与社会改革发展的目标方向和必然要求，崭新的局面迟早会到来。最后，呼吁学界关注"问题意识"，有了"问题"，有了"陌生"，有了"惊疑"，何愁没有学术追随者。

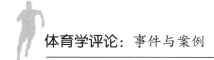

1.6.1　问题意识的重要性

评价一名优秀学者的重要标尺，不仅要看专业知识和方法学习的多寡和深浅，更要看批判性、创新性和思想性所能达到的高度。小到学者个人，大到国家层面同样如此。一穷二白不可怕，可怕的是没有思想和理想。在现有学术评审体制与僵化思维中，一篇独立的学术成果必须要有结论或建议，或者说，没有解决问题就不能算作研究成果。也许大家不禁要问，为什么"提问题"不能作为一篇独立的学术成果？"提问题"不是随便抛出"问题"，而是提得出"像样的问题"，必须具有超强的学术敏感和问题意识，要沉寂在学术的海洋中不能自拔，失眠销魂，痛苦难堪，坠入到寻找问题、发现问题这一"为伊消得人憔悴"的深沉状态，同时，必须建立在海量的学术阅读和多年的实践工作的基础之上，为在大量冒出来的问题中，甄别出"真问题""好问题"提供知识、经验和思想储备。

张力为教授的观点"研究方法总是使我们处于科学研究的十字路口[1]"，笔者在这里深表认同，更无反驳之意。如果有学者提出"问题意识总是使我们处于科学研究的十字路口"或许相得益彰，更为完美。笛卡尔有句名言："方法学的知识是最有用的知识。"爱因斯坦则说过："想象力比知识更重要。"体育研究中好的想法、好的问题能否获得应有的尊重，避免出现体育论文"Idea"事件[2]，挽救这些不受著作权保护的"好观念""好点子""好想法"不"岁月无声"地被一些"不劳而获""别有用心"的专家们"拿去"发表。

刘建和教授的《综述与诘问：具有中国特色的振兴"三大球"之路》（以下简称《诘问》）一文即是一篇专门提问题且独立成章的学术成果，值得作为案例进一步学习讨论。刘建和教授在文中谦逊地呼吁，"限于笔者的能力，本文只能在文献综述的基础上，对相关情况进行诘问，至于对这些问题的求解，就全赖读者诸公了[3]"。引不起后续讨论的学术成果是苍白乏力的。笔者才疏学浅，斗胆以学术争鸣的形式，对刘建和教授的诘问进行评论性回应，期待学友们后续的批评与评论。

1.6.2　振兴三大球的主要目的是什么

《诘问》中追问"人们所说的'振兴三大球'究竟要振兴三大球的什么？"列出四个选项，即健身功能、娱乐功能、产业功能、"为国争光"功能，其中"为国争光"功能为笔者根据《诘问》中对于"振兴三大球"内涵的所指得出的，即"特指怎样在奥运会、世界杯（世界锦标赛）、亚运会等重大国际赛事中争金夺银"，这里将"振兴三大球"的"争金夺银"效应表述为"为国争光"功能似乎更符合国民的认识。随即《诘问》明确了竞技体育概念的讨论范畴，"意即在高水平的竞技体育范畴内进行探讨"。目前学界一般认为，竞技体育分为高水平竞技体育和"人人参与竞技"，这点毋庸讳言，但问题是以商业利益为追求的职业体育也属于"高水平竞技体育"的范畴。如果不做出必要的区分，在竞技体育的价值认识和主题讨论中就很容易产生分歧，尤其是在相关问题的讨论上随意定义"体育"概念的所指，以"偷换概念"的写作手法达到论证的目的。

高水平竞争性体育分为职业体育（Professional Sports）和精英体育（Elite Sports），现代奥运会秉持更快、更高、更强的精英体育精神，国际足联世界杯则一以贯之商业逻辑，这两个概念并不是简单的直线对立关系，二者之间的重叠部分、联系与互通性亦较大（详见拙文《大型运动会真的太多了？》，发表于《体育学刊》2012年第1期）。令人欣慰的是，更多的媒体和学界同仁将二者区分开来，犹如"身体教育"（Physical Education）和"竞技"（Sports）两个截然不同的概念不能玩世不恭地称为"体育"。陈玉忠教授认为，"职业足球和国家足球的整体水平属于两个层面上的问题，两者有联系，更具备相对的独立性。'恒大现象'在一定程度上反映了国家软实力，激发了社会正能量，满足了人民群众日益增长的精神文化需求[4]"。

《诘问》中认为"竞技体育的主要目的就是要在比赛中争金夺银，这是竞技体育的本质规定"。可以说，《诘问》中的竞技体育概念是指精英体育，也就是追求"更快、更高、更强"的竞争理念，侧重于在高水平国际或区域性比赛中争金夺银，赢得"升国旗、奏国歌"的"为国争光"与"国

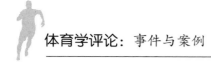

家认同"效应。竞技体育当然要继续搞下去，要向"推动我国由体育大国向体育强国迈进"这一"顶层设计"和人民期待的总体目标坚定前进。不仅要继续推动发展精英体育，加强国家认同与意识形态领域建设，更要大力发展职业体育，贯彻国务院《关于加快发展体育产业 促进体育消费的若干意见》的精神，实现经济增长与精神生活双丰收。具体到精英体育领域，不仅要保持目前中国精英体育优势项目的竞争力，也就是跳水、乒乓球、羽毛球、举重、射击等"软金牌"项目，更要挑战自我、勇攀高峰，向田径、游泳等基础大项和团体项目金牌发起猛烈冲击，扩展奥运会金牌大项的覆盖率，在保证"软金牌"的前提下，拿更多的国际高竞争力项目金牌。

这里的"软金牌"是指跳水、乒乓球、举重等这类国际上普遍不受重视，也是业余性比较强、市场价值比较低、国际整体竞争偏弱的项目，中国凭借"举国体制"优势和专业运动员后备力量保障，去攻关这种"软金牌"项目，在短时期内可以拿到更多的奥运金牌，抄近路，走捷径，符合中国讲实用的传统，在意识形态宣传上达到为国争光的社会效应和国家认同的建构效果。体制内学者将这条通向成功和荣耀的捷径视为中国特殊历史背景下制度设计、智慧和努力的结果，或者换一种说法是"扬长补短是我国奥运争光战略的必然选择[5]"。在万分艰苦的国家成长年代和特殊的历史背景环境中，凭借有限资源堆砌逐一攻克"软金牌"项目，建立中国奥运金牌伟业，这本身就是新中国发展史上一件很了不起的事情。这里无意否认中国精英体育取得的突出成绩，而是提醒学友们以及"自我感觉良好"的相关人士，这个整体"金牌"业绩的结构和成分，在国家大力倡导结构化转型的今天，看清局势，明辨是非，为"自觉运用改革精神谋划推动工作[6]"提供认识基础。

《诘问》中借用搜狐网的观点来解释自己对金牌观的理解，对"需不需要金牌"问题的诘问，如果向前推进一步，诘问"需要什么样的金牌"或许更能发挥《诘问》的社会反思效果。"国民不需要金牌"这是一个伪命题。有金牌总比没有金牌要好，51枚金牌总比38枚金牌要好，至少这是一种生活常识。关键是这些金牌的"含金量"是否得到国民的认可，拿

19枚奥运"软金牌"换一个世界杯足球赛冠军，国民会不会答应这种"以多换少"的亏本买卖，相信大部分国民会同意。这是一个"天马行空"想象的"情形"，在现实中不会存在，举这个例子是要形象说明，国际高竞争力项目金牌"含金量"和影响力的重要性。

如何理解国民"需要什么样的金牌"的真实诉求，必须从新媒体舆论生产机制谈起。在新媒体冲击传统媒介生态的大变革背景下，"街头巷议"人际传播模式早已失去舆论市场，传统媒体逐渐丧失舆论主阵地，取而代之的是新媒体舆论生产机制。新媒体技术力量和传统媒介势力激烈碰撞，媒体从业者的知识结构和职业素养良莠不齐，"新闻叙事"难以客观反映社会舆论的事实诉求，媒介改变社会文化生活的影响力日趋提升。

笔者曾在《北京奥运会国际媒体政治研究》这一国家社科基金课题研究中发现，在北京奥运会比赛期间，伴随比赛进程以及中国金牌榜第一的事实，中国主流媒体全面飘红，好评如潮，与之形成鲜明对比的是，国际媒体出现了大量妖魔化中国和嘲讽中国竞技体育的言论，运用新闻议程设置（时间轴）和整体宣传战略（空间轴）对中国国际形象和对外舆论环境展开了别有用心的舆论"攻势"，在人权西藏问题、开幕式"假唱门"、何可欣年龄争议、刘翔退赛事件、中国唯金牌论等事件上发表了大量负面言论[7]。与此同时，自由放任的新媒体舆论系统炮制出大量负面言论，新媒体传播平台建构的公共生活形态逐渐形成，这些悲观消极的言论极大消解了主流媒体舆论场的能量，模糊了"真"问题与"假"问题、真实诉求与"别有用心"的舆论攻势之间的边界（这一时期相应提出了"两个舆论场"概念）。近年来党和政府加大了对互联网传播领域的整治力度，以期开创互联网意识形态工作新局面，伦敦奥运会周期，中国精英体育面临的新媒体舆论环境由此获得改观。应该看到的局面是，不仅中国奥运金牌成为网民"吐槽"泄愤的话题、成为国内外某些媒体"捕风捉影"制造"标题党"的工具、成为西方媒体"羡慕嫉妒恨"炮制负面言论的来源，中国的教育体制、医疗环境、文化艺术生活、突发性公共事件等问题也成为了无控制言论的攻击对象。体育界应该看到这一点，并适应这样一个认知与

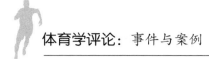

体验的过程，这是从事体育行业锻造"强大的内心世界"和自信心成长的必经之路。这里有理由相信在里约奥运会期间，体育界再次面对诸如刘翔退赛事件中"网络推手"策动的"别有用心"言论，就会满怀自信并坦然面对了。

诚然，为中国奥运"软金牌"辩护不能过于狂热，体制内人士更不能陷入"自我鼓吹、自我陶醉"的境地，关注一些合理中肯的批评，避免沾沾自喜的情绪遮住双眸，羁绊前进的脚步。从另一个角度来思考，网络世界如潮的批评，也并非毫无根据，空穴来风。在国家体育与国际接轨的过程中，坊间主要针对"为什么国际主流的职业体育项目我们都不行"这一诘问，国家队比赛成绩遭人诟病，职业市场培育也没能做得更好。伴随中国应对发展国际高竞争力项目的持续萎靡状况，觉醒的中国人民在网络世界表达了尖锐的批判观点。中国步入经济发展"新常态"，与世界接轨步伐加快，互联网服务迅猛发展，在今后国家边界逐渐开放过程中，这种参透玄机的全民认知和维权意愿将越来越强烈，将对体育"举国体制"的绩效结果形成更广泛、更深刻的诘难和冲击。凭借"软金牌"项目的积累，寻求"举国体制"继续存在的社会合法性这一固定套路，来搪塞国民日渐拔高的体育赛事观赏和精神文化诉求，在今后是行不通的。中国竞技体育"金牌"结构面临转型升级的巨大压力，转向足球、篮球、排球、网球、田径、游泳等国际高竞争力项目谋求重大突破。

精英体育的主要目的是尽全力获取优胜，这点毋庸置疑，这是由精英体育的本质决定的。《诘问》中认为，"竞技体育作为人们有目的的活动，其主要目的就是要在比赛中争金夺银，这是竞技体育的本质规定……在高水平运动竞赛中获取优异成绩，是振兴三大球的主要目的，追求金牌，是我们永久的梦想，对此不必羞羞答答"。笔者认同这一观点的前提条件是，《诘问》中所指的竞技体育概念是"精英体育"，而非"精英体育"和"职业体育"二者的混合体。虽然说尽全力获取优胜，并保障比赛的精彩程度是"职业体育"赢得收视率和商业价值的前提条件，但凭此就将"职业体育"的主要目的定义为"争金夺银"，那就勉为其难了。在思维认知和具体工作中区分"精英体育"和"职业体育"的关系，不仅是判断体育理论研究是否严谨的客观要求，也是体育实践活动中自觉谋划推动工作的必然要求。《中国足球改革发展总体方案》就是有力的证明，其中，第三章"改革完善职业足球俱乐部建设和运营模式"主要针对"职业足球"发展的具体部署，改革任务设计为"促进俱乐部健康稳定发展；优化俱乐部股权结构；推动俱乐部形成合理的人才结构"。第八章"推进国家足球队改革发展"主要针对"精英足球"发展的具体部署，改革任务设计为"精心打造国家队；完善队员选拔机制；提高服务保障能力；加强教练团队建设；统筹国家队与俱乐部需求"。[8]此外还有"校园足球"和"社会足球"领域的具体改革发展部署。如果将精英足球即"精心打造国家队"层面的"争金夺银"价值取向，渗透到职业足球、社会足球、校园足球发展的价值定位中，就是一种价值与功能的错位，也是一种社会功利观念的突出反映。竞技体育不仅仅是"争金夺银"，而且蕴含着更丰富的意义生成和价值追求。这就要求体育界和学界别要"偷换概念"的把戏，抛开"部门利益"和私利杂念，把不同概念对应的价值和目标说清楚，正确引导社会和国民看待体育及其多元目标价值，"宣传引导群众客观认识足球（三大球）现状，建立合理预期，理性看待输赢[8]"。

《诘问》中"增强人民健康"这个提法有待商榷，毛泽东同志提出，"发展体育运动，增强人民体质"，"体质"可以"增强"，"健康"问题似乎无法"增强"，健康作为一种机体内平衡的状况（身体、心理、社会适应三维），说"促进"或"保持"或许更贴切。医学研究和高质量医疗服务促进人民健康，合理饮食促进人民健康，良好睡眠促进人民健康，心理调适促进人民健康，休闲、旅游、养生活动促进人民健康，保持正确与适量体育活动同样促进人民健康。健康问题是一个涉及社会全方位的系统性问题，正如《诘问》所言，"不仅仅是由体育事业可以单独解决的……不要有意无意放大体育的功能"。这一问题可以归结为上述"竞技体育"概念的认识分歧问题上，也可以扩展为对"大体育观"的概念理解上。"大体育观"属于一个"口袋"概念，体育界将家族相似的概念或者需要扩大

业务范畴的现象纳入"大体育观"的发展轨道。《诘问》中认为，"把人民健康的重担全部押在体育（更不要说竞技体育）身上，是很不公道的。'增强人民健康'固然是体育的最重要目的"，这里的"体育"可能指"大体育观"这个无所不包的"口袋"概念，也可能专指"全民健身"。全民健身对促进人民健康具有积极作用，但是对于发展精英体育、职业体育的最主要目的是"促进人民健康"就值得商榷了。有效讨论问题的关键在于说清楚概念，对于长期奉行大尺度"体育"概念理解的体育界来说，做到这一点就更显重要。

1.6.3 我们究竟需要一个什么样的体制

将体育"举国体制"置于特定历史背景与资源约束环境中考虑，进而获得当今国人的宽容和理解，是中国经济与社会发展力避"休克疗法"，慎重选择渐进式改革伟大道路的必然选择。"举国体制"是计划经济的特有产物，在改革开放和市场经济转型过程中，"举国体制"的"举国"概念也发生了潜移默化的变化。如果当下集中体育部门的力量侧重发展精英体育是一种"举国"形态，如果凭借国家财政投入和彩票公益金的支持是一种"举国"形态，那么正如一些"似是而非"的辩护，欧美发达国家实行的也是"举国体制"。例如，澳大利亚体育委员会（The Australian Sports Commission）是澳大利亚政府的法定主管部门，依据1989年颁布的澳大利亚体委法案运行，负责澳大利亚体育发展事务，并提供政府资金支持与分配事宜。[9]难道澳大利亚实行的体育制度也是"举国体制"？站在体育人的立场，为体育"举国体制"取得的功绩辩护的急切心情可以理解，这样"盲人摸象"式地理解问题却无助于论证观点，也无法产生更强的说服力。再如，《诘问》中提醒我们，"请大家不要忘记，三大球的辉煌较多的都是在举国体制的支持下造就"。按照这一推理逻辑，李娜的单飞、丁俊晖的社会成长所取得的体育成就，是否能够说明失去举国体制的力量支持，中国竞技体育也能发展得更好。《诘问》中列举高考制度这个案例不合时宜，比如医疗制度、教育制度、文化制度、生育制度同样也实行了几十年，套用任何社会改革领域都能说得通，不具有可比性。

《诘问》暂且搁置"举国体制"的历史评价，将目光聚焦于当下局势和未来发展，是一个很好的思路。《诘问》中指出："更重要的似乎是考虑举国体制是否还有延续的价值及价值有多大；举国体制究竟还能为三大球的振兴发挥什么作用？"照搬欧美发达国家的精英体育和职业体育制度，具体行不行得通暂且放一边，至少不符合中国特色社会主义制度和伟大实践的内在要求。至于《诘问》中提到的"在中国三大球职业化进程中存在的'市场、政府双失灵'的现象"，让体育界扪心自问，20世纪90年代初开始，轰轰烈烈搞了20年的职业体育联赛，乃至发展至今的职业联赛市场形态，是真正意义上的职业化、市场化吗？恐怕"贼喊捉贼"的成分更多一些吧！卢元镇教授的一席话切中肯綮，"在体育行政垄断向协会制改革的实体化进程中，始料未及的是，总局各运动项目管理中心既可以行使行政职权，又可以经商，从而导致它原来能做的继续都能做，而原来不能做的如今也都能做了[10]"。

《诘问》中提出"联赛水平的提高与国家队水平的提高何以同步"，这是古代蹴鞠发源地中国面临的现实问题，同样也是现代足球发源地英格兰面对的忧愁烦恼。这种现象反映了职业体育和精英体育两个概念体系的不同价值取向。以足球运动为例，就存在职业足球和精英足球两种截然不同的实践形态。世界最优秀的足球运动员聚集在欧洲足球五大联赛中，由此形成了世界职业足球的核心市场，英超、西甲、意甲联赛无疑是世界职业足球的领头羊。吊诡的是，英格兰、西班牙、意大利国家队在2014年巴西世界杯足球赛小组赛中惨遭淘汰，传统足球强国英格兰、西班牙、意大利的意外出局并非偶然事件，伴随运动员跨国流动的全球大趋势，更多的发展中国家的球员赴海外高水平联赛踢球，在海外联赛锤炼出过硬技能之后回国效力，有效提升了本国精英足球的整体竞技水平。例如，巴西世界杯足球赛小组赛英格兰对阵乌拉圭的比赛，英格兰首发球员全部在英超联赛踢球，而乌拉圭首发球员全部在国外高水平联赛踢球，球星对球星，整体竞技实力比较接近，英格兰队输球自在情理之中。这一例证说明，职

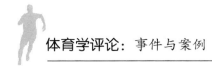
业足球以追求商业利益为发展目标，而精英足球除了顾及商业利益，主要还是以民族主义为核心炮制出国家对抗氛围和虚拟战争神话。如果简单理解，英超、西甲、意甲联赛等职业足球以商业利益为核心，而世界杯足球赛、亚洲杯足球赛等精英足球以国家荣誉为核心。应该说，一个国家职业联赛发展水平与这个国家足球队竞技水平之间不能简单划等号。如果简单一点来理解，"联赛水平的提高与国家队水平的提高何以同步"的问题，是在国家边界开放和全球化移民时代，如何处理好运动员跨国流动中本土球员与外籍球员培养及贡献（联赛经济发展方面和国家队比赛成绩方面）的关系问题。

　　"他山之石可以攻玉"，英格兰与中国面临同样的问题。来自英国埃克塞特大学的研究者撰写的《英格兰为何失败》一文[11]或许揭开了谜团，该文谦逊地认为是对 James Walvin《足球和英国的衰落》一文观点的扩展与更新，无法承诺提供一些全面和明确的解释，而是为英格兰国家队的失败提供一些社会学解释。也就是影响英格兰国家队成绩的五大因素，足协、教练员、本土球员、媒体、球迷，更详细一点来说就是，英国足协以及英国足球的制度结构和随之而来的英国足协聘请优秀国家队教练的困境，英国本土教练员的整体素质、选手的地域性特点（本土球员问题）、无规矩的英国媒体，以及球迷群体的作为。换为中国足球目前的处境也基本适用。中国足协从"举国体制"合法性衍生出的理直气壮的"管办不分"，到打着体制改革和"顶层设计"旗号且变相实行的"管办不分"，离真正意义上实现中国足球职业联赛"管办分离"还有很长的路要走[12]；历届中国男足主教练绝大部分聘请外籍教练；高水平本土球员和后备球员培养捉襟见肘；媒体和球迷以嘲讽谩骂中国男足作为一种情绪发泄和消遣方式。

　　《诘问》针对联赛和国家队水平的同步提高方面总结了若干问题，"现在的联赛体制存在先天性缺陷？训练不够、国家队和俱乐部利益平衡不够、政府放开规制仍不够？"这方方面面的诘问，与《英格兰为何失败》一文的观点和全面深化足球改革发展面临的问题是一致的，是涉及整体性的问题。同时，《中国足球改革发展总体方案》对于全面深化足球领域改革的综合性和整体性的把握，符合足球改革发展的基本规律，也体现出足改方案具有的较高政策水准。《中国足球改革发展总体方案》针对全面深化足球改革发展的不同方面，具体划分为职业足球、校园足球、精英足球、社会足球等改革工作领域，为每个改革发展领域应该达到什么层次水平，指明了具体的目标方向和改革思路。在足改方案提纲挈领式的主要目标即实行"三步走"战略中能够充分体现，"形成足球事业与足球产业协调发展的格局……女足重返世界一流强队行列……足球成为群众普遍参与的体育运动，全社会形成健康的足球文化；职业联赛组织和竞赛水平进入世界先进行列……国家男足进入世界强队行列[8]"。这是对足球改革发展的一种"全面部署"，也是一种"全面工作"。置于中国经济与社会发展"新常态"的宏观背景中，对足改方案"全面布局"的国家战略思想便能理解[13]。《诘问》中所言，"《中国足球改革发展总体方案》说的是足球，对篮球、排球也同样具有指导意义"。笔者将理解范畴扩展为整个中国体育改革发展生态，同样也能说得通。

在"四个全面"精神引领下，针对全面深化体育领域改革发展问题，党中央和相关部委配置了一系列政策文件，冀望达到综合治理和整体推进改革目标的良好效果。针对青少年体质健康问题，《中共中央关于全面深化改革若干重大问题的决定》第42条"深化教育领域综合改革"中指出："强化体育课和课外锻炼，促进青少年身心健康、体魄强健。"[14]针对体育产业与消费领域的改革治理问题，国务院制定下发《关于加快发展体育产业促进体育消费的若干意见》。针对足球运动这一最具国际影响力的体育项目，全力推出"校园足球计划"和《中国足球改革发展总体方案》。足改方案"顶层设计"与中央"四个全面"改革精神一脉相承，中国体育步入全面协调发展的"新常态"[13]。

从《中国足球改革发展总体方案》针对的不同工作领域，建立的多元发展目标可以看出，不仅精英足球和职业足球要发展好，学校足球和社会足球同样不能掉队。放到"大体育观"的层面来说，就是"新常态"下体育改革发展的整体推进问题，不仅要推进大众体育和竞技体育的协调发展，

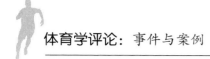

更要推进体制改革、学校体育、职业体育、体育产业与体育消费、体育场地建设的全面发展，凡是"大体育观"能够涵盖的内容，或者能够联想到的内容，都应该设置具体目标，实现全面协调发展。至于社会资本和市场活力能否顺利激发出来，与"举国体制"的力量交汇推进"大体育观"多元目标的改革蓝图，开创全面深化体育领域改革发展的新局面，我们拭目以待。至于这是不是一种社会进化的资源配置，乃至一种发展目标的"顶层配置"，是不是"上层建筑"为扮演好自己的引领者角色所做出的努力，或者沦为"喊口号""放卫星"的独特景观，那就留给实践和历史来评判了，也超出了本书的讨论范畴。

《诘问》借用吉登斯"第三条道路"这个概念来形象表达问题，"第三条道路"是一条中国特色社会主义的发展道路，依据《中国足球改革发展总体方案》"顶层设计"部署的路线图，是举国体制与市场体制相结合的道路，或者说是"加强党的领导"与激发市场活力二者齐抓共治、功能互补的道路。"举国体制"在经济"新常态"周期里不会消亡，拿了这么多奥运"软金牌"，在体制优越性和合法性层面上没有"废除"的理由。即便为"举国体制"退出历史舞台做最坏的打算，按照党和国家全面深化改革的总体精神，《中共中央关于全面深化改革若干重大问题的决定》中指出："使市场在资源配置中起决定性作用和更好发挥政府作用。"[14]虽然替代了此前使用"市场在资源配置中起基础性作用"的表述，为充分释放市场活力迈出了一大步，但是针对政府与市场的新型关系定位与改革实践上可能出现的状况，同时重点强调"更好发挥政府作用"。按照党中央推进体制与社会改革的精神指引，至少在经济"新常态"周期中，竞技体育"举国体制"不会废除，而是强调"完善"与"改革"，至于"废除"的具体时间表，就要由时势发展和顶层布局决定了。

可以预见，在经济"新常态"周期里，体育"举国体制"的存废问题，仍然处于一种向完全市场化主导的新型市场经济体制的转型与过渡阶段，"举国体制"有可能在某些体育利益固化领域得以强化，极有可能肩负平稳过渡的历史使命而走向弱化，最不可能的结果是"扔进历史的垃圾桶里"。

具体反映到体育领域改革问题上，笔者认为体育"举国体制"的改革处于"被国家化""被现代化"的新常态[15]，孙科博士更具体地指出，"国家统领性的改革文件势必与社会各领域的突出问题遥相呼应，通过全局带动局部是国家政策性文件的重要特点，《中国足球改革发展总体方案》实际上是《中共中央关于全面深化改革若干重大问题的决定》政策精神的延续，是中央全面深化改革领导小组习近平治国理政思想的具体体现[16]"。我们要提前适应体育举国体制与市场体制这种交错混搭的局面，由党中央高屋建瓴、顶层设计、改革部署的总体指导精神，不以个人的意志为转移，不以某些学者的呼吁而改变，至少在未来10年时间里，是各方力量坚定不移贯彻推进发展的目标方向。《诘问》中有关中国特色的新型体制的未来判断，符合当前中国经济发展"新常态"的基本特征和发展趋势。《诘问》中认为，"三大球也许正处于令人担忧的'转型阵痛期'，即旧有体制失灵、新体制又没有建立起来。从某种角度看，这种'转型阵痛期'是历史的必然。"笔者深感认同，借用《诘问》中的话说，"我们的责任，则是尽可能缩短这段时间"。

1.6.4 三大球回归学校还有多长的路要走

《诘问》中认为，"客观地看，高校办高水平运动队所取得的成效离国家、社会的预期还有不小的差距。据了解，在三大球项目中，高校学生运动员能够进入国家队的少之又少，更遑论成为'明星'级选手的例子"。毋庸置疑，高水平学生运动员凤毛麟角，高校高水平"运动员学生"比较常见。但是，藉此现象就否定精英体育回归学校这条道路的可行性和合法性，就值得商榷了。基于传统三级训练网的体工队后备力量输送模式，挤占了学校体育和社会体育（职业俱乐部）应有的生存空间，或者说这是一种功能的替代。因为体工队模式的垄断力量和路径依赖的现实存在，让学校体育和职业俱乐部无法发挥输送国家精英体育人才的功能。通俗一点来说，你没有给我充分条件和平台去做这件事，却说我这事没干好，这是蛮横不讲理的态度。

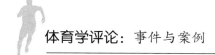

值得庆幸的是，体制内已经认识到问题所在，来自国家体育总局的研究者鲍明晓和李元伟认为[17]，政府一家在体育系统内办竞技体育的格局60多年来一直没有根本性的变化，"局部赶超、争光为先"的竞技体育发展方式的副作用，就是对社会力量和市场力量办竞技体育产生挤出效应，致使社会和市场有能力、有意愿也很难办竞技体育。换个角度来看待这一问题，如果废除体工队人才培养模式，而由学校体育独立承担，或学校体育和职业俱乐部共同承担人才培养功能，中国精英体育人才同样会不断涌现。这里大胆假设，取消跳水项目三级训练网体制，将国家跳水队交给清华大学去办，也就是完全由学校体育体制机制替代竞技体育"举国体制"的功能，笔者坚信清华大学有这个能力办好，学友们你们怎么看？

《诘问》将"学训矛盾"归结为竞技体育和高等教育两种规律在很大程度上存在的不相容性，进而推出"运动员的职业目标定位决定了这种牺牲主要集中在学业领域，国家、社会以一定的形式对前述'牺牲'予以补偿是合乎情理且完全必要的"观点，这种观点类同于为竞技体育"举国体制"优越性和合法性的辩护，以及在国家与社会改革大潮中寻找继续扎根生存的意义，沦为拒绝或延缓体制改革的遁词。这种观点重在强调"举国体制"取得的奥运业绩，所谓"一俊遮百丑"，选择性忽视或"别有用心"地贬斥学校体育和职业俱乐部在培养与输送国家队体育人才中的作用和效果，更是对竞技体育的世界潮流视而不见，这是无法让人接受的。

青训系统有两种主要模式，一种是由普通教育系统负责完成，一种是由职业体育俱乐部或地方、国家级别的职业体育机构直接负责，北美国家主要使用的模式是前者，而欧洲绝大多数国家普遍使用的是后者[18]。科比·布莱恩特、勒布朗·詹姆斯这类跳过大学教育，直接进入美职篮联盟的球员毕竟是极少数。欧洲职业俱乐部青训体系完全是建立在青少年接受文化教育和人文教育的基础上，注重打造职业俱乐部所在城市与社区的课余训练网络。"张尚武事件""冠军搓澡工事件"从一个侧面说明，体工队发展模式是不可持续的。

长期以来，凭借体育系统的力量，体工队模式很难优化配置文化教育资源，加之功利思想作祟，直接以放弃专业运动员文化与人文教育（作为一种摆设）为代价，"举国体制"人才炼炉的"高能耗"特征显露无疑，体育人才培养"金字塔"的"塔中""塔基"就业安置缺乏基本保障，留下不可逆转的社会后遗症。在社会资本不断积累和市场力量迅速崛起的"新常态"下，体育系统的力量日渐式微，"举国体制"与文化教育间的矛盾将越来越尖锐，缺失了运动员接受良好的文化与人文教育的必要环节，加之常年封闭式训练与管理，运动员社会适应能力培养环节的缺位，造成在体育"工具"与"玩具"间的价值认知与目标错位。在人权和"人的全面发展"的时代要求中，这种"身体征用"[19]的发展模式将愈发面临可持续发展的困境和道德伦理的拷问。

如果我们从内心深处认同中国精英体育取得的伟大成就，那么有理由相信，站在一个崭新的高度上又有新的想法和追求，要做一些挑战高难度的战略规划。破除专业运动员"全面发展"的体制魔咒和"身体征用"的道德枷锁，让运动员的一生享有尊严，有更多获得感，更加幸福，或许才是竞技体育体制改革的价值旨归和最终目标。这是时代与世界发展潮流，是国家经济与社会改革发展的目标方向，也是既得利益集团不可阻止的中国特色社会主义伟大实践的组成部分。

体制内担心体制改革与转型过程中可能造成的混乱局面，对竞技体育"举国体制"的业绩基础产生强力冲击，进而导致我国奥运优势项目的成绩下滑，奥运"软金牌"也就失去体制保障。鲍明晓和李元伟不无担心的指出，"竞技体育自身发展战略的调整，需要把更多的资源投放到以三大球为代表的集体球类项目和以田径、游泳为代表的基础大项上，优势项目原有的绝对优先保障的优势地位将很难维持。在转变竞技体育发展方式的初期，出现我国在奥运会上金牌总数上的下滑可能性极大[17]"。《诘问》中担忧"三大球回归学校"面临的诸多问题，以及体制内学者担忧"奥运金牌的暂时下滑"，实在是杞人忧天。竞技体育"举国体制"作为一个不断进化的行业系统，在适应急剧变化的社会生存环境过程中不断进行要素结构的调整与提升，已经具备"内循环"系统的特征。至于可见的具体效

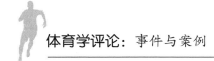

果，也就是笔者所说的，"凭借国家体育总局的领导力和行业内部资源的高效配置，完全有能力实现优势项目体育人才的'垂直培养'[13]"。当然，中国竞技体育优势项目绝大部分是奥运"软金牌"项目。

退一步来说，如果我们的体育部门连"软金牌"都保证不了，还奢谈什么改革，还妄想什么发展"高精尖"的三大球项目？坊间关于"撤销体育总局"这一"无中生有"的话题，真有可能列入"上层建筑"的议事议程。况且，体制内的既得利益者非常清楚一个逻辑与事实，"举国体制"合法性的根基源自"软金牌"，失去"软金牌"这个业绩的表征，"举国体制"离退出历史舞台就不远了。这个讲究"实利"的"举国体制"金牌生产机制，是不会放弃自己的"主业"，并全身心投入到新的国家体育战略领域（全民健身、体育产业与体育消费、足球改革）中去的。最大的可能性是，在确保奥运"软金牌"数量的基础上，最大限度地调动体制内资源和力量，或者更为明智地创造一套符合中国现实的利益协调机制，激发资本与社会力量携手去做更多的事情。

《诘问》涉及"三大球回归学校"操作性层面上的问题，诸如"进一步理顺管理体制，为高校运动队参加国内外高水平运动竞赛创造条件；大幅度提升教练员水平；提高运动队生源质量；尽快形成训练传统和环境－竞技文化氛围；经费投入和场馆建设"等方面内容，这里深表认同。有没有必要做、具体怎么做是截然不同的思考面向。或许不能急于着手操作性问题，操作性层面的问题属于"不懈地追求"的范畴，如果前进的目标方向不正确，更多的资源、努力和汗水都会白费。关键是"舵手"准确把握改革潮流，勇于"破局"，敢于做"动作"，站在崭新的历史高度，赋予更大的政治魄力，完成大尺度的"顶层设计"，为"三大球回归学校"创造充分解决各类问题的制度条件，也是基本条件和必要条件。

中国改革开放 30 多年来，在积极与全球治理接轨的同时，也带有强烈的"中国道路""中国模式"的民族烙印，这让中国更多地在形式、实利上追逐全球化的成果，而民族国家内部形成了独立的且相对稳定的体制机制运行结构，这种"犹抱琵琶半遮面"的民族崛起战略，在西方社会指责中国市场经济名存实亡的同时，也让中国避过多次全球金融危机。当下中国经济发展与社会改革步入关键时期，利益主体分化趋势造就了盘根错节的改革局面，亟待进一步释放社会活力推动经济与社会平稳持续发展。《决定》中"治理"概念出现了 24 次，可以预见，"第五个现代化"概念、方向和思路的提出将引领未来中国各领域改革发展进程。在经历改革开放30 多年的国家治理现代化探索及参与全球治理互动的过程，中国在新一轮全球化竞争中明确了全面深化改革的目标方向，真正意义上提出迈进全球治理的时代道路。

体育全球化变革的结构性力量，改变了民族国家体育发展的内部环境，既有伊朗、卡塔尔等西亚体育崛起的案例，也有马来西亚、泰国等东南亚国家体育发展环境变迁的启示。这种当下面临的民族国家普遍状况，让大国体育治理无处逃遁。以马来西亚体育市场发展为例[20]，植根于本地化的传统体育消费形式已经由高度商品化的英超足球联赛、美职篮联赛等西方职业联盟赛事取代，公众对 2007 年亚洲杯足球赛和 2009 年"曼联俱乐部马来行"商业比赛的态度存在巨大差异，填满了马来西亚国内体育市场的消费空间，催生出西方体育诱惑和国家建设需要之间的调和性文化消费产物，成为全球化与民族性、地方性之间价值冲突与社会调适的象征。竞技体育"举国体制"的完善与改革，以及伴随"校园足球计划"、《中国足球改革发展总体方案》中涉及校园足球的战略部署、教育部将"三大球"、田径、游泳等列为七大重点项目等一系列配套政策的出台，这些有关"三大球回归学校"的行动战略，与其说是体育界主动谋求体制转型与转变发展方式，不如说是在行业局势和国际环境的"倒逼"形势下，不得不进行的政策调整与应对结果。

一些专家学者预判的后北京奥运时期的体育体制机制改革"分水岭"并未如期而至[21～22]。而事实上是，在北京申奥成功之后，北京奥运会之后，伦敦奥运会之后，乃至当下推进国家治理现代化这四个关键的时间点，一直在坚持和完善竞技体育"举国体制"的日常工作改革程序及部门调整，而不是进入"分水岭"意义上的全面深化改革阶段。这不是竞技体育"举

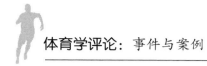

国体制"走向更为开放、包容、协商、均衡的改革问题，而是现有体制机制的强化固化问题。吊诡的是，体育问题的整体性和跨界性超越了既有的条块分割体制的承载能力和作用范围，导致中国体育出现发展瓶颈，三大球社会基础薄弱问题不是体育系统、教育系统或任何一个单一的系统所能独立解决的[23]。也就是说，中国竞技体育发展一以贯之"强政府"模式，但在缺乏社会、市场、个人力量参与共赢和深度合作的情况下，问题治理和综合治理的效果不尽如人意。建构"举国体制"合法性的基础，迫切解决实际问题的压力，"倒逼"体制内萌发全面深化改革的愿望和决心，以避免陷入更为尴尬的境地。竞技体育"举国体制"的存废、建制与改革问题，是国家政治制度和社会运行机制的集中反映，当既有体制机制不能适应生产力和生产关系的矛盾运动规律和协调发展，就必然走向存废之争和革新之路。我们坚信崭新的局面迟早会到来，只是我们期待早点到来。

1.6.5 结语：请关注陌生

感谢刘建和教授的《诘问》，促使笔者把多年来压抑心里的想法和观点痛痛快快地表达出来。这里讲一个题外话，对于《体育文化导刊》"以新制胜"的办刊路线，有些学友是有看法的。我们忽略了一个事实，《体育文化导刊》大量发表来自体育基层一线和研究生群体非常有创意观点的文章，在做一件保护"新点子"的事情，尤其是针对学生弱势群体和年轻学者"新点子"的知识产权保护。借此呼吁期刊办刊和学界同仁能够给予承载"问题意识"的"新点子"更大的空间和支持。"新点子""新想法""新观点"代表了一种"陌生"，我们应该"关注陌生"[24]，"陌生"使学术生活变得有趣，让人"惊疑"，让人眷恋。学术生活中的"陌生"是稀缺的，需要加倍珍惜呵护。有了"惊疑"，才有寻找方法解决问题的根本动力。不时听见学人扼腕叹息，斯人已去，后浪在哪？试问，有了"陌生"，有了"惊疑"，何愁没有学术追随者。

参考文献

[1]张力为.研究方法总是使我们处于科学研究的十字路口[J].体育科学，2004，24（6）：1-6.

[2]薛原.体育论文IDEA的知识产权保护[J].体育科研，2011，32（2）：101-103.

[3]刘建和.综述与诘问：具有中国特色的振兴"三大球"之路[J].北京体育大学学报，2015，38（4）：118-120，135.

[4]陈玉忠."恒大现象"的社会学解析[J].体育科研，2014，35（2）：6-11.

[5]罗超毅.扬长补短是我国奥运争光战略的必然选择[J].北京体育大学学报，2013，36（11）：11-13.

[6]新华社北京.深刻把握全面深化改革关键地位 自觉运用改革精神谋划推动工作[N].人民日报，2015-04-02（1）.

[7]黄璐.盘点美国 回顾北京 遥望伦敦——媒体政治建构奥运神话的宏观作用机制[J].体育科研，2010，31（6）：78-82.

[8]新华社北京.《中国足球改革发展总体方案》[N].人民日报，2015-03-17（6）.

[9]Department of Sport and Recreation. Australian Sports Commission Sports Governance Principles[EB/OL].[2015-06-08].http：//www.dsr.wa.gov.au/support-and-advice/organisational-development/governance.

[10]王庆军.把脉中国体育：当下问题与对策诉求——卢元镇教授学术访谈录[J].体育与科学，2013，34（3）：5.

[11] King A. Why England fails[J].Sport in Society：Cultures，Commerce，Media，Politics，2014，17（2）：233-253.

[12]谭建湘，邱雪，金宗强.中国足球职业联赛"管办分离"的研究[J].体育学刊，2015，22（3）：42-47.

[13]黄璐.《中国足球改革发展总体方案》中的国家战略思想[J].体育成人教育学刊，2015，31（2）：34-37.

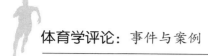

［14］人民出版社编写组.《中共中央关于全面深化改革若干重大问题的决定》辅导读本［M］.北京：人民出版社，2013.

［15］黄璐.国家体育治理现代化的时代背景和广泛涵义［J］.体育成人教育学刊，2015，31（1）：14-17.

［16］孙科.中国足球改革诠释——对《中国足球改革发展总体方案》的思考［J］.体育科研，2015，36（3）：16-19.

［17］鲍明晓，李元伟.转变我国竞技体育发展方式的对策研究［J］.北京体育大学学报，2014，37（1）：9-23.

［18］华金·盖林，沙培培.教育·体育·人文：西班牙"拉马西亚模式"的启示［J］.首都体育学院学报，2012，24（5）：415-421.

［19］孙睿诒，陶双宾.身体的征用———一项关于体育与现代性的研究［J］.社会学研究，2012（6）：125-145.

［20］Gilmour C，Rowe D. Sport in Malaysia： National Imperatives and Western Seductions［J］.Sociology of Sport Journal，2012，29（4）：485-505.

［21］卢元镇，张新萍，周传志.2008年后中国体育改革与发展的理论准备［J］.体育学刊，2008，15（2）：1-6.

［22］李卜婴.2008年奥运后中国体育体制的改革之路［J］.体育学刊，2008，15（2）：7-13.

［23］杨桦，任海.我国体育发展新视野：整体思维下的跨界整合［J］.北京体育大学学报，2014，37（1）：1-8.

［24］任火.关注陌生［J］.编辑之友，2011（6）：1.

第 2 章
重大体育事件的学术时评

2.1 NBA 停摆与资本主义经济危机

提　要：以资本主义三个主要发展阶段为划分依据，对美国四大职业体育联赛历次停摆事件进行分析，认为联赛停摆是资本主义国家践行新自由主义发展道路必然产生的结果，与资本主义历史发生的经济危机联系紧密。NBA 停摆案例研究表明，资本主义利益最大化的内部矛盾和个人自由、权利的无限膨胀是导致联赛停摆的主要原因。联赛停摆现象充分体现了新自由主义主导下的美国混合经济发展模式和协商民主的基本精神，停摆事件本身并未超越资本主义自由市场经济表现框架，而是在联赛组织形态、制度安排、收入分配等实践运行层面上的改革调整，以促进联赛组织运行趋于合理，更为高质高效，更富有市场竞争力，也可以认为是对资本主义职业体育联赛自由市场的一次修正。

职业体育作为现代文化经济的重要表现形式，以创造财富和社会价值为终极旨归。美国职业体育（Profession Sport）的发展旗舰与成功典范，当属美国四大职业体育联赛，即 NFL（National Football League）、NHL（National

Hockey League）、NBA（National Basketball Association）、MLB（Major League Baseball）。联赛停摆（Strikes and Lockouts）是资本主义职业体育发展进程中频繁出现的现象，即因个人权利、劳方罢工（Strike）、资方停工（Lockout）或劳资双方共同引起的联赛暂停的局面，与资本主义经济社会发展状况联系紧密。

2.1.1 美国四大职业体育联赛停摆与资本主义经济危机

资本主义的发展历经三个主要阶段，即自由放任资本主义、国家垄断资本主义和自由市场资本主义。自由放任资本主义时期的美国职业体育处于发展探索阶段，同一单项多个联盟混乱竞争，联赛制度不规范，职业、半职业与业余性质并存，无节制的市场竞争导致联赛腐败横行（如1919年"黑袜事件"，Black Sox Scandal），球员权利与利益难以获得基本保障。"二战"后，资本主义加快国家经济社会重建步伐，政府替代"大鱼吃小鱼"式的自由放任市场形成机制，加速推进各单项竞争联盟的兼并整合，建构国家层面的联赛垄断与品牌形象。实施国家干预经济生活和福利国家制度战略，一方面有力保障了资本主义体制稳定，经济增速平缓，未出现比较大的经济危机；另一方面集中控制了体制内个人可以让渡的有限自由与公共权利，导致个人职业发展动力不足，有违资本主义生产的利益最大化诉求。联赛的议价权和利益分配权由大资本家和国家共同垄断，球员工会受到体制打压，球员个人自由与权利遭到漠视与践踏。伴随20世纪60年代西方社会"反抗的十年"（自由民主、性自由、妇女解放、黑人民权、反战和平、环境保护等思想运动）系列社会运动的风行，受压迫的劳方揭竿而起，维权事件频繁发生，持续在整个国家垄断资本主义时期。球员对经济生活处处不尽如人意的地方展开了持久广泛的维权斗争，涉及球员工会的合法地位、参赛资格、工资兑现、医疗保险、底薪合同、赛季分红等一系列权利问题。球员维权事件不仅体现在维护个人权利方面，如NBA球员海伍德的参赛资格争议，亦涉及争取球员经济利益问题，如兑现拖欠工资、季前赛和表演赛分红、薪水分期支付调整等，以提高球员实际收入。维权事件与球员的经济利益挂钩，本质上属于资本主义剥削制度下个人自由与权利的救赎行为，劳方未提出不合理要求，未造成联赛停摆的事实。

20 世纪 60 年代末、70 年代初凯恩斯主义的衰落，表现为经济发展停滞、物价持续上涨、大量失业、严重通货膨胀、反文化运动等经济社会危机。撒切尔夫人登基英国首相和里根登基美国总统并相继实施一系列新自由主义政策，为凯恩斯主义划上了完美的句号。凯恩斯时代过度积累造成的滞胀危机，严重影响资产阶级的切身利益与权力期望，体制轮回古典自由主义指导的实践道路。国家权力撤出经济生活，强调市场"看不见的手"配置资源的能力，充分释放个人自由与权利的限度，极大调动个人权利与利益需要的欲望，劳资双方拥有绝对的自由做出符合自身利益要求的经济选择，国家主导推进私有化进程在制度保障层面上进一步确保了个人自由与权利要求。在联赛自由市场竞争中，资方一如既往的追求利益最大化，劳方一步步地稳定与扩大利益斗争成果。每逢爆发较为严重的金融危机，企业利润降低，虚拟财富蒸发，进一步影响公共生活与文化经济消费，联盟收入难达预期。劳资双方都想实现自己的利益期望，拒不让步，在赤裸裸的利益分配问题上，无视球迷感受，无视国家利益，直接造成联赛停摆的尴尬局面。如图 2-1 所示，美国四大职业体育联赛迄今发生的所有造成较大影响的停摆事件，均是在新自由主义实践造成金融市场动荡和经济不景气的社会大背景下产生的，与实施新自由主义政策具有必然的联系。

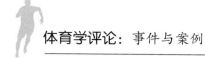

资本主义发展形态、政策指导经济学及基本主张	美国四大职业体育联赛停摆事件及对应发生的资本主义经济社会危机
自由放任资本主义。古典自由主义经济学。国家完全放开经济管制，推行自由放任的经济政策，建立自由市场等。 1945年	1929年资本主义世界爆发历史上最广最深的经济危机，国家开始对经济生活进行干预与管制，资本主义自由化的根基开始瓦解。
	1940—1950年布雷顿森林体系与马歇尔计划实施，国家加大对经济生活的干预调控力度，全面转向国家垄断资本主义。
国家垄断资本主义。凯恩斯主义经济学。国家干预经济生活，建立福利国家，推行公共政策与服务等。 1973年	1955—1957年NBA拖欠球员工资事件 1964年NBA全明星赛罢工威胁 → 美国反正统文化运动 人权、反战运动
自由市场资本主义。新自由主义经济学。国家放松经济管制，实行混合经济发展模式，推进私有化进程，追求低通胀率，减少社会福利，削弱工会力量，资源、生产、服务的全球配置，残酷的自由市场竞争等。 2007年	1974—1980年滞胀危机，个人自由与权利诉求表现强烈，以1979年撒切尔和1980年里根上台为标志，践行新自由主义发展道路。
	*1987年NFL部分球员罢工，赛季缩水 → 1987年美国金融地震
	*1994—1995年MLB停摆232天 → 1994年墨西哥金融危机
	*1994—1995年NHL停摆，赛季缩减至48场
	*1995年NBA停摆73天，赛季未受影响
	*1998—1999年NBA停摆204天 → 1997年东南亚金融危机
	*2004—2005年NHL停摆310天，赛季取消
	→ 2007年美国次贷危机
自由市场资本主义。温和的新自由主义经济学。降息、减税、救济贫困与失业、创新流动性支持工具、扩大美联储监管范围等。 2012年	*2011年NFL停摆132天 *2011年NBA停摆148天
	列举停摆事件据不完全统计，*表示经济社会影响较大的联赛停摆事件。

图2-1 美国四大职业体育联赛停摆事件与资本主义经济危机的联系

诚然，与自由放任资本主义不同，新自由主义在国家利益受到威胁时，主张公共调停机构的有限干预，国家权力的介入并非直接的强硬姿态，政府"守夜人"的角色扮演表现隐晦。例如2011年NFL停摆危机的顺利解决，一定程度上得益于美国联邦仲裁与调解局的调停影响。再如2011年NBA停摆事件，奥巴马在媒体上公开表示政府无权干涉劳资双方的经济自由，实质上是掩人耳目的政治媒体秀，政府以法律制度框架、经济调停机构、非政府组织、公共舆论压力等不同形式间接施加影响，以调控个人经济自由不超越国家利益的表现框架。美国四大职业体育联赛是美国文化软实力的象征性建筑，在对外传播美国价值观与生活方式，开拓国际体育经济市场，建构美国文化认同与国际影响等方面具有强大的文化经济竞争优势，在联赛停摆的焦虑等待中，美国政府怎能坐怀不乱。美国向世界推行完全自由化的对外贸易政策，当面对实际的国家利益时，以身垂范的新自由主义变调为贸易保护主义，突出政府"有形的手"的调控能力，"华盛顿共识"指导下的拉美国家经济改革的彻底失败即是明证。以 NBA 为例（见图 2-2），形式上劳资双方处于完全开放的自由市场环境，本质上联盟扮演了多重身份，是劳资双方、球迷与国家利益共谋的动力轴心。联盟首先为股东的集体利益要求负责，其次考虑停摆可能造成国家利益的影响，再次站在球员的利益角度考虑，最后考虑球迷的权利诉求与感受。联盟主席斯特恩努力平衡股东与国家利益的交织点，当资方要求得不到劳方认同时，即以资方停工与国家利益层面的强制姿态相要挟，迫使劳方做出让步。这与资方停工的利益动机相吻合，停工威胁可以迫使工会接受较低的工资，降低生产运行成本，增加资本家的利润[1]。此外，当资本主义个人自由与权利过度膨胀，在利益面前强调球员道德应当禀赋国家与公众的责任，是匮乏无力的（图 2-2 中的虚线表示不可实现性）。球迷（顾客是上帝）惟有在文化消费环节具有提振劳资双方热情的作用，在文化消费所对等的权利诉求是劳资双方视而不见的，这是工会与联盟双边垄断结构[2]产生社会影响的一个缩影。同样，联盟在公共舆论方面的考虑仅体现了对消费市场的关注。

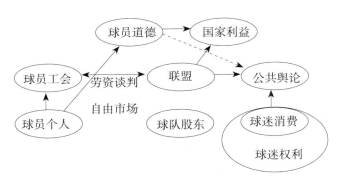

图 2-2   NBA 联盟承担的多重角色

2.1.2   NBA 停摆与资本主义经济危机

政治经济学原理不是"放之四海而皆准"的分析方法，惟有结合鲜活具体的案例实证才能焕发勃勃生机。由于运动项目、联赛停摆事件的诱因、国际国内政治经济发展环境、国家政策导向等因素存在差异，亦需深入具体的案例分析，为理解 NBA 停摆与资本主义经济危机间的联系提供理论解释。如表 2-1 所示，以 1949 年全美篮球协会（Basketball Association of America）与国家篮球联盟（National Basketball League）合并、1976 年 NBA 与 ABA（American Basketball Association）合并为标志，国家垄断资本主义促进美国篮球职业化领域形成一个市场竞争托拉斯。NBA 个人自由与权利抗争时代使球员获得了一定的社会地位和体面的收入，为寻求更高的社会价值实现打下了基础。而事实表明，权利的救赎使劳资矛盾合理化，在 1998 年之前，NBA 没有因为联赛停摆危机取消过一场比赛[3]。

表 2-1 NBA 历次停摆危机及争议焦点

发展阶段	危机本质	代表性停摆事件与劳资双方争议焦点	劳方斗争成果
1949—1973 年	个人自由与权利的救赎	因球员公积金、养老金、训练比赛受伤补偿、季前赛场次、球员工会的合法性等问题，劳方以 1964 年 NBA 全明星赛罢工威胁资方。	资方承认球员工会的合法性地位，达成公积金、养老金协议，季前赛由 15 场降至 10 场，获季前赛分红。
1980—2007 年	个人自由、权利与利益的最大化	因明星球员收入、联盟中产阶级条款、电视转播收益等问题，1998—1999 年 NBA 停摆 204 天，赛季常规赛由每队 82 场缩减至 50 场。	争取到一个比较宽松的工资帽制度，如明星球员收入得以维持，奢侈税下降，中产球员工资提高等。
2008—2012 年	资本主义贪欲病毒的全球扩散	因劳资双方 BRI（篮球相关收入）分成、硬工资帽制度、新劳资协议年限等问题，2011 年 NBA 停摆 148 天，新赛季常规赛由每队 82 场缩减至 66 场。	接受 BRI 的 49 ～ 51% 浮动分成制度，视联盟收入情况调整。新劳资协议有效期 10 年，劳资双方有权在 6 年后终止协议等。

1973—1980 年资本主义体制经过短暂的几年徘徊震荡，新自由主义主张个人自由、权利与私有化挂钩，个人自由与权利的延伸是对自身利益最大化的不懈追求，个人成就对等于薪酬收入。球员不满足于公积金、退休金、门票分红等，而是追求财富积累跻身上流社会，体现整个行业的社会影响，

实现自己的人生价值。当球员膨胀的欲望得不到满足时，劳资双方必然产生矛盾分歧。1998—1999年NBA大停摆体现为新自由主义主导的个人自由与权利不断扩张必然产生的结果。停摆于1999年2月5日结束，造成464场常规赛取消，新赛季门票收入下降2%，电视收视率连续三个赛季下跌，球迷与媒体的支持率下降，乔丹退役等负面影响。遭人诟病的是，停摆事件引起了球迷与媒体的强烈不满，对球员维权的同情转变为对球员贪婪的指责。1998年10月进行的媒体民意调查显示，停摆事件中资方支持率仅由24%降至22%，球员工会（National Basketball Players Association，NBPA）的支持率则由36%降至29%。媒体毫不客气的指责到，"贪婪是造成停摆的主要原因""百万富翁间的利益争斗""一个难以理解且不合情理的争议"[3]。

2007年美国次贷危机爆发，金融市场垮塌，实体经济和文化经济受到影响，NBA劳资双方利益争斗白炽化。2011年7月1日，劳资双方对新的集体谈判协议（Collective Bargaining Agreement，CBA）产生严重分歧，涉及篮球相关收入（Basketball-Related Income，BRI）、工资帽（Salary Cap）、奢侈税、集体谈判协议年限、中产条款、特例豁免、新秀条款等方面，争议焦点无疑是占利益大头的BRI分配和工资帽制度。BRI包括门票收入（常规赛、季后赛、表演赛）、电视转播（ESPN、TNN等）、特许权、停车位（Parking）、临时球场广告（"Temporary" Stadium Advertising），以及球场冠名权、豪华套房和固定广告收入（"Fixed" Advertising Signage）[4]。劳方要求维持2005年集体谈判协议中BRI57%的份额及实行软工资帽（Flex Salary Cap），资方则要求实行硬工资帽及未来10年削减20亿美元[5]，劳资双方坚决捍卫自己的利益立场，停摆结果自然瓜熟蒂落。2011年NBA停摆事件是资本主义经济危机影响联赛正常发展的典型案例，斯特恩解释为"由于联盟资产折旧和联盟净收入下降引起的[6]"，进一步取决于美国经济发展的内外部环境变化。

以美国内部经济发展视角。2008年美国及全球金融体系的抵押担保市场突然崩塌，金融市场遭到极大冲击，必然导致家庭消费支出的急剧

下降。预计美国房地产投机泡沫蒸发 8 万亿美元，美国人民的消费性支出每年下降 3200 ～ 4800 亿美元（消费下降 10%），而消费占美国 GDP 的 70%[7]，2011 年上半年消费占美国 GDP 的 80%，进而影响赛季门票、电视转播、广告等篮球相关收入。这里需要关注 NBA 文化经济的两点特殊性，其一，次贷危机造成虚拟经济和金融财富的蒸发，对实体经济和文化市场的冲击有限，家庭消减大件生活物品的消费，相对维持生活必需品支出与文化经济消费。文化经济有其内在的发展规律，不会因为生产资本相对消减而表现低迷。其二，经济危机造成失业率居高不下，社会自由时间得以释放，竞技与休闲领域的社会关注度反而提升，例如 NBC 凭借北京奥运会转播摘得美国电视网周平均收视率桂冠。虽然面对金融危机导致实体经济衰退的事实，但必须对体育文化消费市场的内在规律给予足够信心。

从美国外部经济发展视角，新自由主义主张残酷的市场竞争，美国职业体育国内市场利润有限，NFL、MLB 的市场地位短期内难以撼动，以 2009 年（2008—2009 赛季）美国四大职业体育联赛总收入为例，NFL 的 TR（Total Revenue）值约为 80 亿美元，MLB 的 TR 值约为 65 亿美元，NBA 的 BRI 值约为 37 亿美元，NHL 的 HRR（Hockey-Related Revenues）值约为 26.5 亿美元。斯特恩极力推行 NBA 海外淘金计划，为实现联盟利益最大化开辟道路。事实难度远比预期的要大。美国践行全球经济霸权主义面临广泛深入的反全球化运动影响，民族经济保护主义、区域经济体的崛起与地方经济热的风行，使美国致力推行的全球经济战略举步维艰。以职业篮球市场为例，欧洲国家的联合抵制进程直接反映在职业篮球领域，欧洲篮球联盟（Union of European Leagues of Basketball，ULEB）组织的欧洲职业篮球俱乐部联赛影响力稳步攀升，完全摆脱国际篮联的权力控制，形成欧洲职业篮球的双轨制（俱乐部联赛和国家队比赛）。欧洲职业篮球自由转会市场、税后净工资、不实行工资帽限制、宽松的年龄准入条件等制度对 NBA 市场形成了一定冲击[8]。中国、南非等新兴国家经济体的国家篮球联赛开展得如火如荼，在一定程度上消解了 NBA 国际化战略的影响力。NBA 的制度安排、对外政策与比较优势面临不同国家内部竞争局限。

　　如图 2-3 所示，NBA 创造 BRI 概念前期，BRI 包含哪些具体的收入项目，直接关系到劳资双方的切身利益。由于定义 BRI 概念范畴的不确定性，引发 BRI 球员分配比例波动。其中 NBA1998—1999 赛季受大停摆的影响，数据表现异常。发展至今，NBA 的 BRI 概念、NFL 和 MLB 的 TR 概念、NHL 的 HRR 概念之间尚存在定义差异，不能简单地进行数据比较。例如 HRR 包括全部的冠名权收入，而 BRI 是 45 ～ 50%。HRR 包括固定广告收入的 65%，而 BRI 是 40%[9]。美国践行新自由主义道路刺激了经济社会持续发展，1980—2007 年 GDP 同比增长率最低为 1991 年的 3.3%，最高为 1981 年的 12.1%，1997—2007 年 GDP 同比增长率在 3.4 ～ 6.4% 水平波动。NBA2003—2011 年的 BRI 球员分配比例则稳定在 57% 水平。经济前景利好采用稳定的 BRI 球员分配比例，总体上对资方有利。劳资双方通过集体谈判形成契约，承担可能发生的经济风险。2005 年劳资双方签订为期 6 年的新的集体谈判协议，资方并未对经济走势做出正确判断。2008 年美国经济下行对资方的利益最大化造成较大影响，致使资方的收益预期落空。2011 年集体谈判协议到期，资方竭尽全力维持既得利益，主要做出两个判断：一是经济走势扑朔迷离，短期内难以拔高，这就必须控制球员成本支出，将集体谈判协议年限尽量延长，BRI 球员分配比例稳定在一个低位运行。事实表明资方的打压博弈取得了较好效果，近 5 年 NHL、NBA 联盟总收入同比增长率优于美国 GDP 增速并保持稳定增长，NHL 的 TR 球员分配比例却由 2006 年的 58% 降至 2011 年的 47%（10 年长约），NBA 的 BRI 球员分配比例由 2006 年的 57% 降至 2012 年的 49 ～ 51%。二是资方在新的集体谈判协议上持保守态度，希望获得一个比较稳定的经济投资回报环境，实行成本控制与 BRI 表现的同步挂钩，同时调动球员的积极性，最终形成 BRI 浮动分配的折中路线。

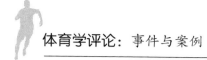

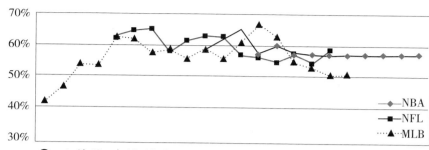

图 2-3　NBA（BRI）、NFL（TR）、MLB（TR）历年联盟总收入球员分配比例

2.1.3　2011 年 NBA 停摆与新自由主义的修正主义

回顾新自由主义 30 年发展历程，资本主义新的社会问题与矛盾不断涌现。2009 年美国经济衰退造成的影响堪比 1929 年资本主义世界大危机，近 60 年来首次出现 GDP 负增长，资本主义全球化的合法性受到严峻挑战，这为新自由主义垮台论和资本主义末世论提供了判断依据。福利国家制度的终结所产生的消极影响的判断正在变成现实，"福利国家对资本主义积累的影响很可能变成破坏性的，然而它的废除却可能是彻底毁灭性的[10]"。社会主义国家经济高速增长实践亦做出有力回应，"2007 年美国爆发的次贷危机向世人证明国际垄断资本主义也不是资本主义的最终归宿，资本主义最终摆脱不了必然灭亡的历史命运[11]"。随着资本主义经济全球化的日趋多元、复杂化与纵深发展，对经济实践的理论解释应力避"大一统"的分析模式，加强对类型经济和行业案例的观察。资本主义体育经济实践，进一步细化来说是体育赛事文化经济具有独特的表现规律，必须与实体经济和虚拟经济区分开来。如图 2-4 所示，除 1994 年 MLB 大停摆造成的负增长外，MLB 联盟总收入在长时期内保持较快稳定增长，同比高于美国 GDP 增长率。受 2008 年美国金融危机影响，2009 年 MLB 的 TR 增长率仅为 1.6%，NBA2009—2010 赛季 BRI 出现负增长，2010—2011 赛季 BRI 达 38.17 亿美元，同比去年增长 4.8%。窥斑见豹，整个体育赛事文化经济呈小幅震荡递增态势，随美国经济增长产生波动，主要取决于美国家庭的文

化消费状况。

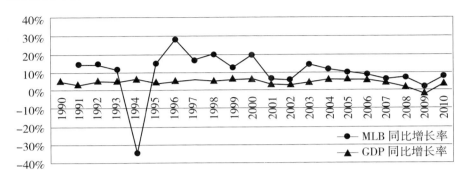

图 2-4　1990—2010 年 MLB 的 TR 同比增长率和美国 GDP 同比增长率比较

注：数据整理自 MLB1995—1999 年联盟收入数据（Richard C. Levin，2000 年）及网络媒体资料。

20 世纪 80 年代以信息技术为核心驱动的美国新经济（New Economy）实践，致力于知识经济与高科技战略路线，实体经济中高污染、高能耗、中低技术含量的粗放增长部分被转移到发展中国家。亚洲国家 GDP 占世界 GDP 比例由 20 世纪 60 年代的 5% 增至当前的 35%，除日本、新加坡等少数亚洲国家外，总体处于全球产业链的中低端，对亚洲经济增长数据不能报以过分乐观的态度，中国誉为"全球代工厂"身份亦是明证。美国次贷危机重创的是金融市场，金融体系崩盘及大量金融资本蒸发，干扰到实业资本投资，进而影响实体经济和文化经济的快速稳定增长。有观点认为，真正拉动美国经济增长的并非实体经济，而是以股票交易和金融衍生品交易为代表的虚拟经济[12]。以体育赛事文化经济发展的角度，这一观点是站不住脚的。美国实体经济的结构化转型，总量并不能反映实体经济的内在质量，必须看到可持续发展的竞争潜力。文化经济逐渐挑起美国经济增长重任，以超过 GDP 增速稳步发展。美国金融市场及主导的世界金融体系正在完成一次清盘，把投机行为无限膨胀的部分清理出去，再不断地修正改良。以实体经济的历史轨迹为参照，文化经济和虚拟经济正迈向高质高效与产业高端的终极目标。虚拟经济过热引发经济总量的震荡，并不是表现为毁灭性的。美国 GDP 在 2008 年末至 2009 年初的 4 个季度中同比表现

负增长，之后开始上扬并保持稳定增长态势，2010 年全年和 2011 年上半年共 6 个季度的 GDP 同比增长率分别为 2.8%、4.4%、4.9%、4.7%、4.1%、3.8%，其中，2011 年第二季度服务销售额为 24501 亿美元，占同期 GDP 的 65.3%。传统的产业类型划分已不能满足经济实践分析需要，因为很难区分第三产业中属于文化经济和虚拟经济部分，很难判断资本主义经济哪些部分是良性发展的，哪些部分是投机泡沫的，况且金融投机领域的不断改良提升了实践判断风险。

体育赛事文化经济作为美国文化产业的重要支柱，在辩证矛盾发展中不断进化改良发展。职业体育联赛停摆现象充分体现了新自由主义主导下的美国混合经济发展模式和协商民主的基本精神，赛事经济总体上表现为良性的健康发展态势。迄今没有任何迹象表明新自由主义走到了历史的尽头，"所采取的措施不是为了工人阶级或整个社会的利益，而是为了拯救银行和资本主义制度的其他部分以避免他们的崩溃，一旦条件允许就把他们归还给私有企业和自由市场,同时决不会做任何有损这个目标的事情[13]"。近年来奥巴马实施的新政，或称新自由主义的修正主义，或称温和的新自由主义，仅仅是延续与修正新自由主义的基本主张，其特点是"不如激进的新自由主义那样一味反对国家干预经济，而是在坚持自由市场体制的同时，通过政府干预帮助市场具备自我修复行动能力[14]"。快增长，可能诱发不稳定；保稳定，可能导致低增长。美国四大职业体育联赛停摆危机重重，却为个人自由、权利与潜能的极大释放提供了条件保障，充分演绎了投入与产出、制度与效率、改革与风险之间的相互掣肘、均衡发展关系。联赛停摆是新自由主义协商民主与利益斗争的基本表现形式，本质上是资本家与劳工间赤裸裸的利益争斗。在奥巴马奉行温和的新自由主义战略期，应当对联赛停摆造成的经济社会影响报以积极的观点。2011 年 NFL、NBA 停摆事件并未改变新自由主义经济本质，而是在联赛组织形态、制度安排、收入分配等实践运行层面上的改革调整，以促进联赛组织运行趋于合理，更为高质高效，更富有市场竞争力，也可以认为是对体育赛事文化经济自由市场的一次修正。

参考文献

［1］Wikipedia. Lockout（industry）［EB/OL］.（2011–12–17）. http：//
　　 en.wikipedia.org/wiki/Lockout_（industry）.

［2］郑志强.职业体育的组织形态与制度安排［M］.北京：中国财政经
　　 济出版社，2009：100–102.

［3］Wikipedia. 1998‐99 NBA lockout ［EB/OL］.（2011–12–17）.http：//
　　 en.wikipedia.org/wiki/1998%E2%80%9399_NBA_lockout#cite_ref–2.

［4］Zegers C. Basketball Related Income（BRI）［EB/OL］.（2011–12–17）.
　　 http：//basketball.about.com/od/nba–cba–glossary/g/basketball–related–
　　 income.htm.

［5］Wikipedia. 2011 NBA lockout ［EB/OL］.（2011–12–17）. http：//
　　 en.wikipedia.org/wiki/2011_NBA_lockout.

［6］Cowen T，Grier K. Two Economists Explain the NBA Lockout ［EB/OL］.
　　 （2011–10–31）.http：//www.grantland.com/blog/the–triangle/post/_/
　　 id/8300/two–economists–explain–the–nba–lockout.

［7］大卫·科茨.美国此次金融危机的根本原因是新自由主义的资本主义
　　 ［J］.红旗文稿，2008（13）：32–34.

［8］李智.NBA集体谈判协议及其所面临的挑战［J］.太原理工大学学报
　　 （社会科学版），2011，29（2）：25–28.

［9］Zimbalist A. Reflections on Salary Shares and Salary Caps ［J］. Journal of
　　 Sports Economics，2010，11（1）：17–28.

［10］约翰·基恩.公共生活与晚期资本主义［M］.马音，刘利圭，丁耀琳，
　　 译.北京：社会科学文献出版社，1999：80.

［11］朱炳元，徐璐.资本主义发展史上的历次经济（金融）危机［J］.
　　 毛泽东邓小平理论研究，2010（3）：74–78.

［12］陈立栋.略论金融危机的可预见性——兼评张海涛"美国赌博资本
　　 主义七论"［J］.现代财经（天津财经大学学报），2011（6）：5–11.

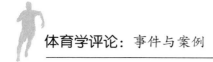

[13] 西恩·塞耶斯. 马克思主义和资本主义危机[J]. 哲学动态, 2009（5）：19-21.

[14] 王友明. 从金融危机看美式资本主义[J]. 国际问题研究, 2009（5）：46-50.

2.2　李宁品牌困局的评论与启示

提　要： 李宁品牌发展困局问题，暴露出中国体育用品产业发展中的一系列问题。从商业评论的视角，审视商业决策中的思维陷阱和商业后果，为商界、学界启发思路提供参考。评论分析认为，产品技术升级是一个象征高科技的媒体"神话"，应充分考虑中国企业的本土化要素禀赋条件，不能一味追求产品技术升级。政策扶持问题将可能蜕变为政策依赖，脱离以产品技术与市场营销为主导的企业竞争良性生态。企业的国际发展战略必须建立在本土市场的基础上，不辨商业形势，盲目国际扩张，将会影响企业资源布局和整体战略平衡，甚至拖垮国内市场。"快"时尚、"快"元素不是普适的商业规则，需要企业的深入理解与合理运用。始终围绕客户价值与市场需求，开展有效的商业模式创新，是创造客户基数和企业核心竞争力的根本途径。最后呼吁学界关注行业研究，以及学术研究中的想象力与判断力问题。

后北京奥运时期，中国体育用品产业发展势头放缓。2013年伊始，李宁、匹克、361°等国内体育用品企业纷纷发布业绩亏损公告。其中，李宁亏损近 20 亿元，关闭门店 1821 家，为公司上市 8 年以来首次亏损。李宁品牌曾经是中国体育用品产业崛起的符号象征，当下却处于令人尴尬的境地。中国体育用品产业仍处于初级发展阶段，需要不断借鉴全球体育用品产业发展的先进经验，进一步摸索本土化的发展道路。李宁品牌发展困局问题，是一个生动、典型的，并且具有理论分析价值的体育商业实践案例。它暴露出中国体育用品产业发展中的一系列问题，尤其是对学界研究和商界实践的固有决策思维形成较大挑战。笔者从李宁品牌困局的商业评论视角，重新审视商业决策中的那些形成普遍共识的思维定势，乃至由此产生的思维陷阱和商业后果，为商界、学界启发思路提供参考。

2.2.1　产品技术升级：一个象征高科技的媒体"神话"

目前的普遍观念认为，中国体育用品企业的自主创新能力不足，科技含量不高，处于全球产业链的加工制造阶段，产品技术亟待升级，逐步走向产业链高端。有建议提出，通过与跨国公司合作创新，或通过技术引进、消化吸收，提高企业的自主创新能力，实现从工艺升级向产品、功能升级的延伸，最终攀升到全球价值链的高端[1]。产品技术与质量问题是影响体育用品企业发展的重要因素，正所谓"打铁还需自身硬"，但在特定的市场环境和要素禀赋条件中，产品技术升级并不能与企业发展简单划等号。如果无视中国企业的本土化要素禀赋条件，一味追求产品技术升级，将导致避重就轻、舍本逐末的商业后果。

冷战结束后的二次经济全球化进程，是发达国家跨国企业对外扩张，谋求利益最大化发展的资本主义新"黄金时代"，是一个全球资源掠夺利用和产业链整合的过程。耐克、阿迪达斯等国际一线体育品牌纷纷向海外转移加工生产环节，美津浓、爱世克斯等日本体育用品企业纷纷效仿，目的是控制发达国家内部不断上升的生产和生活成本。加工生产环节的转移具有流动性和层次性特点，例如，爱世克斯于1969年在台湾建立了海外加工厂，当台湾经济不断发展，生产和生活成本不断上涨时，爱世克斯的加工生产环节从台湾转移至中国。之后又由中国转移至泰国、马来西亚等东南亚国家。将海外代工模式发挥到极致的是耐克品牌，耐克品牌创立初期便主要做代理业务，代理日本爱世克斯品牌前身——鬼冢虎（Onitsuka Tiger）的品牌产品。1977年，耐克在国内短暂地运营过自建工厂，此外耐克从未自办过工厂。耐克是典型的国际贸易企业，甚至毫不客气地说是全球最大的"皮包公司"，而中国体育用品企业则是典型的生产制造企业。

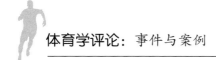

经济全球化展示了国家经济实力的科层制位序，更代表了由资本主义原始资本积累催生的全球经济霸权主义结构的不平等关系。一个国家的经济发展和国际地位的提升，基本上能够与全球经济结构关系保持正相关性。中国改革开放后的经济与社会发展历程，是由贴牌生产的代工模式到自创品牌的生产模式转型的过程，未来将由自创品牌生产转向自主研发创新的阶段。体育品牌代工模式的区域变迁现象说明，不管是历史上的日本、韩国、台湾、香港，还是当下的中国、印度、东南亚国家，产品实现批量生产与技术升级因素无关，存在人口红利竞争优势的国家，都能实现产品的批量生产。

从体育用品消费者的视角，无非关注两点消费体验问题：一是从产品感知上，实现外观优美、舒适耐用的实用价值；二是从品牌认同上，能否体现与消费者匹配的"身份地位"，客户消费必须物有所值，在品牌认同上拒绝与"地摊货"联系起来。消费者的产品感知趋于业余性、模糊性，消费者并不关注产品的高科技含量、专利、创新设计等专业性问题。更进一步说，产品的科技化程度在消费者意识认知中处于一种模糊的具象状态，当代媒体广告的陈词滥调，塑造了产品极富高科技的"神话"形象。在运动鞋产品竞争方面，美国耐克的篮球鞋、德国阿迪达斯的足球鞋、日本爱世克斯的跑步鞋、意大利SCARPA的户外功能鞋等，很难说这些国家体育品牌在产品科技性方面孰优孰劣，只能说各有主打的拳头产品，在某一功能鞋类或具体到某一鞋类款式上具有科技领先和设计创新优势，以某一主打产品为营销噱头，践行"二八法则"式的营销战略，力求丰富品牌的内涵实质，以满足客户迷恋高科技的心理预期。

耐克的广告设计具有两点核心理念，第一是科技性主题，广告主题指向产品技术的精湛和流程控制的严谨。第二是神秘性主题，广告内容充满诗意色彩，高度抽象和视觉化，营造产品的神秘感，让消费者延伸产品技术的想象空间。耐克把科技性主题广告聚焦在某一优势功能鞋类上，乃至某一鞋类款式上（例如飞人乔丹系列），以点带面，塑造耐克产品极富高科技的媒体"神话"。具体到媒体广告的操作性层面，也就是说这个功能产品是否具有广告"卖点"，以及根据产品本身的"卖点"，甚至为了营销而精心制造出来的"卖点"，形成一个符合产品理念定位的品牌形象和营销体系。例如，贵人鸟新年广告营销创新中，增加了"轻软弹透、泡泡科技"的"卖点"创意，这种宣扬产品科技性的广告指向明确，即传达"贵人鸟全新泡泡科技""泡泡科技鞋"等具有明确价值导向的广告信息，贵人鸟在网络广告平台上同样极力宣传产品的科技主题，如"贵人鸟自助研发的泡泡科技"，请注意是"自助"，而非"自主"这个概念。至于贵人鸟重磅推出的"泡泡"（PO-POWER）科技概念具体指什么创新技术，客户无从获悉，也不想深究，最终的营销目标是建立体育产品的科技"神话"。

　　相比于贵人鸟品牌，耐克品牌营销的科技主题广告相对比较真实、唯美，具有产品的针对性。一般是针对某一款式产品，或某一功能系列产品，深入阐释与解说，信息越详细，客户越信服，更容易建立品牌认同。再则任何品牌都面临技术局限和营销短板，惟有扬长避短，以点代面，才能建立与丰富体育品牌科技含量的整体形象内涵。可以说，耐克的产品技术并不处于行业竞争的绝对优势地位，阿迪达斯、锐步、彪马、迪亚多纳、美津浓等品牌同样具有产品技术的比较优势。耐克的核心竞争力在于，以重点投资体育名人广告市场而开辟的无可替代的商业模式创新方式，以全球产业链要素整合分包而形成的独具效率的生产成本控制模式，以产品技术和"质量过硬"为核心建立的产品高科技的媒体"神话"营销模式。一旦占领商业模式创新的高地，就会藉此先拔头筹的竞争优势，形成路径创新的积累效应（前提是竞争主体处于相对平等的竞争关系）。也就是说，耐克斥重金打造体育名人广告市场，凭借原始资本积累的企业实力和商业模式创新的积累效应，让跟随模仿的体育用品企业难以形成与之抗衡的市场竞争优势。

　　李宁品牌困局问题并不是因为过度追求产品技术升级导致的，处于初级发展阶段的中国体育用品企业普遍缺乏对产品研发创新和技术升级的热情，产品外观模仿和技术拼合克隆的生产远比自主创新来得实在，李宁品牌也不例外。李宁品牌很难在国际上通过技术转让或企业收购的方式，获

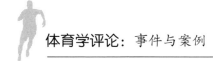

得产品技术升级优势（随后将重点讨论）。既然不具备与国际一线体育品牌争锋的过硬技术，至少要在营造产品高科技或产品质量的营销"卖点"上做足文章，以本土体育用品市场为战略重心。

2.2.2　政策扶持力度：被掩盖的比较优势陷阱

目前的普遍观念认为，中国体育用品企业正处于品牌初创的成长阶段，政府扶持、政策红利、行业协会提供的支持必不可少，并且支持力度要达到较大强度的刺激，才能让本土品牌在激烈的国际竞争中脱颖而出。有建议提出，中小型体育用品企业的发展离不开当地政府的政策支持，政府应加强政策扶持力度，从咨询、税收、知识产权保护、融资、品牌上市等方面给予政策与资金支持，引导企业进行产品升级和机构优化，鼓励中小企业发展壮大，从各方面调动中小企业发展的积极性[2]。政策扶持问题是影响体育用品企业发展的促进因素，正所谓"朝中有人好办事"，但在高度分化、高速变化的市场竞争环境中，政策扶持问题将可能蜕变为政策依赖，脱离以产品技术与市场营销为主导的企业竞争良性生态。企业围绕政策资源开展公关活动，政策扶持优势并未完全转化为企业创新竞争力。一旦政策红利被抽离，或者由中小企业成长为较大规模企业，政策红利对企业竞争的影响有限，就会导致企业因市场创新积累不足，而最终被市场淘汰的商业后果。

1990年北京亚运会缔造了李宁品牌的崛起，恰逢爆发的民族主义思潮和重点打造本土品牌的国家意志导向，李宁凭借政策红利迅速崛起，一跃成为中国大陆地区家喻户晓的民族体育品牌。这里理解的政策红利，一是指政府政策与资金支持层面，二是指文化精神与意识形态层面。学界并未重点关注文化精神层面的政策红利对企业发展的影响，这种特殊的文化精神"红利"在名义上是公共产品，任何本土企业都能享有和利用，但在商业实践中却具有较强的排他性。北京亚运会的战略合作者为何是李宁品牌，中国奥运代表团赞助商为何是李宁品牌，北京奥运会圣火点燃仪式为何呈现"李宁空中漫步"这一民族崛起符号？这些无形中的文化红利，并且具有排他性的政府政策授予性质，为李宁品牌带来了巨大的广告市场效应。这个与国家形象、"中国崛起"捆绑打包在一起的广告市场效应，其背后是国家政策授予以廉价的或象征性的赞助资金，转让文化精神的公共形象和象征涵义。李宁品牌以文化红利搏得"第一桶金"，未来 10 年转向稳步推进实体企业建设，以先发优势在全国范围内建立了特许专卖营销体系、资本加盟分销网络、产品自主设计开发中心等企业竞争力的要素创新，并继续保持与授予文化政策红利相关行政部门的紧密联系，连续三届垄断中国奥运代表团赞助商、颁奖服等企业形象"资质认证"。

随着中国经济与社会持续发展，民族主义情绪逐渐淡出历史舞台，李宁品牌赖以高速扩张的文化政策红利——主要体现在国家形象和民族主义两个方面，逐渐被全球化浪潮和城市化进程冲淡，文化政策红利带来的市场影响力日趋式微。耐克、阿迪达斯两大强势品牌占据北京、上海等一线市场，一线城市的消费观念较为开放，民族主义思潮很难影响消费者的购买意愿，李宁凭借二线、三线城市的营销业绩基本维持了品牌的颓败势头。2008 年北京奥运会国人的民族主义情绪达到顶峰，李宁品牌通过国家文化政策的特殊"馈赠"，一个具有普适价值的、媒体高度曝光的、全世界为之瞩目的开幕式圣火仪式，上演了"李宁飞天""空中漫步"的民族创意时刻，国家文化政策红利又一次给予李宁品牌象征性的、赠予式的实际支持，中国社会与媒体对李宁个人的高度聚焦与历史评价，显然会与李宁品牌划等号，这种潜在的广告市场效应对提升李宁品牌市场销售业绩的影响难以估量。

北京奥运会后李宁品牌销售业绩飞涨，2009 年国内市场销售收入为83.87 亿元，同比增长 25.4%。2009 年阿迪达斯中国市场销售收入约为 70亿元，同比下滑 16%。李宁反超阿迪达斯品牌，也将匡威、美津浓、彪马、锐步等国际二线品牌甩在身后。然而好景不长，2011 年本土五大体育用品企业年报显示，安踏、361°、特步、匹克、李宁的净利润分别为 17.3 亿、11.3 亿、9.7 亿、7.8 亿、3.86 亿，李宁品牌发生明显转折，企业内部发出盈利预警，一系列的企业竞争力要素危机开始显现，并陷于艰难扭亏的竞

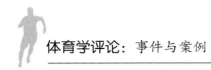

争局面。当中国崛起层面上赋予的国家形象和民族主义的"文化光环"逐渐褪去的时候，正是李宁品牌脱离文化政策红利体制，失去国家形象与民族资源庇护，流放至"大鱼吃小鱼"的真实市场竞争环境中的时候。可以说，李宁品牌并未抓住北京奥运会这一中国崛起的时代机遇，完成现代企业转型的过程。一方面在良好业绩面前不思进取，固守传统商业模式，产品创新停滞不前。另一方面随意变换品牌理念，随意变更发展战略，误判国内形势，误走国际战略。

李宁品牌在享有文化政策红利时，选择了局部调整企业传统运营模式的保守战略，一是以量取胜，达到扩充市场占有率，进而形成品牌积累效应的营销目标；二是盲目投资国际市场，为金融危机这一吸金黑洞"堵窟窿"。可以毫不客气地说，中国体育用品企业不是缺乏政策扶持，而是政策刺激的持续强度太广太深，如同"温水煮青蛙"把企业创新给扼杀了。这就好比以人口红利优势建立的中国服装出口贸易的核心竞争力，在后配额时代的自由贸易体制下，日趋保守进而形成路径依赖，在配额取消后非但不会向发展中国家有利的方向演变，反而会在技术、品牌、资本、自由贸易体制强化等因素作用下向相反的方向演化[3]。

这种不健康的市场竞争生态，不是将本已稀缺的政策资源用在踏踏实实地做实业上，而是形成了一个竞相巧取豪夺公共资源、政策、意识形态优势的行业内部较量，以企业上市圈钱为高级目标的怪圈，背负了公共资源流失与糟蹋纳税人的钱的"骂名"，扣上了国家文化精神与意识形态的"盗墓者"形象。李宁品牌更像是民族主义思潮的产物，专注民族感情的营销路线，擅长打"道义牌"，一副肆意挥霍文化政策比较优势的"暴发户"形象，早晚漏兜现世，打回挨板子的"茹太素"原形，只不过现在打板子的不是朱元璋和衙门，而是消费者和市场。

2.2.3　国际发展战略：被民族情绪冲昏头脑的冒进行为

目前的普遍观念认为，中国体育用品产业初具规模，具有一定的资本积累，产业亟待转型升级，参与国际竞争可以有效提升企业竞争力要素创新水平，配合国家经济发展的"走出去"战略，促进中国体育用品产业的可持续发展。有建议提出，走国际化发展路线是中国体育用品产业做大做强的必经之路，积极探索国际化发展的具体途径和形式，努力拓展国际市场，实现产业的转型发展，是中国体育用品产业应对经济全球化挑战的客观需要，应选择科技领先、品牌强化、产业重组、人才优先、跨国发展、阶段竞争的发展策略[4]。国际战略问题是提升体育用品产业的全球价值链地位和产业升级路径的重要因素，正所谓"借船出海高扬帆"，但在盲目选择的企业国际化发展战略中，不辨国际局势，不明投资风险，将会导致国际战略失败的后果，影响企业资源布局和整体战略平衡，甚至拖垮国内市场。

2008 年美国次贷危机引发了国际金融海啸，以金砖四国为首的新兴经济体的崛起，让西方发达国家转向关注新兴市场的经济增长潜力。中国经济连续以破 8% 增速发展，对国际政治经济发展具有重要影响。中国体育产业的增长潜力还未充分释放，中国这座基数庞大的"金矿"亟待开垦。阿迪达斯、耐克品牌加快了由中国一线城市向二线、三线城市扩张的战略步伐，坚信中国市场蕴含的巨大商机，实施"渠道下沉"策略可能带来的盈利前景。随着中国民间资本和个人财富的不断积累，在小城镇乃至农村地区，对提高生活质量的消费需求日趋迫切，阿迪达斯品牌已不再是购买力稀缺时代的"奢侈品"，消费者购买意愿不再停留在梦想层面。凭借品牌优势、品质取胜的阿迪达斯，对冲击"红海"市场生态，开辟企业新的盈利增长点抱以乐观态度。那么，令人吊诡的是，李宁品牌在还未站稳国内市场的前提下，于 2009 年提出启动国际化战略，在 2013 年李宁品牌面临困局时，仍然坚持国际化战略大方向，这个战略构想分为启动国际化阶段（2009—2013 年）和全面国际化阶段（2014—2018 年）。

企业的国际化战略（Internationalization Strategy）是企业产品与服务的本土化延伸出来的发展战略，更确切地说，是在企业的国内市场业务趋于饱和的前提下，向海外市场寻求企业扩张空间的商业行为。从某种意义上来说，企业的本土化生存是国际化战略的基础，国际主要体育品牌的拳头

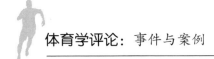

产品均具备稳定的本土市场，没有本地化的企业成长过程，就不会有国际化的企业提升阶段。李宁品牌的主要业务市场正在被阿迪达斯、耐克、安踏、匹克等品牌攻占，在国内市场都难以掌控大局的前提下，在篮球鞋核心产品市场都难以形成压倒性优势的前提下，盲目制定国际化战略，盲目扩展主要产品的业务范畴，将可能造成的商业后果是，国际化战略搁浅，同时丢掉了国内业务市场；涉及主要产品范畴太广太杂，分散消耗过多的企业资源和精力，同时丢掉了拳头产品市场。

李宁品牌的国际化战略仅停留在表层认识上，即向海外兜售具有中国文化设计元素的本土产品，简单地做自有品牌出口和特许经营业务，这种具有价格优势的变相海外倾销性质的国际化战略，毫无国际竞争力可言。

其一，体育产品核心技术掌握在国际主要体育品牌企业手中，一般采取并购、合资、战略联盟、跨国交换、技术合作等形式实现技术转让与升级。核心技术是企业发展命脉，即便达成技术合作关系，也要付出高昂代价获得授权。现实状况是中国体育用品企业局限于产业转移式贸易优势，陷入技术"引进—落后—再引进—再落后"的恶性循环，难以形成拥有自主知识产权的品牌[5]。

其二，在遇到产品技术升级与创新的瓶颈时，就需要在产品设计和商业模式上弥补技术"短板"。李宁品牌篮球鞋的海外产品营销设计融入了中国传统文化元素，屡获"设计界奥斯卡"IF大奖，在国际上打民族文化牌，走"中国风"设计路线，例如在"飞甲""蚩尤""钟馗"等专业篮球鞋系列设计中融入中国元素，李宁第六代篮球鞋泼墨式"中国风"设计风格等，这些民族创意设计为李宁品牌赢得了国际美誉和营销卖点，对提升创意设计产品的海外销售业绩具有积极作用。但在商业模式创新上乏善可陈，主要以特许授权和门店经营模式为主，延续了国内商业模式的老路。

其三，北京奥运会后李宁品牌转向国际化战略，从名义上来看是拓展海外业务，分流与规避国内体育用品市场的竞争风险，实质上还是围绕廉价获取文化政策红利形成的比较优势，借中国崛起之势，发文化输出之财。北京奥运会让世界聚焦中国，在国际社会掀起了一股中国潮流，世界人民对中国社会与文化产生了浓厚兴趣，形成了中国文化对外传播的舆论引力场，中国企业善于把握这种外部舆论变化趋势，李宁、安踏、匹克等中国品牌都有跨国赞助与营销的举动。文化政策红利、产品营销与销售业绩之间的有效衔接与实现，主要靠植根本土化的商业模式创新，当商业模式不能适应或滞后于本土市场环境时，文化政策红利就很难转化为销售业绩。李宁品牌的海外特许授权门店模式，直接抬高了销售成本，压缩了企业利润空间。

其四，企业国际化战略的最基本特征是资源的全球配置，中国企业面临国内生产与生活成本上涨压力、人民币海外升值压力，阿迪达斯、耐克等品牌把价值链委托加工环节转移至东南亚地区，李宁品牌的国际化战略并未在全球范围配置优势资源，进而降低企业生产成本。当发达国家全面转向电子商务模式时，李宁品牌还在加码投资实体门店。当资金流转向新兴国家市场时，李宁品牌还要进驻西班牙、法国、希腊等发达国家市场。

进一步剖析李宁品牌的国际化战略背后隐藏的企业文化心理。既然廉价享有文化政策红利的竞争优势，就要积极承担中国企业"走出去"的民族与社会责任。李宁、安踏品牌的一系列海外营销活动，已经引起了国际关注，为中国体育品牌走向世界迈出了艰难一步。国外学者对李宁和安踏这两大本土品牌竞争国际市场的局面持保守观望态度，从李宁品牌国际营销的固有形象，到北京奥运会安踏品牌开拓国际市场的全新印象[6]，两强争夺海外中国企业形象市场，可能导致文化政策红利优势的利益分化，削弱了品牌形象的积累效应。中国企业最稀缺的就是企业家精神，一个企业不能盲目追求做大做强，过于功利化地求增速、谋利润，而要始终以行业发展规律、钻研核心业务以及企业的可持续发展为落脚点。

中国体育用品企业应避免盲目国际化，选择立足本土的品牌成长初期延展路径，建立扎根本土的国际性品牌[7]。李宁品牌在 1990 年北京亚运会和 2008 年北京奥运会上获得了很大程度上的品牌跃迁与提升，文化政策红利这一企业核心竞争力优势，或者说民族情绪这一特殊时期的中国文化精神，对李宁品牌成长具有重要的推动作用，也产生了路径依赖、创新

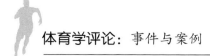

不足的负面效应。

2.2.4　快速响应机制：不得要领的"快"模仿、"快"时尚

目前的普遍观念认为，新媒体时代加速了信息与观念的流转，时尚文化和流行产品大行其道，企业必须适应这种彰显时尚风格的、"快"节奏的市场竞争，积极建立市场快速响应体制机制，转换为"快"反馈、"快"模仿、"快"生产、"快"创意、"快"时尚等快字当先的产品营销理念。有建议提出，国内服装企业的销售渠道普遍采用"品牌商—代理商—零售商"的批发分销模式，这种模式对市场供需反应迟缓且不准确，常会造成代理商订购较多商品以备断货，造成较大的库存压力。李宁公司应该进行管理变革和调整，由批发模式向零售模式转变，根据对市场的判断、销售的趋势和店内情况，实现"直接送货到店"的供应链再造[8]。快速响应机制问题是提升市场营销业绩的重要因素，正所谓"早起鸟儿有食吃"，但不考虑企业的竞争力要素与资源条件，一味追求"以快取胜"，将可能遮蔽核心商业价值的定位或潜在商业价值的发现，尤其是将"快"理念上升到企业战略层面上，可能导致品牌核心价值定位不清的商业后果。

李宁品牌的"快"战略主要表现在产品生产营销的实务层面和品牌理念重塑的文化层面上。第一，实务操作层面。一方面对产品供销体系进行整合与再造，提高产品配送流转速度，建立更灵活、更贴近市场需求的供应链模式，降低产品库存压力，提升企业运行效率。李宁品牌尝试在传统的批发分销模式中进行改革创新，为提升供应链效率卓有成效。但是，新媒体环境下的商业模式创新是超越式的，如果不从传统商业模式逐渐过渡转型，从单一的门店销售路径中抽离出来，任何创新都赶不上超越式的新商业模式带来的变化。不能试图弥补传统商业模式的短板，因为受到门店销售路径"天花板"的限制，再"快"也快不过电子商务。另一方面对产品设计生产环节提速，把握"快"创意、"快"模仿、"快"时尚商机，缩短新产品的设计生产周期，占领时尚文化前沿，提升在青少年群体中的品牌认知度。阿迪达斯的时尚化运动风格，专注于时尚和零售业市场，具有模仿 ZARA、H&M 等"快"品牌的嫌疑，针对青少年群体的品牌定位，在中国市场赢得了战略性的品牌积累效应。李宁品牌的传统形象凸显"60后""70后"群体的"暮气""沉稳"风格，与运动时尚品牌联系起来勉为其难，品牌形象的华丽转身必然漫长，同时这一品牌重塑过程流失了"60后""70后"消费群体足够的支持与品牌忠诚。贵人鸟品牌面临的局面可能更为尴尬，不完全定位于运动时尚品牌，走休闲时尚的"轻松快乐"品牌路线，与 ZARA、优衣库等"快"品牌难以形成差异化竞争，同时在运动品牌属性不明确的前提下，很容易模糊与休闲服装"红海"市场的界限。反观国际一线运动品牌，比较注重区分不同品牌系列的界限，以保持独立的品牌文化个性。例如，爱世克斯品牌的创立，在企业内部保留了鬼冢虎品牌的文化空间，在 2002 年国际流行"复古风"时尚时，爱世克斯重塑鬼冢虎品牌系列，迅速转身打造成全球知名"复古"时尚品牌，在欧洲和亚洲尤为流行[9]。

第二，文化理念层面。李宁品牌的广告语历经 7 次变更，分别为"中国新一代的希望""把精彩留给自己""我运动我存在""运动之美世界共享""出色源自本色""一切皆有可能""让改变发生"，无论从时间上还是空间上，都体现不出品牌定位的延续性，映射出李宁品牌所秉持品牌理念的模糊不清，在品牌塑造与营销过程中无法找到合适的主题和理念[10]。李宁品牌理念的模糊不清问题，反映出中国企业历来秉持的"经验为重、利益至上"的实用主义精神。这种实用观念犹如魏源主张"师夷长技以制夷"，深深植根于中国近现代的经济与社会发展进程。一些超脱日常生活的精神理念层面上的问题很难进入商界视野，一切以"有用即是真理，无用即为谬误"为功利性的判断标准。中国体育用品企业难以超越历史与现实的观念局限。

李宁品牌一直将企业中长期发展目标所倡导的行动价值观与品牌理念划等号，将企业的战略定位和利益动机等同于品牌精神，这导致依据不同的企业发展阶段，频繁更换品牌理念的结果。所引发的商业后果，就好比将所有付出的努力推倒重来，以前存在的目标销售群体不复存在，又要重

新花大力气去建立品牌形象。李宁品牌推出"90后"时尚系列遭遇市场冷遇即能说明，没有一个品牌与市场的积累过程，理念与实践转型很难快速见效。李宁品牌平时不围绕时尚文化建立品牌影响，不围绕青少年群体做大量的舆论与营销工作，当利润下滑时便转向青少年运动时尚市场，试图进入一个对企业非常陌生的红海市场，幻想开拓一个商机无限的蓝海途径，预期弥补企业整体销售业绩不足，这种功利性的商业行为很难赢得消费者的口碑效应和文化认同。

耐克品牌一以贯之的文化理念是最典型的商业案例。品牌口号"Just do it"从未改变，这句风靡全球的广告语从不同视角具有不同涵义，从品牌所禀赋的文化精神视角，可以理解为"只要做到这一点"，只要明确企业的核心文化精神，始终贯彻践行下去，终会获得商业成就。如同李宁品牌肇始于民族主义，耐克品牌发轫于美国反正统文化时期，并通过社会资本集团和消费文化的"收编"力量，将反文化蕴含的社会正能量，用体育产品的设计语言和文化主张表达出来。不同时期具有不同的青年价值观，具有不同的青年时尚潮流，耐克品牌坚定于消费主义与青年文化的融合发展，致力于呈现青年时尚文化中的积极元素乃至社会主流价值观。耐克品牌不会做中国的"犀利哥"，不会毫无思考地搞"跨界混搭"。时尚潮流容易消散，但"去伪存真"提炼出来的时尚元素，却是时尚文化的精髓，也构筑了一个运动时尚品牌的核心竞争力。

企业建立快速响应机制的初衷，是要提升企业运行效率和市场反应速度，赢得一个低投入、高回报的商业结果。快速响应机制的完善与再造，必须首先考虑商业模式创新可能带来的巨大商业潜力，对产品流转与营销环节带来大幅提升效果。如果没有找到更好的商业模式，就要对既有的企业运行体系和商业模式进行改进与提升，在既有商业模式的"天花板"限度内做到最优。企业建立快速响应机制还集中反映在"追流行风、打时尚牌"的产品设计生产上，不管是带有某种风格的品牌产品、纯粹时尚产品还是个性化产品，均力求吸纳最新的时尚文化元素。李宁品牌对既有商业模式的优化与提升效果值得肯定，但忽视了商业模式创新蕴含的巨大商机，尤其是将企业的快速响应机制导入歧途，不得要领的"快"模仿、"快"时尚，难以媲美 ZARA、H&M、优衣库等"快"品牌，也将民族主义的品牌立场和"60后"李宁的文化风格丢失殆尽。

2.2.5　商业模式创新：一个不受关注的企业战略问题

目前的普遍观念认为，从全球价值链理论视角，中国体育用品产业的发展过程主要表现为产业升级特征，由技术能力和市场能力两个范畴组成。在理想化状态中，技术与市场扩张能力互为制约，协调发展，进而达到产业升级的发展目标。有建议提出，中国体育用品产业的升级发展主要表现为从 OEM（贴牌生产）到 ODM（自行设计制造）再到 OBM（自由品牌制造）的有效转换过程，进入到产品的研发设计、品牌管理和营销等附加值高的环节，在此升级发展过程中，由原始设备制造转向产品的市场扩张方面是重要的选择路径，包括市场定位、广告宣传、品牌管理、拓展销售渠道和售后服务等方面[11]。市场扩张能力是衡量企业核心竞争力的关键要素，正所谓"一骑红尘妃子笑"，得市场者赢天下，市场扩张潜力无限，对产业升级具有较大提升空间。但是"市场能力"（Marketability）这一概念比较宏观，在操作性层面上甚为模糊，主要针对企业在细分市场中的地位、资源、独特能力的分析，往往忽视客户价值和新技术的影响。

在企业普遍追求技术的时代，沃尔玛、亚马逊、ZARA、Netflix 等品牌依靠市场创新迅速崛起，商业模式（Business Model）概念随之引起广泛关注。商业模式指一个企业的基本经营方法，包括客户价值定义、利润公式、产业定位、核心资源与流程。商业模式创新就是对企业的基本经营方法进行变革，一般具有改变收入模式、改变企业模式、改变产业模式、改变技术模式。[12]商业模式创新问题尚未引起体育学界与商界的足够重视，更谈不上在企业实践中的创新应用。一般来说，当企业遇到技术困境并且难有提升空间时，就会放弃技术扩张的努力，全力转向商业模式创新方面，进而达到提升企业核心竞争力的目标。这需要在产业发展逆境中"穷则思变"的商业模式创新意识。相比较而言，李宁品牌具有文化红利优势，在

顺境中容易变得安逸和懒惰，对商业模式创新问题并未提上企业发展议程，过于沉稳的决策风格和趋于保守的战略思维，使李宁品牌在面临发展困局时，选择改进固有的商业模式。业界评论认为，李宁公司的困境，与其薄弱的市场洞察力，以及商业模式的落伍不无关系[13]。

商业模式创新不如技术创新可以量化，以及实现流程控制，而是无形的、独一无二的、符合企业自身条件的。商业模式创新说来容易，具体落实到企业实践却很难，因为一个好的发展思路、途径、创意属于稀缺资源。首先必须对企业固有商业模式的优缺点，产品的细分市场环境及发展走向有深入的认识，进一步结合企业资源禀赋条件进行反复思考与论证，最后的关键环节，一个深具商业想象力、市场判断力且随机不可控性的好的发展思路要适时萌发出来。例如，361° 品牌与中国扶贫基金会联合发起的"买一善一"（One cares One）消费性公益模式，解决了长期以来一些公益捐赠存在的"不问所需"现象，以及"一次性、运动式"的"项目筹措式"的模式[14]。361° 品牌的消费性公益模式，一方面突出了企业的社会责任，在庞大的中端客户和红海市场建立积极的品牌形象，培育低端客户的消费潜力和青少年群体的品牌认知。另一方面，作为门店打折促销的变通形式，既缓解了产品库存压力，加快产品的更新与流转，又巧妙地维护了品牌形象。相比较而言，李宁品牌在面临库存压力时，选择门店打折促销的方式，多频次、大范围、大批量出货，这种"一锤子买卖"似的营销行为，对产品售价的市场预期形成冲击，客户平时会选择保守的消费行为，更多地选择在打折促销的时候购买产品。最致命的负面影响是，李宁公司有 129 个经销商及超过 2000 余名分销商，其中约有 1700 名平均只经营 1 家门店，大多数无法达到标准店的陈列水平，销售服务水平低，货品周转速度也不理想[15]，分销商的促销行为很难控制，也就形成了良莠不齐、五花八门的促销乱象。李宁品牌的一些小型门店（或店中店）的陈列水平与安踏、匹克等品牌没有区别，相对应的产品售价却要高出一截，加之疯狂出货的打折季，李宁品牌必然沦为客户眼中的"地摊货"形象。尤其是文化红利优势为李宁品牌带来的民族性、代表性、高端性的良好形象效应，却没有让客户享受到与之对应的消费服务，这种消费体验的巨大反差将引起客户的反感，乃至报复性的消费心理。

围绕技术变革引发的商业模式创新具有举足轻重的商业地位，即商业模式创新中的改变技术模式。网络社会的来临彻底改变了企业的生存环境和思维方式，企业要实现更高盈利的目标，就必须实现网络化生存，就必须涉足电子商务领域。电子商务是基于人性与客户价值，对整个工业化模式的一种颠覆。只有围绕客户的变化去思考与行动，企业才能走得更久更远，这与客户价值有关，与技术无关[16]。李宁品牌作为传统的线下零售企业，对电子商务和网络社会缺乏深入理解，在应对理念、技术应用、渠道与策略创新等层面上均凸显不足。李宁品牌转向电子商务主要源自"形势所迫"，而非主动思考"网上商机"。一方面受中国经济与社会发展的影响，开设独立门店的成本约束越来越大。一方面受电子商务市场的"低销售成本，高增值效应"冲击，不得已只能"被转型"。李宁品牌仅是简单套用B2C网络零售业模式（Business to Customer，商家对客户），建立企业官方网站销售平台，在京东商城、淘宝商城、凡客诚品等电子商务平台开设官方旗舰店，这些网站的营销形式、产品折价或返利表现异同，较难统一营销步调，加之一些分销商的积极参与，形成了网络销售各自为阵、鱼龙混杂的场面。

更不得要领的是，李宁品牌并未真正认识到电子商务的营销精髓，即主动创造网络营销话题，开展深入有效的网络营销活动，融入到网络社会的舆论议程中去，提升品牌线上价值，进而与线下形成品牌互动效应。例如，可口可乐采用微博话题营销模式，尤其是借助"大V们"的网络感召力，推进可口可乐"昵称瓶""粉丝瓶"的个性化创意产品营销。这种营销创新形式以O2O模式（Online to Offline，线上到线下）为主，将线上的客户订单转化为现实产品，用快递业务或二维码技术实现串联，打通线上和线下两大社会空间。从线上支付到线下享受产品服务，直接降低了产品销售成本。客户基数是企业核心竞争力的主要来源，李宁品牌缺乏的是这样一种"为客户而改变"的企业精神，即始终围绕客户价值与市场需求，开展有效的商业模式创新，是创造与维护客户基数的根本途径[17]。

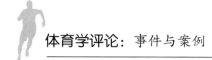

2.2.6 给商界、学界的一些参考意见

一个本土企业不仅要有更高的战略追求，更要有更高的思想境界；不仅要把企业做大做强，更要把业务做好做实；不仅把握今天，更要赢得明天。李宁品牌困局问题暴露出中国体育用品产业发展中的思维陷阱，亟待商界转换发展思路和思维方式，在 GDP 崇拜思维下静心思考，重新审视企业发展战略问题。综上所述，笔者斗胆给商界、学界提出一些参考意见。

首先，中国体育用品企业的发展战略应该注意轻重缓急的问题。相比产品核心技术，商业模式创新更显迫切，更具增值潜力；相比企业国际战略，本土市场更具提升空间。当资源有限且市场足够大时，就必须聚焦于主要目标市场或拳头产品，避免面面俱到，拖出消耗企业资源的"长尾"。其次，不能逃避企业发展过程中遇到的棘手问题，例如扎根本土市场、创新商业模式、用好文化红利等问题，难题必须一个个解决，堡垒必须一个个攻克，选择"绕开走"的逃避策略，市场道路就会越走越窄，也容易催生企业贪大求全、投机取巧的发展心理，幻想外面的世界是精彩无比的，陌生的领域是商机无限的，结果得不偿失，掉到另一片红海中去。再次，时尚经济是企业发展过程中可资利用的重要社会文化资源，有关时尚的历史、文化、商业、元素、设计、战略、品牌等问题，需要企业的深入理解与合理运用，"快"时尚、"快"元素不是放之四海而皆准的商业规则。最后，企业竞争没有统一的商业模式，也不存在优劣的商业模式，惟有适合自己的个性化商业模式。商业模式的模仿只会降低企业的市场准入高度，竞争还没开始便输在起跑线上。思想创新或具体创意必须与技术创新享受同等的待遇和尊重，企业内部必须形成尊重创新思想与创意的氛围与传统，并建立相关体制机制来释放、保护、鼓励与运用企业内部萌发的创新思想，这样企业才能内外兼得，集思广益，达成共识，运筹帷幄，走得更远。

有关体育用品产业的理论实证研究必不可少，这将有力推进我国体育产业研究的科学化进程，得出理论描述与宏观探讨的解释框架。但是，基于客户价值和市场一线的行业研究也很重要，却不受学界的关注，主要存在几个认识误区：一是行业研究往往是商界人士关注的问题，一般以企业家会议、商业咨询报告或企业内部报告的形式进行小范围交流，涉及商业秘密和内部信息的部分则很难公开发表。大众商业杂志的理论分析深度有限，学术期刊则普遍缺乏产业实践最新动态信息，理论与市场很难融合到一个层面上进行全面分析与深入解释。二是学界太过于追求研究论文的方法、理论与实证，对学术研究的想象力与判断力，或者一个好的研究创意，缺乏足够的重视，可能失去"跳出传统、转换思路、触类旁通、开拓创新"的理论与实践提升机会。例如，《国际体育传播杂志》（International Journal of Sport Communication，IJSC）、《体育媒体杂志》（Journal of Sports Media，JSM）等学术期刊辟有"行业访谈"栏目，专门针对行业资深人士展开对话，尝试贯通理论与实践两个层面，学界与业界相互交流启发，乃至展开深入合作，促进体育媒体传播行业更好更快的发展。

体育学界的会议研讨和课题研究，可以邀请体育产业实践一线的人士参与，或者站在企业发展的立场，融入到整个行业的生存环境中去思考，要理论逻辑与实证，更要有商业思想与思维，这样的理论研究就会更有说服力。当前学界对中国体育用品产业的研究结论与发展策略，一般包括加大政策扶持力度、加大人才培养力度、加快产业技术升级、加快营销创新步伐、提升产品设计创新、掌握产品核心技术、优化品牌形象、提升国际影响等诸多方面，或者几个要素的组合论证，至少在研究方法与论证程序方面合理合法。但是，在中国体育用品产业发展的初级阶段，在中国本土化的特殊市场环境和要素禀赋条件中，哪些商业战略选择符合企业的比较优势和生存环境，则很值得甄别判断。理论首先是解释、揭示与总结现实，进而超越现实，乃至指导现实，为理想社会找到一条通途。中国体育用品产业要优先发展哪些要素条件？如何进行有效的商业模式创新？如何建立企业的核心竞争力？这些核心问题需要学界在迅速变化的体育商业环境中不懈探索。

参考文献

［1］杨明，李留东.基于全球价值链的我国体育用品产业升级路径及对策

研究［J］.中国体育科技，2008，44（3）：41-46.

［2］杨晓生，史民强.广州市体育用品品牌的发展战略［J］.体育学刊，2011，18（5）：62-65.

［3］李果，刘宪.后配额时代的我国纺织品及服装出口［J］.华东交通大学学报，2005，22（6）：16-19.

［4］张森，杨逸臣.中国体育用品产业国际化发展策略研究［J］.山东体育学院学报，2012，28（2）：18-23.

［5］张瑞林.我国体育用品国际贸易优势分析［J］.体育学刊，2011，18（6）：32-36.

［6］Cunningham C. American Hoops： U.S. Men's Olympic Basketball from Berlin to Beijing ［M］. Lincoln： University of Nebraska Press，2009：385-414.

［7］何桂芳.基于品牌生态系统视域我国体育用品强势品牌塑造研究——以李宁、安踏、361° 等国内一线品牌为例［J］.南京体育学院学报，2011，25（5）：46.

［8］孙冰.奥运年里的运动寒冬：李宁、安踏、361° 上半年净利润下降［J］.中国经济周刊，2012（35）：62-63.

［9］Kobayashi K， Amis J M，Unwin R，et al. Japanese Post-industrial Management： the Cases of Asics and Mizuno ［J］. Sport in Society，2010，13（9）：1334-1355.

［10］邓晓慧，贾荣林.“李宁”品牌的形象塑造［J］.艺术设计研究，2011（4）：15-21.

［11］潘四凤.全球价值链下中国体育用品产业集群升级研究［J］.体育与科学，2010，31（5）：68-72.

［12］尹一丁.商业模式创新的四种方法［N］.21世纪经济报道，2012-06-29（22）.

［13］韩微文.“李宁们”如何自救［J］.企业观察家，2012（12）：96.

［14］陈东.体育与公益［N］.经济观察报，2013-04-22（59）.

［15］张锐.李宁公司的困窘与破解［J］.企业管理，2012（9）：45.

［16］姜汝祥.迷恋技术与客户思维［N］.经济观察报，2013-03-25（43）.

［17］黄璐.中国体育用品产业发展的思维陷阱——李宁品牌困局的启示［J］.体育与科学，2014，35（1）：97-103.

2.3　伦敦奥运会羽毛球消极比赛事件评论

提　要： 结合"尽全力赢得比赛"这一竞技体育公平竞争原则及实践情况，从世界羽联、运动员、媒体与观众等利益相关者权利实现的视角，对伦敦奥运会羽毛球消极比赛事件的社会影响进行学术时评。运动员、媒体与观众有损可见的切身利益，世界羽联有损国际形象，为权力接任者透支了信誉支票。这种凭借世界羽联组织内部自决和正义，英雄主义式的个人精英决策模式，失去制约和监督的无限度权力的使用本质，势必引起更深更广的组织信任危机。

2.3.1　事件简要回顾

2012年伦敦夏季奥运会羽毛球小组赛中国女双组合田卿/赵芸蕾爆冷输球，位列D组第二。为确保中国派出的两支参赛队不在半决赛中相遇，实现赛前包揽女双项目冠亚军的比赛目标，A组于洋/王晓理组合只有取得小组第二，才能避免同处上半区并提前相遇的可能性。同时，韩国派出的两支参赛队也面临同样的境况。此外，印尼组合波利/焦哈利为了在1/4决赛中避开强劲的中国组合，也加入到争夺小组第二的行列。最终造成了两场比赛中的四对女双组合（8名运动员）消极比赛的事实。因比赛双方均主动求输，故比赛场面毫无竞争性可言，产生了恶劣的媒体与社会影响。国际奥委会和世界羽联第一时间介入调查，最终做出了取消四对女双组合奥运参赛资格的处罚决定。

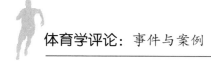

2.3.2 "保存实力"式的消极比赛是国际惯例

尽全力赢得比赛是竞技体育公平竞争原则的基本要求，是运动员必须遵守的比赛准则[1]，也为运动员消极比赛行为的认定与处罚提供了依据。竞技体育作为彰显人类特性的文化和社会存在形式，带有主体意志和个体差异的不可量化分析的主观成分。"尽全力赢得比赛"的概念理解及现实认定具有较大张力，哪些行为是"尽了全力"，哪些行为是"未尽全力"，评价尺度比较宽泛，判断标准比较模糊，很容易引发评判争议，也很容易成为约定俗成的国际惯例。例如，北京奥运会男足小组赛最后一轮，由梅西领衔的阿根廷队已确保小组出线，为保存实力阿根廷队尽遣替补上场，这一行为使现场观众唏嘘不已，高昂票价只为欣赏梅西的竞技表现，球迷并未获得票有所值的精彩比赛。再如伦敦奥运会女足小组赛最后一轮，获2011年女足世界杯冠军的日本队已确保小组出线，为保持实力并且力求在下一轮对阵中避开法国队，日本女足尽遣替补上场，与实力不济的南非队战成平局，从而实现了赛前挑选对手（与巴西队的淘汰赛）的战术目标，这一行为使各参赛队保持沉默，正所谓有人欢喜有人愁。两个案例的共性之处，是派替补上场，降低比赛的竞争力，比赛场面相对比较激烈，场上球员并未表现出明显的消极比赛行为。从学理上来说，阿根廷队和日本队的行为有违"尽全力赢得比赛"这一公平竞争原则精神，但是人类情感和生活习惯为这种保持实力式的消极比赛行为提供话语辩护，"战术需要"成为一种深具解释力的辩词，使之约定俗成乃至合法化。因为没人傻到用尽全部力气去拼一场已成定局的小组赛，加之阿根廷队和日本队替补球员的竞技表现并不消极，分别以 2：0 和 0：0 赢得比赛，更让人无法冠以消极比赛的罪名。

"事不关己高高挂起"，无损利益相关者(Stakeholder)切身利益的行为，总是容易淡忘，来自中立者的价值无涉审判恰逢其时。毕达哥拉斯的观点切中肯綮，奥林匹克赛会不仅有拼命的，还有开店铺和看比赛的，以及场外哲学家的思考。哲学家的冷思考成为权衡事件应有价值的急就章。阿根廷队有损球迷观赛体验的无形利益，日本队有损各参赛队对阵形势的有形利益，媒体传声筒功能把利益相关者的利益诉求表达出来，这些约定俗成的国际体坛惯例重新提上价值审判议程。例如，博尔特在短跑项目上拥有绝对优势，给人留下了后程主动减速且放荡不羁的媒体形象。博尔特在后程的习惯性减速行为，除去道德层面的谴责，显然违背了"尽全力赢得比赛"的公平竞争原则，明显具有冲刺实力却消极对待，应该受到谴责，或提出警告，还是取消比赛资格？博尔特的行为无损利益相关者的切身利益，没有哪一利益受损方站出来维护自身权利，西方媒体只是在过于狂傲的个人道德层面上予以批评。博尔特的行为在人们生活习惯可以理解、容忍并接受的范畴，这种"保存实力"式的消极比赛理当成为国际惯例。

2.3.3 "独孤求败"式的消极比赛是恶劣行为

伦敦奥运会羽毛球消极比赛事件的关键点不在于"保存实力"，而是"独孤求败"。比赛不为体现较高竞争力，而是想尽办法输掉比赛，争取小组第二，为达到赛前挑选对手并获得有利的对阵形势为目的。如果一方有此行为，比赛仍能顺利进行，如果双方均有此行为，形成"死磕"求败的局面，则比赛很难顺利进行。对于该事件的处罚结果，印尼和韩国提出上诉，认为中国队求败的行为迫使本方无奈做出消极比赛的选择。《基督科学箴言报》评论认为，"如果中国队主动求败，他们的对手应该以两局21∶0赢得比赛，然后申诉中国的消极比赛行为[2]"。这种可能性只能停留在理论讨论层面，在现实比赛中，如果对手积极对待比赛，那么中国队也会相应地予以配合，让比赛保持一定的竞争力，最后的结果是中国队达到求败的目的，而对手也不具有充分的上诉理由。印尼和韩国无奈参与进来（自己不得好，也不让中国队有好果子吃），与中国队形成了"死磕"的局面，致使比赛场面极为难看，国际奥委会副主席克雷格·里迪（Craig Reedie）指出："竞技就是竞争力，如果你失去了竞争力的元素，那么整个事情将变成无稽之谈。"[3]双方比的不是技术，比的是谁的发球下网或出界的次数更多，比谁的神情更为茫然和矫揉造作。双方"独孤求败"

式的消极比赛行为毫无竞争力可言，萎靡的比赛场面严重损害了现场观众、媒体和世界羽联的利益，所造成的恶劣影响难以用谴责和警告的惩罚措施敷衍，世界羽联立即举行听证会，24小时内做出取消资格的处罚决定，以平息媒体和观众的愤怒，挽救世界羽联的形象与信任危机。

如何界定阿根廷队、日本队、中国队亦或博尔特的消极比赛行为，是一个不可量化的且带有主观色彩的价值判断过程，主观评价的标准即是否超出道德理解的范畴和生活习惯的框架，是否相对应地侵犯了利益相关者的权利。在足球和棒球比赛中，普遍存在这种消极对待比赛的战术安排，甚至带有故意输掉比赛的意图，一种行业内默认的行事逻辑[4]。如果没有严重侵犯他人权利，消极比赛行为的事实在人之常情能够予以理解的范畴，那么媒体在名义上隔靴搔痒式的谴责便较为恰当。如果严重侵犯他人权利，例如现场观众没有相对应地获得一场精彩比赛的恰当利益回报，赞助商没有相对应地获得较高媒体曝光率的恰当利益回报，职能机构（奥委会、世界羽联等）没有相对应地获得应当有的尊重和信任的恰当利益回报，为了体现竞技体育公平竞争的正义精神，发挥警示后人的示范作用，应当予以相应的处罚。因为不公平竞争行为侵犯了受法律保护的竞技体育社会关系和法律关系，即受法律保护的公平竞争秩序、原则和道德，使比赛失去了真实性，损害了观众的利益，违背了社会诚信和道德秩序[5]。世界羽联给予取消资格处罚的依据是，8名涉嫌消极比赛运动员违反了世界羽联《运动员守则》的"不尽力赢得比赛"和"赛场行为明显损害羽毛球运动"条款，国际奥委会发言人马克·亚当斯（Mark Adams）回应支持了这一处罚决定，认为这种行为不符合奥林匹克价值观，并赞赏世界羽联采取迅速和果断的行动[4]。如果说"保存实力"式的消极比赛是国际惯例，应该相应受到谴责和警告，那么"独孤求败"式的消极比赛则是恶劣行为，应该相应受到严厉惩罚。

2.3.4　规则是幕后推手

双方运动员尽全力输掉比赛，这是难以理解的事情。在严厉谴责运动员道德行为的同时，绝大部分媒体将矛头指向了伦敦奥运会羽毛球项目实行的新赛制，即小组循环赛结合交叉淘汰赛制。羽毛球小组循环赛制的引入可以有效降低明星球员"爆冷"出局的可能性，增加比赛看点和吸引力，同时循环赛阶段比赛场次增多，有助于提高门票、媒体转播和广告收入，对进一步提升羽毛球运动的全球影响和商业价值具有积极的促进作用。新赛制设计的最大漏洞在于，交叉淘汰赛阶段存在本国选手在决赛前相遇的可能性，挫伤了运动员的比赛积极性，正是这一规则漏洞，导致了8名运动员消极比赛的事实。如果采用单淘汰赛制，即有效避免了本国选手在决赛前相遇的可能性。羽毛球新赛制设计是否有意打开一扇窗，尝试转换不同的主导价值。

当前羽毛球运动发展过于集中在少数几个国家，尤其中国羽毛球运动具有绝对实力，这不利于羽毛球项目的全球平衡与可持续发展。如果来自羽毛球强国的本国选手在决赛前相遇，将留给更多的国家晋级下一轮比赛的机会，以此调动这些国家发展羽毛球运动的积极性，达到以项目全球普及发展的目标。与此相对应的，可能以牺牲精彩的比赛为代价，这有违"更快、更高、更强"的奥林匹克运动发展理念。例如世界羽毛球女双排名第一的于洋/王晓理组合和世界排名第二的田卿/赵云蕾组合，如果在决赛前相遇，两强对抗消耗大量体能，而下一轮对阵对手可能在本轮面临以绝对优势胜出的情况，为下一轮对阵预留体能储备（保存实力），这对两强对抗的胜者的下一轮比赛是不公平的。同时两强在决赛前相遇，最激烈最精彩的比赛提前在半决赛中上演，原本决赛中的巅峰对决，可能因为对手实力差距太大而沦为"鸡肋"，达不到最优的赛制安排效果。再如伦敦奥运会乒乓球男单决赛，张继科和王皓的对决精彩纷呈、高潮迭起，如果两强提前在半决赛相遇，不仅可能引发保存实力式的消极比赛，也会因为决赛双方实力差距过大，导致决赛平淡无奇、毫无悬念，最终将毁掉全部的比赛，项目的可持续发展更是无从谈起。

世界羽联的新赛制设计希望看到的结果，是基于正义与纯粹的精彩的比赛，还是基于区域平衡的世界羽毛球发展格局。鱼和熊掌不可兼得，平

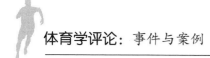

衡羽毛球的区域发展必须建立在正义与纯粹价值主导的精彩的比赛基础之上，这样才能夯实前进的脚步。犹如一场短跑比赛，跑得慢的运动员使点劲，跑得快的运动员被拉扯一下，正好缩小差距，貌似激烈和精彩。新赛制设计不能以限制羽毛球强国的竞技表现为代价，来平衡各国羽毛球运动发展，这样的格局看似实力接近，实则鏖战乱战，达不到单项技术水平发展的历史高度，反而对项目未来可持续发展造成不利影响。张继科和王皓的对决极富技术想象力，关键球或精彩球引得观众阵阵喝彩，球迷超越了国籍和种族，从技术运用的角度观赏与享受比赛。从某种意义上来说，"更干净、更人性、更团结"的奥林匹克运动发展新理念，不是为平衡各方利益的规则公平、内无正义、就地分赃、一团和气。世界羽联应该积极主动地推进羽毛球落后国家的技术发展，而不是利用赛制和规则的张力，限制羽毛球传统强国的竞技表现，这是完全有可能做到的事情。例如伦敦奥运会羽毛球男单决赛，坊间称为"既生瑜何生亮"的羽球历史经典，正是李宗伟在半决赛淘汰了世界排名第三的中国选手谌龙，使林丹和李宗伟的对弈充满悬疑和紧张感，使媒体深具卖点，比赛极富看点，无形中扩大了羽毛球运动的世界影响。

2.3.5　动了谁的"奶酪"

在这场莫须有的权利闹剧中，从有形利益到无形利益，造成了利益相关者的双输局面，从世界羽毛球运动产业链的视角，没有最后的赢家。观众的愤慨，网民的谩骂，广告商和媒体集团的利益损失，8 名优秀运动员付出的艰辛努力化为泡影，运动员的名誉无法挽回，世界羽联的声誉和权威性广受质疑。犹如 1919 年 MLB（美国职棒联盟）"黑袜事件"（Black Sox Scandal）和 1994—1995 赛季大停摆造成的负面影响，利益相关者双输局面为项目发展抹上了阴影。

赛制漏洞是造成消极比赛事件的源头，世界羽联负有不可推卸的责任。令人匪夷所思的是，中国队引领世界羽毛球运动技术的发展方向，位列世界羽毛球运动五大强国的中国、韩国和印尼队竟然未吃透理解新赛制，影射出世界羽联并没有经过严谨的赛制审定程序，便草率实施了新赛制。竞争规则必须是所有竞争方，至少是多数竞争方或他们的代表共同商定或认同的[6]。赛制修订问题必须体现程序公平的精神，必须遵循多数国家或成员国代表参与的审议程序，运动员应该发自内心的自愿参与比赛，必须参与规则商议（或代表参与）并认同达成共识的规则。世界羽联无视各参赛队在赛制审议问题上的代表权和话语权，自行修订实施未经程序审议的新赛制，权力精英智慧主导并遗留的木马程序，最终引发了影响恶劣的消极比赛事件。事件发生后，国际羽联立即指控 8 名运动员消极比赛的事实，世界羽联主席向公众与媒体道歉，谴责运动员令人羞耻的行为。世界羽联试图以审判者的角色自居，撇清权力机构应当承担的不可推卸的领导责任。当事件持续发酵，批判矛头纷纷指向新赛制时，国际羽联迫于压力表态将考虑修改赛制。

需要有人或机构站出来为媒体与观众的利益损失负责，世界羽联明哲保身，把运动员推了出去。运动员是最无奈的受害者，承担了世界羽联的停赛处罚和媒体、观众的道德谴责双重压力。世界羽联要维护机构的无形利益，保持机构的良好形象和永远正确的权力神话。观众和媒体要维护自身的有形利益，必须有人为此负责，讨一个聊以自慰的说法。那么运动员的汗水、付出与梦想，以及任意被剥夺的权利，由谁来负责？因权力机构"顶层设计"问题导致的消极比赛行为，与运动员出于经济利益、道德失范等因素蓄意"让球"行为[7]，应该予以区分，并在实行具体处罚时予以减轻处罚的考虑。对于国际奥委会和世界羽联而言，给予运动员取消资格并保留禁赛更长时间的权利的处罚决定，可能不是一个"正确的决定"，却是一个"恰如其分的决定"。新赛制炮制的消极比赛丑闻，把世界羽联和运动员串成了一条绳上的蚂蚱，世界羽联给出的说法既要让媒体和观众满意，又要顾及绳上绑着的那支蚂蚱的感受。

2.3.6 无限度的权力

世界羽联的信任危机并非个案，综观伦敦奥运会，比赛争议频繁，裁

判新闻不断，原本为运动员和媒体服务的权力机构站在镜头中央，出尽了新闻风头。场地自行车项目不设申诉程序，体操比赛申诉与改判频繁，铅球比赛成绩反复认定，跳水、赛艇、场地自行车比赛也可以重比一次，种种乱象的背后，透视出裁判出错、冷漠、激怒的媒体形象。权力机构应该为参赛者、观众和媒体服务，并致力于参赛者与观众、媒体之间的互动与理解。权力机构不能以审判者的角色自居起来，迫于消费市场的压力，盲目迎合观众和媒体的利益需要，肆意践踏运动员的权利要求。

从表层意义来看，伦敦奥运会羽毛球消极比赛事件，反映出权力机构与参赛者之间缺乏相互沟通与理解，权力机构并未充分尊重参赛者商议赛制与规则的权利，而参赛者在权力机构出错的状态下，并未给予理解并秉持良好的道德要求，反而将错误进行到底。实质上是精英竞技的过度职业化导致的异化结果，最高权力（决策层）日渐放纵与固化成"贵族俱乐部"，并与运动员和观众拉开了身份距离，造成了价值割裂和对话困境的局面。国际奥委会作为行业内至高无上的权力机构，没有任何国际组织、国家、群体能够对其形成实质性的制裁，这为权力的无限度使用埋下了伏笔。媒体审判是掣肘世界羽联权力无限度使用的有效利器，媒体的舆论监督力量，批评谴责乃至产生的舆论压力，可以给予组织权力承认问题、致歉声明、相关人员主动辞职等实质性的行动回应。媒体站在运动员利益的立场上施加的舆论压力，致使世界羽联对8名消极比赛运动员做出了从轻处罚的决定。这场由世界羽联无限度的权力主导的丑闻事件中，媒体、观众、运动员失去了可见的切身利益，世界羽联为权力接任者透支了信誉支票，可能导致进一步的国际形象与信任危机。

今后几年，世界羽联必然要审时度势，收敛权力滥用的霸权主义行为，为世界营造一个积极的媒体形象。伦敦奥运会羽毛球消极比赛事件亦将载入史册，成为项目发展史中那无法抹去的败笔。无论时光如何流转，这种凭借组织内部自决和正义，英雄主义式的个人精英决策模式，失去制约和监督的无限度权力的使用本质，势必引起更深更广的组织信任危机。

参考文献

［1］Loland S. Fair Play in Sport：A moral norm system ［M］.New York：Routledge，2002：133.

［2］Sappenfield M. Olympics：Why booting the badminton teams was the right call ［EB/OL］.（2012-08-01）.http：//www.csmonitor.com/World/Olympics/2012/0801/Olympics-Why-booting-the-badminton-teams-was-the-right-cal.

［3］Gibson M. The Un-Olympic Spirit：Eight Badminton Players Disqualified After Attempting to Throw Their Matches ［EB/OL］.（2012-08-01）.http：//olympics.time.com/2012/08/01/the-un-olympic-spirit-eight-badminton-players-disqualified-after-attempting-to-throw-their-matches/.

［4］Belson K. Olympic Ideal Takes Beating in Badminton ［EB/OL］.（2012-08-01）.http：//www.nytimes.com/2012/08/02/sports/olympics/olympic-badminton-players-disqualified-for-throwing-matches.html ？pagewanted=all.

［5］陈书睿.论运动员公平竞争权——法学的视角［J］.武汉体育学院学报，2011，45（7）：42-47.

［6］徐梦秋.公平竞争的要件与形式［J］.哲学研究，2005（10）：95-100.

［7］金晶.竞技体育"让球"现象透析［J］.南京林业大学学报（人文社会科学版），2007，7（4）：145-148.

2.4　巴西世界杯足球赛全景时评

提　要：采用"学术时评"这一非常规的研究类型，对巴西世界杯足球赛的竞技格局变化、门线技术应用、体育英雄崇拜、中国足球发展等问

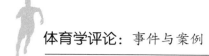

题进行了讨论。评论分析认为，欧洲豪门小组出局，反映了联赛球员外包的商业后果。亚洲球队一场未胜，映衬了对手取得的进步更大，竞技实力提升更快。门线技术无瑕表现，这一历史地标性的裁判变革必须立此存照，作为控诉科学技术吞噬人类主体性的证据。体育英雄并未退场，尝试厘清体育明星和民族英雄的边界。关于中国足球的未来想象，建议启动土豪足球发展模式。

2014年国际足联世界杯（2014 FIFA World Cup）落下帷幕，有太多的行业与技术问题需要反思，避免更多的新锐观点遗弃在历史的垃圾桶里。采用"学术时评"这一非常规的研究类型，侧重于新认识、新观点、新评论，力求拉近理论与实践的距离，力避研究的方法论、系统性和实证过程，为实践问题建立快速反馈的解释机制。重申学界稀缺的想象力、判断力和洞察力，在更广泛的发展理念、社会和文化意义上，分享新的研究想法和观点，为后继实证研究提供更多的认识基础。

2.4.1　关于欧洲豪门小组出局

本届世界杯赛冷门迭出，让人深深感到竞技不可预知的本质和无穷的魅力，至少不是霍金那种"科学化"的数学公式能够解释的，科学发展尚且没有达到解释人类主体性这一复杂系统的地步，也从一个侧面映射出人类认知和社会文化的丰富性和多元化存在。世界职业足球五大联赛国家中的三个国家代表队，也有普遍说法为世界职业足球四大联赛（除法甲），即英格兰、西班牙、意大利队小组赛淘汰出局。尤其是世界职业足球第一联赛国家、霍金预测本届世界杯赛冠军英格兰队，2010年世界杯和2012年欧洲杯双料冠军西班牙队，小组赛提前一轮淘汰出局。四大联赛国家仅剩德国队小组出线。排除赌球操纵、球队内讧、职业赛事引发球员疲劳等诸多因素的影响，从运动员跨国流动的视角，能获得一个崭新的解释。

沃勒斯坦的世界体系理论认为，当前层级化的世界体系是历史积累与演变的结果。全球职业足球市场的层级结构是由核心区（五大国家联赛）、半边缘区（荷甲、葡超、巴甲、阿甲、土耳其超等）、边缘区（瑞士超、丹麦超、俄超、J联赛、中超等）、外部区域（伊朗甲、沙特甲、卡特尔甲、突尼斯甲、芬兰超等）。世界范围内的精英球员由核心区向外部区域依次完成科层制的资源分配过程，球员突出的竞技表现是晋级更高级别联赛市场区域的"资本"。核心区代表了更多的商业利益、更高的竞技荣誉。世界上最优秀的球员聚集在五大国家联赛市场，抛开薪酬、语言、关系网络、价值观等跨国流动因素的影响，球员梦想站在更高的联赛平台上证明自己的竞技实力和社会价值，由此也引发了外籍球员和本土球员之间的社会争议。

外籍球员的大量涌入挤占了本土球员的生存空间，一方面联赛市场的商业价值得以飙升，另一方面本土优秀球员的匮乏，使国家代表队的竞技实力止步不前。英超联赛和英格兰代表队就是典型的案例。英超联赛被誉为世界足球第一联赛，曼联、切尔西、阿森纳、利物浦等豪门俱乐部过度依赖外籍球员的作用和贡献，或许曼联的锋线永远是留给世界上最有才华的球员。英超联赛将赛事最核心的人力资源环节（运动员和教练员）外包给世界范围内具有足球运动天赋的人，无须在本土球员培养方面付出大量的基础性工作，便能让英超联赛具备充盈的精英球员储备，降低了品牌赛事高昂的成本投入，运用最经济便利的方式赚得盆满钵满。这种结果只能属于老牌资本主义国家的特权，由殖民历史和后殖民主义建构的科层化世界体系。

或许历史是公正的，世界是公平的。外包可以降低成本，但也相应弱化了外包环节的自我生产能力。豪门俱乐部甚至整个国家联赛的利益共同体趋利避害，奉行"拿来主义"和后殖民主义路线，消解了本土球员的生产能力和民族防线。英格兰队的本土锋线后继乏人，除了鲁尼还是鲁尼，鲁尼的大赛表现成了"萎靡"的代言词。竞技必须分出胜负，非此即彼，社会却有多种选择，多彩人生。职业体育（Professional Sports）和精英体育（Elite Sports）不是非此即彼的两条路线，而是可能存在交集的一条道路，即"两手抓，两手都要硬"。这就好比北京奥运会后，学界对中国精英体

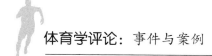

育改革发展的争论，既要保持北京奥运会积累的精英体育发展优势，又要大力发展职业体育、大众体育、学校体育、体育产业等社会领域，大国崛起完全有能力在涉及体育行业的多个专业领域全面开花，中国有基础、有能力、有自信去完成这样一个自身定位，而非极端地认为精英体育淡化了，大众体育才有生长空间。或者说即使把主要精力从职业体育抽离，大众体育也不一定能发展得更好，这是一种互为掣肘、相辅相成的关系。好比中国特色社会主义共同富裕理念，整个国家体育系统也应该根据行业内的资源禀赋条件，走经济便利的优先发展战略。精英体育的崛起就是一个社会示范工程，一个占据高地摇旗呐喊的士气鼓动者形象[1]。

职业足球（联赛层面）和精英足球（国家队层面）"两手抓，两手都要硬"的典范，无疑是巴西世界杯足球赛冠军德国队。德意志的灵魂在巴伐利亚，巴伐利亚的心脏在慕尼黑。德国足球的塔尖在德甲，德甲的核心在拜仁慕尼黑。由拜仁慕尼黑俱乐部为班底组建的德国队主力阵容，不仅彼此熟悉、能力超群、配合默契，主力锋线全部来自拜仁团队，也有力传承了现代德国的严谨性、纪律性、顽强不屈和精耕细作的日耳曼民族精神。德国队是近几届世界杯赛成绩最稳定的队伍，以体力充沛的年轻球员为主，很难想象在本届世界杯赛上，德国队主力球员精湛的技术和强大的中场控制能力，迫使以脚法细腻、艺术足球著称的巴西队、阿根廷队打起了长传冲吊。德国队不懈学习、渴望进步的精神造就了一个完美的技术神话，身材高大、战术多元、脚法细腻、配合娴熟、全攻全守、富有激情，德国足球博采众长，取得了长足进步，也终于硕果累累。德国体育在青训体系、联赛体制、职业体育、体育科研、信息搜集等各个方面做了大量的工作和努力[2]，这种短期不见成效的基础性工作夯实了德国足球的可持续发展根基，也否定了英格兰足球那种凭借后殖民便利条件，疯狂掠夺全球精英球员资源，"有便宜不占白不占"的商业心理和行业行为。

法国队算是一个特殊案例。法国队凭借移民归化球员的优势，维持了较高的国家队竞技水准，也折射出世界足球功利性的一面。巴西世界杯赛上，归化球员或改籍球员呈井喷式出现，阿尔及利亚、瑞士等国家代表队大量归化移民球员，以便短期内提高比赛成绩，足球移民改变了世界足球原生态的竞争格局，让世界足球发展充满了功利性和商业色彩。历史依然是公正的，世界依然是公平的。正如南非世界杯足球赛上演的"国歌门"事件，归化球员抱以某种功利的目的，很难放弃原本的民族认同和家乡情感，很难融入到新的国家文化和社会生活中，逐渐蜕变为崇奉族群文化的"沙拉碗"，为移民迁入国平添了社会不稳定因素。

不付出艰苦努力，妄想占尽便宜，哪来这等好事。职业足球联赛球员外包的商业后果，导致国家代表队后继乏人，欧洲豪门纷纷小组出局也便可以理解。德国队夺冠的最大启示无疑是人类普适的价值认知，即一分耕耘一分收获，世界总是公平的。

2.4.2　关于亚洲球队全军覆没

2002年韩日世界杯赛之后的亚洲足球获得了长足发展，尤其是日本队、韩国队的进步有目共睹，本届世界杯赛上日本队有10人、韩国队有10人、澳大利亚队有5人、伊朗队有3人在五大联赛踢球，日本队和韩国队足以组建一支国际豪门纵队。日本国内舆论将出征本届世界杯赛的日本队誉为史上最强，主力锋线本田圭佑更是豪言勇夺世界杯冠军。然而，想象与现实之间总是差距甚大，赛前预测也无法掩盖亚洲球队全军覆没的事实。关于输球原因分析，大致有球队内讧；战术打法落后，过于追求控球率，进攻效率偏低；多数主力球员在海外踢球，磨合时间不足，准备不够充分；比赛中缺乏"侵略性"等。

世界足球整体在进步，那么相对而言，止步不前就是一种退步。进步幅度小的比起进步幅度大的，相对而言也是一种退步。在言必称"全球化"的时代，这种现象以及引发的结果日趋普遍。以亚洲男子篮球运动为例，中国男篮的霸主地位开始瓦解，亚洲篮坛格局突变。2013年8月13日，中国男篮结束了菲律宾男篮亚锦赛征程，名列第五位的成绩也成为中国男篮一队征战亚锦赛历史上的最差战绩。中国男篮兵败马尼拉的原因、实践意义和未来走向，是需要球员、教练组、管理层、业界、学界共同反思的

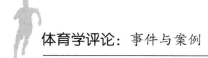

问题，以期在经历后痛定思痛、惨败后深入反省、沉沦中迅速警醒，触底后强势反弹，再铸辉煌。缺少姚明的中国队沦为亚洲二流水平，虽说姚明的作用无可替代，却也不是颠覆性的。缺少姚明的中国男篮同样取得了2011年亚锦赛冠军，获得了2012年伦敦奥运会比赛入场券。

比赛成绩可以在一定程度上证明球队的竞技实力，此外也要考虑心理、裁判、运气等不可控因素的影响，却不可以与球队进步幅度划等号。本届世界杯赛上英格兰队、意大利队、西班牙队、日本队小组出局，只能说明同组对手实力更强，或者同组对手运气更好，无法纵向比较得出英格兰队、意大利队在开历史倒车。同样的道理，中国男篮兵败马尼拉、日本男足兵败巴西，并不能说明中国男篮、日本男足在退步，或者说较小的进步幅度不足以取得跨越式的比赛成绩。惟有更合理的解释：不是我们不努力，不追求进步，而是对手太强大，进步太快。

2013年男篮亚锦赛中，归化球员担当了绝对主力位置，诸如韩国的埃里克·桑德林、日本的JR-樱木、中华台北的昆西·戴维斯三世、菲律宾的马库斯·多希特、卡塔尔的贾维斯·海耶斯、哈萨克斯坦的杰里·约翰逊、巴林的切斯特·贾尔斯、约旦的吉米·巴克斯特，相对于引进归化球员直接提升竞技实力，中国队原地踏步就是一种退步。曾几何时，林书豪代表中国出征的网络舆论此起彼伏，最终沦为茶余饭后的笑谈。网络舆情的见解也不无道理，如果中国男篮归化一名"姚明式""林书豪式"球员，必然重回亚洲霸主地位。事实上，新加坡女子乒乓球队依靠中国归化球员的贡献，迅速成为世界女乒强国。同样的道理，在本届世界杯赛上日本队、韩国队的进步幅度远不及对手，与日本队同组的哥伦比亚有13人、希腊有11人、科特迪瓦有13人在五大联赛踢球，与韩国队同组的比利时有17人、阿尔及利亚有13人在五大联赛踢球，其中俄罗斯队球员全部在俄超联赛踢球。两相比较，日本队、韩国队的海外球员毫无优势可言。尤其是本届世界杯赛上阿尔及利亚归化球员达到14人，全部来自法国，而在2010年南非世界杯赛上高达17人。阿尔及利亚完全是法国队的翻版，与阿尔及利亚同组的韩国队，即使取得了长足进步，输球也在情理之中。

　　藉此延伸讨论中国精英体育发展问题。总体上而言，世界诸国对举重、跳水、体操、乒乓球、羽毛球等市场价值偏弱的项目逐渐失去了发展动力，而对足球、篮球、网球等市场前景广阔的项目逐渐加大了资源投入，这是全球化和民族性冲突与调适的结果，更多的民族国家需要在全球化浪潮中证明自身的存在价值和国家身份。西亚"金元体育"和东亚韩日足球的崛起，为传统意义上的亚洲社会融入全球化进程发出了强烈信号，在国际主流的高竞争力项目中彰显民族国家的影响力和合法性，藉此确认自身的民族自信和国家身份。值得提出的是，中国与国际脱轨的战略选择，来源于近代寻梦"奥林匹克"的民族经历，以及改革开放之后体育行业的资源禀赋条件。

　　当今世界惟有俄罗斯、加拿大、美国、巴西、澳大利亚、印度等大国有能力全面投入奥运项目竞争，没有哪个国家愿意耗费更多的资源进行全面投入，中国重点投入所有的"软金牌"项目，也是市场价值偏弱、较低国际竞争力、世界诸国不愿投入更多资源的项目，诸多的"软金牌"凑成了"航空母舰"，藉此为竞技体育"举国体制"的优越性提供持久、坚挺的辩护证词。正如中国男篮、日本男足失利的隐喻，中国取得夏季奥运会强国的地位，只能说明在举重、跳水等不被他国重视的软金牌项目上具有比较优势，而不能纵向证明这些软金牌项目的进步幅度，也要考虑到刘翔、姚明等特例球员（百年难遇的历史馈赠）的影响，更无法证明竞技体育"举国体制"的优越性和继续存在的合法性。这就是精明的中国人一直在做的事情，也是一系列奥运争光计划追求的目标，深谙只要凑够金牌数、奖牌数便能为"举国体制"创造合法性，也为"举国体制"的触角伸向并长期控制大众体育、职业体育、体育产业等社会领域，以维护既得利益格局实现合法化。

　　在今天，任何给当代中国的现实下定义，做概念上的和规范性的总结的企图都必定无效，但我们的确可以指出许多名与实之间的错位。这种存而不论的态度里面也许有一种实用主义的智慧，但也许也有一种"争论也争论不清楚，不如先这么混下去再说"的玩世不恭在里面[3]。正如一个世纪悬而未决的体育概念之争，每个人的心里都放着一个大尺度的体育想

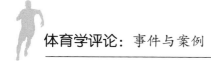

象，夏季奥运会强国一不留神就成了竞技体育强国甚至无所不包的体育强国，有关竞技（Sport）的讨论一不留神就成了"游戏"（Game），步子再迈大一点就成了"玩耍"（Play），斗鸡争雄好不热闹，或许将概念争论留给下一代人这种不负责任的做法是当下最负责任的选择。离题甚远，话说回来。本届世界杯赛亚洲球队全军覆没，不是韩日不进步，而是对手太强大。中国登基夏季奥运会强国，不是中国太强大，而是对手不进步。

2.4.3　关于门线技术无瑕表现

引入技术辅助比赛裁判过程已经不是新鲜事，网球比赛"鹰眼"系统，足球比赛门线技术，以及伴随电视媒体的普及而来的视频回放技术，都在改变着原生态的比赛格局。引入技术辅助比赛裁判过程引发了长期的争论，结果毁誉参半。职业网球四大满贯赛事、部分重要板球赛事、美国职业冰球联赛等职业赛事均启用了技术辅助裁判系统，国际足联在2013年联合会杯赛和2014年世界杯赛上正式启用门线技术，由于世界杯足球赛的全球影响力，有关技术辅助比赛裁判的社会激辩达到了顶峰。

面对来势汹汹的全球技术流，国际足联抱以保守主义的态度，一直在是否启用门线技术问题上来回摇摆，国际足联官网曾经发布拒绝使用门线技术的观点，认为[4]：（1）引入门线技术会破坏足球比赛的简单性和普遍性（在任何条件下的比赛都是一致的，这是足球运动的流行和成功之处）。（2）会影响足球比赛的流畅性和节奏感。（3）也要对其它裁判技术系统"敞开怀抱"。（4）球迷们喜欢讨论争议性的判罚，享受由人为错误所提供的娱乐价值。（5）球门线技术尚不成熟，可靠性还有待检验。（6）门线技术会削弱裁判的判罚质量。（7）门线技术的成本昂贵而难以推行。（8）门线技术的测试成本过高。国际足联的这8大反对理由，除了第4条值得深入讨论之外，其它的理由都是无关痛痒的"小问题"。国际足联是典型的"土豪"，嫌贵估计没人敢相信。裁判放弃门线判罚的权利丝毫不会影响到其主体性和权威性的体现。基层比赛同样难以实现标准化的裁判资源配备，足球比赛的简单性和普遍性是相对而言的。相对于裁判员的延迟吹哨，仅 1 秒的门线技术反应时间，不会影响足球比赛的流畅性和节奏感。

2010 年南非世界杯淘汰赛英德大战中的"兰帕德冤案"再次触碰到球迷认知的底线，人类认知和感官能力的局限性又捅了一个大篓子，该事件直接引发了国际足联支持推行门线技术的决心和立场。接下来的局面有目共睹，门线技术的表现完美无暇，从此再不会有门线"冤案"。李力研说出"人类是一种天然有缺陷的动物"这句话后，紧接着还有一句话是，"体育的意义之一则在克服这种缺陷[5]"。这是针对人类体质、体能的身体本能而言，竞技在于个体意义上且尽最大努力去克服身体和心理的缺陷。人类大腹便便也可以生存和生活，而在当下中国社会，男人挺着一个"大肚子"似乎也是一种"官衔"与"富态"的象征，这种功利化的、扭曲的社会价值观绑架了年轻一代人的健康梦。技术替代了人类劳作与生活中的若干部分，或者说人类身体和意识行为的若干环节外包给技术予以实现，美其名曰"人类意识的延伸"。健硕的身体在日常生活中失去了功能性和审美性效用，大腹便便和审美扭曲占据了人类的想象空间。

正是竞技这种消耗能量，且持续做着社会"无用功"的人类行为，为克服人类功能性退化提供了机会和可能。门线技术拥有的 100% 精确判罚能力，彻底颠覆了裁判员的主体性和权威性。面对万能高效的辅助裁判技术系统，裁判员在门线判罚这一认知范畴中的思维意识表现显得幼稚、多余，实质上裁判员让渡了门线部分的判罚权给技术系统，裁判手表发出振动（球体越过门线提醒）就吹哨，纯属"机械运动"，从此"高枕无忧"，人类可以"停止门线思考"了。这是一个技术万能论甚嚣尘上的时代，也是技术逐渐替代人类功能性的过程。本届世界杯赛上的裁判喷雾器、医用"502"缝合胶、飞猫摄像机系统、门线技术、视频回放技术、MAGAM 比赛技术分析系统……甚至开幕式上出场亮相的那位借助仿生助力机器衣系统"重新行走"的残疾人平托，犹如影视大片中频繁的广告植入，比赛中的高科技产品植入无所不在。

技术对人工的取代一旦到达某个极限，就很可能引发资本主义长期甚至是无法消解的危机。[6] 至少从慎重应对未来技术危机这个议题上，国

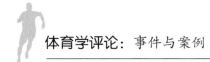

际足联充分考虑并坚守人类主体性的历史遗产，实践中奉行保守主义路线，具有某些社会根源和理论依据。在缺乏对未来世界足够的判断和控制力的局面下，选择保守姿态至少比激进政策要来得平稳。国际足联官网有关启用门线技术的第3点担忧观点不无道理，正如普罗米修斯盗火的现代性隐喻，以及一系列可以预见的技术失控性后果，门线技术已经让"技术火种"在人类主体性主导的竞技活动中燃起，人类无法承诺能够控制火势蔓延而不被吞噬。犹如全球核武器扩散问题，各国政治家没有一个不知道核战争可以毁灭世界，可悲就在于没有人要发动核战争，可是没有人能保证不会发生核战争[7]。

　　保证比赛公平竞争是启用门线技术唯一值得信赖的理由，也是技术解决人工裁判局限性甚至裁判腐败问题的合法性根源。技术已经彻底解决了门线争议，而且做到极致完美。例如，在本届世界杯小组赛法国对阵洪都拉斯的比赛中，本场法国队第2个进球，守门员在门线处侧身压球，无意间碰球过门线，裁判员的站位盲区和感官能力无法为正确判罚提供依据，只能凭借裁判经验做出想象性选择，这就沦为赌"大""小"的博彩游戏，人类认知和感官能力的局限性必然导致"门线冤案"。那么，底线、边线、越位、禁区、中场等判罚争议怎么解决？人类竞技的下一个站点是尽早对其它裁判技术系统"敞开怀抱"。裁判员的主体性和权威性荡然无存，最终沦为裁判机器人世界杯赛。人类对克服自身缺陷失去了信心，主动放弃了在竞技的自我锻造中实现救赎的机会，竞技世界没有了喧嚷和争议，无聊感和孤独倾袭而来。

　　科学技术的强势地位正挤占人类的主体性空间，如果技术异化提前散布开来，人类就不存在历史和记忆，更不会有马拉多拉"上帝之手"的经典争议。或者毫不夸张地说，机器、系统和程序必将终结人类的情感世界，以承认人类存在某种天然的缺陷为认知基础，这对于人类主体性而言是扼腕叹息的大事件。诚然，这里必须排除假球、黑哨的特例情况，也可以映射到本届世界杯赛上频发的裁判争议事件，正如竞技体育公平竞争道德规范中的"尽全力赢得比赛"原则，裁判员已尽全力而不能做得更好，是因为人类的某种局限性和场上的特殊情势，而不是出于人类性格的阴暗面，难以填满的欲壑主导的人为判罚因素，这就值得谅解和宽恕。球迷应该庆幸至少还存在越位争议、禁区争议、中场争议，在喧嚣社会和吐槽空间中驱赶心灵的空虚和无聊。门线技术攻陷最具全球影响力的运动项目，这一历史地标性的裁判结构性变革必须立此存照，作为今后人类遭受历史审判之时，控诉科学技术吞噬人类主体性的证据。至于我们这一代体育人，坚守竞技世界中人类主体性的最后防线，或许是一辈子为之抗争的人类权利事件。

2.4.4 关于体育英雄并未退场

尼采发出"上帝死了"的呼喊，迎来了信仰覆灭的大众文化时代。这是对泰罗制工业化、"人是机器""单向度的人"等现代社会异化的批判，也是对历史上各类英雄"退场"的挽歌。大众这一社会群体的出现，以及其"价值削平"的文化理念，必然使"英雄无用武之地"，明星则是作为英雄"退场"后的替补物和填充物"出场"的，英雄真的"死了"[8]，明星替补"出场"，俨然成为学界的共识。然而，精英体育中挥之不去的民族情绪现象，不断撩拨着学人的神经，本届世界杯赛上的苏亚雷斯、德罗巴、梅西、罗德里格斯、内马尔等球员流露出的浓烈民族情感，在黯然泪下的感人场景之外，更不能简单地定性为英雄"死了"，抱以视而不见的学术态度。中国球迷能够为"他者"的民族情绪感染，能够感同身受流出珍贵的眼泪，将不平静的内心情感转化为歇斯底里地谩骂和讽刺的社会行为，其背后蕴含的民族、社会与文化价值问题值得列入社会学的研究议程。如果真的是"明星"出演的赛事，博君一笑也便作罢，娱乐之后各奔东西，更无须为"他者"付出真感情。如果真的是"商业"主导的赛事，中国男足输球还是赢球谁在乎，日进斗金是正解，哪来铺天盖地"唾骂"中国队的话语。

随着近年来地缘政治冲突的愈演愈烈，民族主义问题的回潮，英雄似乎"复活"并走向了"前台"，宣告新一轮的"出场"演绎。或者说福山的"历

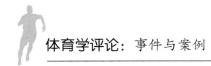

史的终结"是资本主义冷战阵营应激过度、无病呻吟的产物,历史是延续的,英雄从未"退场",只是在物欲横流的全球化社会景观和纸醉金迷的个人欲望追求中,人类的内心世界遗忘了英雄的存在。夏季奥运会、世界杯足球赛是典型的精英体育赛事,以民族国家、民族主义、民族情绪为核心动力源泉,追求"更快、更高、更强"的理念,很好地契合了资本主义利益最大化、民族解放、民族自决等全球大事件的精神诉求,犹如世界历史那永不停息的车轮,裹挟民族情绪一路前行的世界杯足球赛,聚集了全世界的目光和人气,赚得盆满钵满,赢得了世界首要赛事的荣誉称号,也沦为近代"想象的共同体"滥觞并泛滥中的民族国家极力证明其政权、社会与文化合法性存在的彰示物。每个民族都渴望获得世界的尊重,渴望站在世界欲望的中心,绞尽脑汁琢磨,不惜资源投入。以卡塔尔"金元足球"战略为最,成立 Aspire 足球青训学院,培养年轻一代的本土球员;重金打造Q-League 联赛系统,引进国外优秀运动员和教练组,提升卡塔尔足球在西亚地区的影响力;注资比利时 K.A.S 足球俱乐部,为本土球员的欧洲发展提供"跳板",为提升国家队竞技水平提供条件等一揽子国家体育政策的制定与实施[9]。

　　竞技的巨大魅力在于比赛过程的扑朔迷离和比赛结果的不可预知,亦不是历史旋律的翻唱机,不仅需要付出与回报、量变到质变的默默耕耘,也需要历史机遇和比赛运气的眷顾。如果将国家的支持和全面投入喻为"技术系统",那么球员就是技术标准化生产线下的特殊产品,一些完美的甚或不合格的"技术产品"在赛场上驰骋,人类主体性引领下的个人足球天赋褶褶生辉,成为人类超强意识能动性的代名词,也为体育英雄情结的回潮提供了孕育土壤。英国历史学家卡莱尔认为[10],神明、英雄、先知、诗人和教士,都是旧时代英雄的不同形式,他们产生于极其遥远的过去,其中有些早就失去存在的可能,但对英雄的崇拜总是不断变化的,各个时代有不同的形态。技术扫清了鬼神,和平抚平了创伤,"时势造英雄"亦当重新定义和抒写。竞技是和平时期最大的"冷战"博弈,足球则是"中心战场"。足球与某种国家强大的特质连接起来,与某种民族成长的性格联系起来，赋予了更多的民族叙事和国家认同的内涵。

人类对意识能动性的膜拜和超能力的赞叹是一如既往的，明星球员精湛的技术表现总能赢得满堂彩。然而，明星球员不可能一直保持良好的竞技状态，又有多少明星球员在事关国家荣誉的重大比赛中发挥失常。人类借助"技术系统"长期获利，改变了国家与社会发展状况，却又从内心深处排斥这套拥有自主进化能力的"技术系统"。"技术系统"强大的改造能力和控制欲望正在消磨人类渴望自由的天性，人类渴望超越"技术系统"魔咒的个性表达和能力发挥，并以某种形式的人类领袖或英雄形象站出来，代表他们的意志。卡莱尔认为[10]，社会是建立在英雄崇拜的基础上的，一个英雄从各方面来说都是英雄，首先是他的灵魂和思想。老迈的德罗巴是非洲"象牙海岸"最励志的传奇人物，是非洲年轻一代的明星偶像，更是解放科特迪瓦人内心世界的民族英雄。2014 年巴西世界杯小组赛科特迪瓦对阵日本队的比赛中，第 62 分钟替补登场的德罗巴发挥了奇兵功效，是主教练临场变阵智慧的体现，也是德罗巴的灵魂和精神感召力使然，这种场上的渲染力和威慑力无形激发了本队球员"勇敢"和"淡定"的情绪，两次成功的边路传中破门犹如神灵附体，无量变基础却发生质变，这就是足球比赛中"一球定乾坤"逆袭的独特魅力。

正是由于民族主义甚嚣尘上的全球弥散氛围，让以足球比赛为表现形式的这种参与国家间竞争的情绪推向了高潮。尤其是处于"世界体系"中的亚非拉落后地区的国家人民，更加狂热地相信球员凭借个人足球天赋和通灵表现能够将他们从这片贫瘠的土地中拯救出来，只不过是以赢球之后精神世界的充盈形式。体育英雄必须具备超人的技术、非凡的勇气、"特别能战斗"的精神意志，这就是罗德里格斯、苏亚雷斯等民族英雄迎接挑战时表现出的无所畏惧的品质。卡莱尔认为[10]，人们必须摆脱恐惧，否则一事无成。一个人的首要责任是征服恐惧。勇敢是人的责任，是永久的责任，古今同理。勇猛仍是有价值的。一个时代的历史中最显著的特征，就是接受伟大人物的方式。凭人们确实的直觉会感到在伟大人物身上总有某种神一般的东西。体育英雄以大无畏的竞技形式，对全民精神世界实现

一种驯服、聚合和皈依，英雄终于出场，民族性走向前台，惟有"疯狂"是最后一件需要做的事情。2006 年德国世界杯决赛上的齐达内撞人事件，2014 年巴西世界杯赛上的苏亚雷斯咬人事件，这些严重违反奥林匹克精神的恶性侵犯行为，在受到国际媒体广泛谴责的同时，也受到体育英雄所在民族国家球迷的辩护。苏亚雷斯遭到严厉的禁赛处罚，回国后仍然受到球迷们英雄般的狂热拥戴，远远超出了理性认知的范畴，或许体育英雄采取的种种民族实践方式，是为全球化中压抑的民族性提供一种得以躁动的理由。

如果想象的尺度可以再大一些，2014 年巴西世界杯赛德国队对阵阿根廷队的巅峰对决，是国家"技术系统"与人类"超强意志"的碰撞，是"科技足球"与"赤脚足球"的比拼。德国队球员技战术能力相当，没有绝对的英雄式球员，球员具有严格的纪律性和团队意识，犹如技术支撑系统中的螺丝钉，强大的体育科研系统、科学训练团队、后勤保障团队、大学生信息分析智囊团等，这是精细化到原子，象征"一切尽在掌控中"的科学技术系统的胜利。而阿根廷队的最大希望无疑寄托在梅西身上，梅西的竞技表现很大程度上决定了比赛结果。或许历史总是不完美的。随着技术逐渐控制人类世界，贝利和马拉多拉之后再无球王。在强大的"技术系统"压迫下，球迷幻想和期待中的梅西神灵般竞技表现并未如期而至，这是对人类主体性的呼喊和渴求，竞技对人类主体性的救赎终于烟消云散。正如卡莱尔所说，任何时代的英雄都难于做得尽善尽美[10]，孔子、释迦牟尼、穆罕默德、毛泽东、邓小平等一代伟人都有未尽的人类事业，梅西是阿根廷国家的民族英雄，却无法成为一代球王，一步遗憾，咫尺天涯。人类历史不也是充满惊喜，又充满遗憾，这就是历史和人生本真的色彩。

2.4.5　关于中国足球未来想象

世界杯足球赛是全世界球迷的精神文化盛宴，中国球迷无疑投入了巨大的热情。中国球迷最悲催的一件事情，是要始终秉承国际主义精神和真正球迷的作态观赏比赛，至少从纯粹的足球技战术欣赏的层面来说，中国球迷大部分都是"随大流"且无聊地像钟摆一样的伪球迷。因为看不到中国队的身影，就只能将情感寄托在与自我认同有某些联系的"他者"身上，在"他者"身份的认知与互动中聊以自慰。没有人敢于虚伪地承认，观看"他者"的竞技表演和人生起落也是一种精神按摩，尤其是植根于"看不得别人好"的民族劣根性中，深埋心底的仅剩一丝落寞、孤寂的大国情怀。这就是文化政治层面上对自我身份归属感的追问，"我们在哪里？""我们属于哪个球队？"我们在电视机前，不属于哪个球队，无所事事地随便看看，免得明天上班时聊起比赛来接不上茬，我们无"家"可归，也就无所谓关注哪个球队。对于中国球迷以及民族性进程而言，从渐行渐远的巴西世界杯赛中，留存更多的是关于中国足球发展的未来想象。

高水平竞争性体育分为职业体育（Professional Sports）和精英体育（Elite Sports），现代奥运会秉持更快、更高、更强的精英体育精神，国际足联世界杯则一以贯之商业逻辑，一个国家职业联赛发展水平与这个国家足球队竞技水平之间不能简单划等号，这两个概念并不是简单的直线对立关系，二者之间的重叠部分、联系与互通性亦较大（详见拙文《大型运动会真的太多了？》，发表于《体育学刊》2012 年第 1 期）。令人欣慰的是，更多的媒体和学界同仁将二者区分开来，犹如"身体教育"（Physical Education）和"竞技"（Sports）这两个截然不同的概念不能玩世不恭地称之为"体育"。陈玉忠教授认为，"职业足球和国家足球的整体水平属于两个层面上的问题，两者有联系，更具备相对的独立性。'恒大现象'在一定程度上反映了国家软实力，激发了社会正能量，满足了人民群众日益增长的精神文化需求，拓展了足球后备人才培养的社会基础，形成了自身的足球文化特色与优势[11]"。

"凯泽斯劳滕现象""切尔西现象""恒大现象"代表了对职业足球发展规律的一种实践解释，而在精英足球发展领域，是否存在"恒大现象"这种"直通车"模式？如果借鉴阿尔及利亚队打造"法国二队"的发展模式，中国足协既然可以为卡马乔豪掷上亿元的年薪和违约金，斥资归化 11 名主力球员自然不在话下，可以向巴西、阿根廷招募二线队员，打造中国

版的巴西或阿根廷二队，实现"冲出亚洲"目标立竿见影。况且因为阿尔及利亚等国对放开球员跨国流动政策的诉求，国际足联放宽与修订了球员体育国籍变更规则，让球员跨国流动具有更多的可能性。诚然，足球发展往往不是资本单因素作用的结果，虽然中国男足被媒体和球迷指责"急功近利"，但在较长时期内不会选择归化球员这一"拔苗助长"的发展模式。因为中国是典型的民族国家，民族"纯洁性"和民族情绪始终是社会文化成长的第一法则，也是维护中国梦社会凝聚力和国家意识形态领域安全的第一诉求。

毋庸讳言，精英足球是一项社会系统工程，选择本土球员自主培养战略进而提升国家队竞技水平，需要付出长期不懈的投入和努力。如果排除历史机遇的影响，一是中国举办世界杯赛东道主晋级，二是类似于韩日世界杯赛历史契机重演，笔者认为中国男足（国家队层面）不可能在半个世纪内崛起，更不可能成为精英足球的亚洲强国。这个"不可能崛起"的内涵是，中国男足在2010—2060年仅能凭借历史机遇和比赛运气获得一次亚洲出线权，如果保持国家高压反腐力度和类似于恒大青训投入的可持续性，可以获得两次亚洲出线权。看看亚洲精英足球强国日本和韩国，看看西亚"金元足球"，再看看整个亚洲精英足球的发展，付出了多少努力，做了多少基础性工作，在东欧、南美、非洲诸国更大的努力和自信前面，不也是水流花谢，尽付阙如。中国既然在精英足球领域难有作为，按照传统套路发展职业足球领域进展迟缓，何不放空民族野心，丢掉大国包袱，尝试走"第三条道路"？

"恒大现象"是一种"曲线救国"的策略，以职业足球发展带动精英足球成长。如果最终精英足球的目标未能实现，至少中国还存在职业足球的伟大成就，经济与社会发展是人民幸福生活和福祉来源的基础。如果不能明辨当下足球"世界体系"面临的严峻形势和格局走势，不充分考虑中国足球发展的资源禀赋条件，一味地投入精英足球领域，冀望在国家队层面上获得更多的聊以自慰的"为国争光"效应，这本身就是社会功利化观念的投射。到未来骑虎难下、无法回头的时候，才蓦然醒悟，我们这一代人没有留下任何的足球遗产，这才是最大的历史遗憾。不如创造一个中国版的"曼联"神话，为国家叙事和地方认同建立一些历史文化遗产。

这是一个"小时代"，人人享有平等的权利，人人享有出彩的机会，也就意味着个人权威和影响力的分化趋势。马云是中国互联网商业的传奇一代，选择投资恒大俱乐部这一职业足球发展领域是由其身处的商业背景和企业战略布局决定的，人的能力和精力总是有限的，不能说马云没有投资精英足球、草根足球、青训足球等领域，就批评中国新一代企业家没有社会责任感。按照这套"玩概念游戏"的逻辑，万达集团赞助精英足球领域（国家队层面），而没有对职业足球、草根足球、青训足球等领域全面重点投入，似乎也是没有社会责任感的表现。这不是许家印、马云和王健林的问题，而是某些人偷换"体育"概念的产物。中国足球这个盘口非常大，需要各行业优秀企业家们的共同关注，联合发力以及一代接一代人的努力，每位有远见的企业家尽其所能去分担一份中国足球的发展责任，中国足球的未来发展才能更美好。

"恒大现象"的成效立竿见影，荣誉等身，有目共睹，也进一步说明"恒大模式"在中国特色社会主义伟大实践中有其充满智慧的一面。唯有新媒体炮制出的"土豪"一词能够贴切地形容"恒大现象"，也没有比"土豪"一词更能形象描述恒大地产的迅速崛起。"土豪"这一称谓是对中国经济高速增长过程造就的暴发户的一种形象描述，拆分来看，有"豪"的一面，也有"土"的一面。将"恒大足球现象"上升为一种特殊发展道路、模式和理论的解释，笔者暂且这么提出来，"恒大现象"是一种根植于中国社会环境并充分体现中国特色的"土豪足球"发展模式。土豪足球模式中的"豪"，学界多有评论，这里不多赘述，总结起来就是"一掷千金"的办事套路，妄想达到"高端大气上档次"的目标效果，就必须拿出培养战斗机飞行员的投资魄力，大投入、顶级配置、高消耗，舆论噱头必须高于产品价值本身。值得提出的是，"恒大模式"原本是地产界对恒大集团短时间内跨越式发展的一个概括[12]，代表了恒大地产崛起的"中国道路，广州速度"，也在某种程度上象征了中国经济"大干快上，抢位争先"的

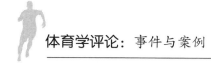

跨越式发展道路。恒大女排、恒大足球的崛起只是"恒大地产模式"的翻版，也是恒大集团回报社会的一种反哺形式，"恒大现象"并没有特别的模式创新和管理创新意义。

如果将"恒大现象"定义为一种成功的职业足球发展模式，诸如严格高效的管理体系，引进国际外援的策略，有效的激励和遵循足球发展规律，注重青少年的培养等[13]普适的成功法则，与法甲巴黎圣日耳曼现象、英超曼城现象、西甲马拉加现象、俄超安郅现象等种种金元要素刺激下的职业足球崛起模式相比并不二致，无法彰显"恒大模式"的特色和本土化管理创新的价值。土豪足球模式中的"豪"是必要条件，却不是充分条件，关键还在于"土"。以恒大足球俱乐部"五必须、五不准、五开除"纪律规定为标志，种种方式方法简直"土掉渣"，如果中国球市再涌现一个"恒大"第二，估计还得有"三不扯、四不摸、五不搞"纪律规定。"恒大模式"用中国人最舒适的接受方式和治理思路，走出了一条"全球化"（Globalized）的本土性特色发展道路。正所谓"斯文"治"绅士"，"土法"治"土鳖"，对症下药，立显奇效。犹如中国人那股"吹牛皮"的劲头做派，欲望可以放大一点，规划可以整大一点，报道可以夸大一点。也犹如中国人那股"打擦边球"的生活智慧，"不管白猫黑猫，抓住老鼠就是好猫"，不管土不土，事情办成了就不"土"。中国经济的结构性转型炮制了恒大地产的崛起，恒大地产的成功炮制了恒大女排，恒大女排炮制了恒大足球，恒大足球炮制了恒大冰泉，由此喊出了"一处水源供全球"这个媒介传诵的"土豪"语录。

从职业体育可持续发展的角度，恒大足球"一骑绝尘"的局面及影响整体上是利大于弊。恒大足球引擎产生的"火车头"效应，对中超联赛品牌和球市、公共文化精神产品供给、恒大集团的媒介影响力、城市观光旅游、食宿、娱乐和购物等产业或社会领域均有不同程度的拉动作用，最大的贡献无疑是对中超联赛品牌价值的提升效果。本届世界杯赛中有6名球员在中国联赛踢球，分别为中超5人，中甲1人，证明了中超联赛日趋进步的全球影响力。也有媒体戏称，在中国联赛踢球的外援代表的国家队均遭小组淘汰出局，说明中超联赛尚存在巨大差距。也有批评观点从"资本原罪"和竞争平衡理论视角指出，资本市场从来不讲道德，恒大足球的资本强势，将会对中小俱乐部的生存和中超联赛的生态造成毁灭性冲击。这些反垄断制裁的呼声往往忽略了中超联赛不充分竞争和低水平竞争的前提条件，可以毫不忌讳地说，职业联赛竞争平衡理论是黑板经济学炮制的十足假象，一些发展中国家案例和算法被"四舍五入"了，更无暇顾及职业体育实践的复杂性和特殊性。处于竞争平衡理念主导时期的中超联赛就是一本"活教材"，俱乐部串通一气，不思进取，"假球""黑哨"泛滥成灾，局内人一起低水平，一块不作为，这也算是一种变态的"竞争平衡"理论了。

中超联赛墨守成规地促平衡，只会浪费和流失大好发展时机，使其长期在低水平竞争平衡上徘徊，应践行"让一部分人、一部分地区先富起来"的非均衡发展战略[14]。如果将广州恒大足球俱乐部誉为中国的"巴萨"，那么唯一不完美的是，缺少一支中国的"皇马"与之强强对话。原本阿里巴巴注资中超联赛俱乐部这一公共事件可以有一个更精彩、更富于想象力的结局。许家印代表中国地产经济，马云代表互联网新经济，恒大和阿里巴巴、许家印和马云、"巴萨"和"皇马"、一南一北的想象张力，爆棚的中超联赛球市即刻浮现眼前。可惜阿里巴巴无法全资收购另一支中超俱乐部，失去了缔造中超神话的机会。从阿里巴巴注资恒大足球俱乐部事件，也对中国足球管理体系有更深的认识。正如卢元镇教授的批判性观点，"在体育行政垄断向协会制改革的实体化进程中，始料未及的是，总局各运动项目管理中心既可以行使行政职权，又可以经商，从而导致它原来能做的继续都能做，而原来不能做的如今也都能做了[15]"。如果行政决策能够在马云做出注资决定前适时干预，哪怕达到一点凯恩斯主义式的效果，也会翻开中国足球新的时代篇章。正所谓"该出手时不出手，不该出手时偏出手"，典型的行政与市场边界不分，"体脑倒挂"。

关于中超联赛俱乐部的利润萎缩实属无稽之谈，"恒大现象"拉动了整个职业足球市场的经济当量，其它俱乐部只要"做一天和尚撞一天钟"，赖在中超联赛阵营里，就可以分享更多的市场经济改革成果。关于"恒大

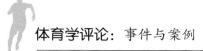
模式"可持续性和责任感的担忧也没有必要，恒大集团斥巨资建立"人大附中恒大皇马足校"，为建立中国职业足球全产业链运行产出体制机制，夯实中国足球后备力量发展根基而逐梦奔跑，生动诠释了"空谈误国，实干兴邦"的治国理念。关于中国足球发展必须依托中国足球文化价值的滋养，纯属"理论脱离实践"。中国足球管理制度历来成效甚微，中国男足既无辉煌，也无文化，与"三无人员"谈梦想和文化，除了堆砌高深理论概念，使劲忽悠平民百姓，再也不会留下什么。文化是建立在高度制度化的基础之上，历经社会观念沉淀和连绵历史积淀的产物，也是"先有土豪，接着进化，再有文化"三步走的结果。"恒大足球现象"正在改变坊间对"土豪"功利嘴脸的固有偏见，并处于一种对"土豪"身份的精神救赎和社会进化的过程。恒大集团不仅出手大方，彻底颠覆了地产暴发户对"他者"和社会抠门的形象认知，也致力于做有思想、有魄力、有担当、有风度、有品位的"土豪"，藉此传递出的社会正能量和潜在的社会示范效应是无法估量的。

对于中国足球未来发展而言，这是一个最坏的时代，没有比跌破"发行价"还得搭上"老本"更痛心疾首的事情；也是一个最好的时代，"恒大现象"拨开了漫天的雾霾，冲破了尘封的枷锁，就怕"土豪"来搅局，更怕"土豪"有文化，逆转未来，值得期待！

参考文献

［1］胡小明.体育精神与改革开放［J］.华南师范大学学报（社会科学版），
    2002（3）：109-113.

［2］刘波.德国体育俱乐部体制与竞技体育关系的研究［J］.体育与科学，
    2007，28（6）：65-69.

［3］张旭东.全球化时代的文化认同：西方普遍主义话语的历史批判［M］.
    第2版.北京：北京大学出版社，2006：82

［4］RYALL E.Are there any Good Arguments Against Goal-Line Technology？
    ［J］.Sport，Ethics and Philosophy，2012，6（4）：439-450.

［5］李力研.卢梭的抗议——体育克服人类缺陷的哲学线索（上）［J］.

天津体育学院学报，2005，20（3）：1-6.

［6］兰德尔·柯林斯.中产阶级工种的终结：再也无处逃循［C］//伊曼纽尔·沃勒斯坦.资本主义还有未来吗？徐曦白，译.北京：社会科学文献出版社，2014：36.

［7］罗伯特·路威.文明与野蛮［M］.吕叔湘，译.北京：生活·读书·新知·三联书店，1984：299-300.

［8］刘少华.大众文化时代的体育明星——以姚明为中心［J］.体育文化导刊，2003（6）：20.

［9］CAMPBELL R.Staging Globalization for National Projects： Global Sport Markets and Elite Athletic Transnational Labour in Qatar［J］. International Review for the Sociology of Sport，2010，46（1）：45-60.

［10］托马斯·卡莱尔.论英雄、英雄崇拜和历史上的英雄业绩［M］.周祖达，译.北京：商务印书馆，2005：31-48，175.

［11］陈玉忠.“恒大现象”的社会学解析［J］.体育科研，2014，35（2）：6-11.

［12］张守刚.恒大传奇［M］.北京：人民日报出版社，2011：213.

［13］张鲲，吴琼.由“恒大现象”引发的中国足球发展思考［J］.浙江体育科学，2014，36（3）：28-31.

［14］张兵.职业体育竞争平衡的经济社会学分析［J］.山东体育学院学报，2012，28（1）：6-11.

［15］王庆军.把脉中国体育：当下问题与对策诉求——卢元镇教授学术访谈录［J］.体育与科学，2013，34（3）：5.

2.5　里约奥运会全景时评

摘　要： 国际奥委会通过设立难民代表团等形式，增强奥林匹克神话，捍卫国际体育组织的自治权。里约奥运会贯彻落实《奥林匹克2020议程》，

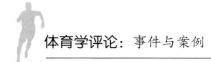

在可持续性理念、媒体发展、人性化改革等方面表现突出。英国、日本重返奥运会强国行列，是一个奥运会价值再发现的过程。中国奥运战略与媒介融合稳步推进，"洪荒少女"现象成为弄潮儿。中国女排夺冠成为中国奥运战略结构性转型的重要突破口，由要素驱动转向创新驱动，提升在国际高竞争力项目上的竞争力。

2016年里约热内卢奥运会落下帷幕，本书以学术时评的形式，在广泛的政治、社会与文化意义上，对一些新的现象和问题进行评论性研究，分享新观点，启发新思路，为后续研究提供认识基础。

2.5.1　增强奥林匹克神话

现代奥运会是古典项目与现代项目的完美结合，古典项目同时按照现代化的标准完成调试改进。即便如此，古典项目缺乏市场活力的特征也显露无疑。远离资本市场的喧嚣和追捧，缺乏高度市场化的商业环境，加之在全民普及方面受到电子化生存时代的挑战，古典项目日渐没落，成为奥林匹克治理危机的一部分。国际奥委会围绕奥林匹克纯粹性展开的一系列治理改革行动，无疑是对现代奥林匹克神话体系的一种修复，修复被商业化吞噬的奥林匹克神话体系。人们不再投入纯粹的情感、高涨的热情，捉襟见肘的收入，使现代奥运会在商业化道路上走得更远。缺失一种源自人类内心深处的纯真情感，奥运会如同"鸡肋"，世界杯足球赛、橄榄球超级碗、F1（一级方程式世界锦标赛）等全球品牌赛事显然要比奥运竞技更刺激、时尚且富有市场竞争力，与这个商业化时代保持同步。增强奥林匹克神话的现实需要，用全球技术市场的时髦概念来说，是由"虚拟现实"（Virtual Reality）向"增强现实"（Augmented Reality）的转型。奥运会唯有借助概念创新，创造纯粹性这一全球品牌赛事形象，增强当代奥林匹克神话，才能夯实可持续发展的根基。奥林匹克大家庭在这一共识性问题上深谋远虑，舍弃赛场广告等小利，谋划宏观布局和长远发展。电视转播权收入是奥运会的主要经济支柱，赛场广告收入在奥运营销体系中并不处于核心地位，正如跷跷板效应，放弃蝇头小利，有利于改善奥运会过度商业化的全球负面形象，提振奥运会在社会效益方面持续增长的信心，为当代奥运神话体系创造增值效应。增强奥林匹克神话还在于宣示性价值的体现，注重宣示国际奥委会的改革决心和立场，宣示《奥林匹克 2020 议程》的改革精神，以实际行动传播奥林匹克价值观，将人们对于奥林匹克的纯粹情感拉回到正常轨道。

国际奥委会主席巴赫在里约奥运会开闭幕式讲话中重点提到难民代表团的表征意义，从难民代表团的参赛人数和竞技水平来看，其对奥运会竞赛格局的影响微乎其微，但这一创新设置主要定位在宣示性效应方面，通过难民运动员这一特殊群体，向世界宣示奥林匹克精神关于尊重、包容的价值观。事实上，难民代表团在宣示奥林匹克精神这一层面上，成为各国媒体追逐人文报道的焦点，也为国际奥委会充满纯粹性的形象认知赚足了曝光率。与此形成鲜明对比的是，国际奥委会竭力捍卫全球精英体育领域的自治权，为避免国家政府和区域性政治实体的权力干预，做出禁止科威特参与奥运会的决定，这一事件置于国际体育组织自治权与外部司法监督的价值冲突背景中同样具有宣示性意义。由于科威特政府过度干预国家体育组织的内部事务，受到国际奥委会和国际足联两大体育组织的全面禁赛处罚。

百年来国际体育组织一直在为捍卫自治权而不懈努力，在奥运会业余主义时代，精英体育的全球影响力有限，带来的政治影响和经济效应也有限，国家司法权力一般不干预体育组织的内部决策和行动。21 世纪以来，"体育具有改变世界的力量"，民族国家集团成为奥运会最大的利益相关者，民族国家利益集团不断对奥运会施加政治影响，国家权力与体育组织自治权形成难以弥合的裂痕，两大主体性力量的博弈，将科威特禁赛这一象征性事件推向了审判席，谋求"杀一儆百"效应。两大权力博弈谁能胜出，一个来源于国家政治实体，一个来源于行业历史传统，这是一场政治权力和社会权力的对弈。从实际影响来看，国际奥委会无疑是最大的赢家。"禁赛"是指禁止运动员代表本国参赛，禁止的是运动员代表祖国征战的神圣

感，禁止的是民族国家的奥运仪式性展演，禁止的是民族国家权力在全球重大体育赛事中的展示性机会。事实上，国际奥委会并未禁止运动员代表个人名义参赛，科威特运动员并不代表国家，仅仅代表个人名义上的体育权利，也就是人人参与体育的权利，这是奥运会纯粹性的建构形式。科威特政权丧失了奥运会的展示性机会，无法通过奥运会大舞台展示国家政权的合法性。国际奥委会在"杀一儆百"的同时，在道义上赢得了"更人性"的喝彩。"更人性"概念是现任国际奥委会主席罗格提出的"更干净、更人性、更团结"这一奥林匹克新格言的重要组成部分。国际奥委会在增强奥林匹克神话问题上有的放矢，有效架空了民主国家的政治实体权力，强化了国际奥委会的自治权和行动能力，同时创造了更多更好的当代媒体与仪式性神话的表现形式，增强了奥林匹克运动的神圣性和纯粹性。

2.5.2 《奥林匹克 2020 议程》实践观察

里约奥运会办赛实践是贯彻实施《奥林匹克 2020 议程》的范本，也是国际奥委会治理改革的一面镜子，从中可以理解奥林匹克运动的未来发展趋势。里约奥运会开幕式的简约风格令人印象深刻，简短而不失格局，简单而不失格调，简洁而不失细节，一方面贯彻了奥运会节俭办赛和可持续性（绿色环保）发展理念，另一方面考虑了全球紧缩的经济形势和国内经济增长压力。开幕式将历史、歌舞、环保、炫酷的主题设计植入全球 – 本土化叙事语境中，以世界通行的歌舞交流形式，展示了巴西的历史文化和社会活力。开幕式各参赛代表团入场式设立的投递种子仪式寓意深刻，"种子"象征自然界生长的力量，隐喻时代与命运的轮回，从古代奥运会到现代奥运会，再到里约奥运会倡导的"一个新世界"，一代代人的接力创造了人类伟大的文明社会。由装满运动员投递种子的装置连接成奥运五环图案，种子破土生长，绿意喷射而出，象征世界团结和生命繁衍的力量，一个充满绿意、和谐、友善的新世界，这是人类对未来世界的美好梦想，也是人类面临的严峻挑战。奥林匹克站在跨世纪的节点上，承担历史与时代的责任，将可持续性发展理念呈现出来，散发到奥林匹克运动的每个角落。里约用艺术化的形式诠释了《奥林匹克 2020 议程》第 4 条"将可持续性纳入奥运会的方方面面"以及第 5 条"将可持续性纳入奥林匹克运动的日常运作"的发展理念。

　　奥林匹克频道如约开通，赋予广大运动员媒体曝光的机会。囿于世界各大媒体的报道，往往集中在明星运动员和人情味的报道中，对于庞大的运动员参赛群体缺乏更多关注。运动员的参赛之旅更多的是展示自我，展现自己代表的国家和本土情怀，缺乏媒体展示让广大运动员的参赛之旅失去光泽，尊重每一位运动员的媒体权利，诠释了"尊重"与"多元化"的奥林匹克价值观。逐利性是商业媒体的本质，由此决定了奥运报道的基本价值导向，新闻出"新"才能抓住受众"眼球"，"有料"一时成为新闻价值的选择标准。金牌运动员是有料的，赛场中散发"人性光辉"是有料的，运动员的绯闻和丑闻是有料的，媒体追求的是"最好"与"最坏"这两个极端，对于媒体报道而言，金字塔的庞大塔基往往因为平凡而显得平淡无奇。在全球化媒体时代得不到更多的地方性报道时，奥林匹克频道为各国运动员尤其是"小国"的运动员开辟了独特的地方性空间，来自地方认同的需求创造了媒介供给，这是一种分众媒体营销策略，也是奥运会开创未来独立媒体与商业帝国的坚实一步。

　　"更人性"这一奥林匹克新格言已经步入政策实践阶段，《奥林匹克 2020 议程》第 15 条"保护清白运动员"、第 16 条"运用国际奥委会基金保护清白运动员"、第 17 条"授予清白运动员荣誉"，以运动员为核心开展奥林匹克运动的人性化改革。在商业体育版图中，运动员作为文化商品营销的本质，承担过于苛刻、标准化的产品制造责任，从言论与社会责任、药物使用、私人空间等方面受到人性束缚，压抑了人的全面发展的权利诉求。运动员非常规晋级下一阶段比赛是彰显"更人性"的发展理念，鼓励向善行为的创新形式，这种复归人的主体性的改革尝试值得称赞。作为赛制改革的成果，里约奥运会产生了多起重赛或直接晋级下一阶段比赛的判例。绝大部分案例符合人类美德共同的审美标准，彰显了人性的光辉。例如在女子 5000 米预赛中发生的感人一幕，美国选手达戈斯蒂诺与新西

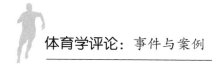

兰选手汉布林摔倒后互相鼓励跑到终点，被赛会非常规授予晋级决赛资格。极端案例同时也引起广泛争论，美国女子 4×100 米接力队因对手干预原因获准单独重赛，具有奥运会历史开创性意义。值得担心的是，美国式重赛能否演变为一种先例标准和国际惯例，如果"美国式重赛"成为各方参照的对象，那么体育界能否维持规则的统一执裁。

美国队的晋级充分显示了赛会对强者的人性化考虑，人性化价值的实现以挤出中国队为代价，这是一种零和博弈，而人类道德美德和人性化政策更应该是一种双赢的局面。"更人性"的实现不是以剥夺他人的努力和梦想为代价，如果面临"平等"价值的悖论，就应该保留原初的状态，放在中国女子 4×100 米接力队的遭遇上十分贴切。在纯粹的社会环境下，每个人都会大方地奉献自己的美德，疑虑和防备行为的产生只是担心被美德绑架，以捍卫正义和崇尚美德的名义偷窃他人的梦想，以神圣的奥林匹克名义施行当代"纳粹"种族主义理念。运动员非常规晋级形式是美好的，也是危险的。人类在自由、民主和平等价值观的指引下，造就了无数脍炙人口的感人事迹，而人类最拙劣的事情也往往在公平正义和向善的名义下产生。自然界从来就不简单，人类狂妄自大的特性导致极端思维的扩张，造成世界动荡不安和自然生态的不稳定状态。自诩科学完美的人造自然源源不断地产生各种问题，让人类陷入前所未有的生态危机中。当我们付诸实施"人性化"决策，急于宣扬人性的价值，急于收获内心温暖的同时，首先要慎重考虑的是，比起收获多少，我们会失去多少。倾听内心的声音，多一份敬畏，尊重大自然的演进规律。如果"人性化"决策并未达到"人性化"的效果，而导致一个零和博弈的结果，这种扭曲的"人性化"政策绝不是奥林匹克改革所期望的。

2.5.3 奥运会价值再发现

从伦敦奥运会到里约奥运会，在动荡的世界政治与经济格局中，人们发现践行民主化道路的发达国家逐渐重视奥运会的竞争，不仅在精英体育的战略规划和资源投入方面，也在国家引领奥运战略发展的政策导向方面。

作为伦敦奥运会文化遗产的组成部分，"激励一代人"政策在培养青少年体育后备人才方面成效显著，英国体育代表团以全面布局奥运项目的竞争优势实现跨越式发展。日本步英国后尘，在东京奥运周期实施国家奥运战略计划，政策效果在里约奥运会初步显现，奖牌数量显著增长，潜在夺金点不断涌现。具有恢宏近代史的"日不落帝国"和明治维新时期崛起的"大日本帝国"，在经历冷战后一段漫长的奥运真空期之后，重返奥运会强国竞争梯队。冷战时期，奥运会作为彰显国家富强的政治工具，作为国民精神麻醉剂的供应手段，被东西方政治集团不断操控。资本主义追逐实利的本质，让持续攀升的社会成本和奥运投入成为不可逾越的障碍，国家全面投入奥运会竞争成为不实用的表现，一些资本主义强国在完成宣示国家富强的使命之后，由国家全面投入转向政府积极引导，逐渐淡出奥运会"第一集团"的竞争行列。

21 世纪英国、日本精英体育的崛起，从奥运会申办到全方位的奥运战略部署，既要奥运经济，又要奥运奖牌的战略定位，这些表象让学界陷入沉思，让这个时代重新反思现代奥运会的存在价值。在冷战后奥运会的意识形态宣扬功能淡化之后，正如"发现东方"的历史力量，全球社会已进入"发现奥运"的主题讨论。奥运会迅速增长的全球影响力造就了社会权力的崛起，成为公民社会力量和政治合法性的来源。冷战后资本主义国家普遍进入民主社会阶段，由国家权力主导的时代已经终结，私营力量和社会力量迅速崛起，参与国家政策和社会议程的能力不断增强。一些国家政府无视社会权力的协商合作诉求，让西方民主制度陷入治理与信任危机，也让所谓的西方民主制政府陷入只有权力而没有权威的窘境。政府权力与权威的脱离状态，加剧了社会分歧，弱化了行动能力，延缓了政治变革，阻碍了经济发展。社会力量信奉行业规则，讲求社会自治，在国家法律框架下实现独立，与政治权力展开协商与合作。全球体育的社会影响力是任何社会活动无法比拟、无法取代的，国际体育组织的权威能够置换为真实的权力掣肘力量，政府公权力没有理由不重视，这是奥林匹克运动的价值再发现过程。作为一种民主文化表征，它使得发达国家重新审视现代奥运

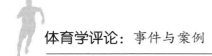

会的社会价值，英国、日本以严肃的姿态，重回奥运会竞争行列。

最典型的例证，日本首相安倍晋三亲临里约奥运会闭幕式交接仪式现场，变身游戏卡通人物超级玛丽。超级玛丽全名为"超级马里奥兄弟"，是任天堂株式会社出品的著名横版游戏人物，具有广泛的民众基础和社会影响，是连接老一代与新一代的社会共同记忆。国家领导人这种亲民的表现，是在资本主义选票民主语境中赢取更多选民支持的执政策略，也是加强政府行动能力建设的具体举措。领导人竞选活动除了频繁的游说和华丽的演讲，除了承诺改革的"面包"，还需要精神食粮"马戏"的配合。在一个崇尚信仰的社会中，"马戏"要比"面包"更能赢得人心。种种迹象表明，奥运会已经不再局限于宣示性功能。在《奥林匹克 2002 议程》改革实践的指引下，奥林匹克运动的结构性改革让体育组织沿着正确的历史轨道稳步前进，治理改革释放的政治信任和社会活力，确保了体育组织自治权的合法地位，也是强化体育组织广泛的社会权力的重要方式。奥运会作为社会权力崛起的事实可谓一蹴而就，发达国家开始重新审视现代奥运会的社会价值，创造更多的政策环境和战略部署，渴望重回奥运会的舞台中央，期待国家荣耀在全球的镁光灯下闪耀。英国和日本的案例告诉我们，现代奥运会将开启一个崭新的竞争格局。这么重要的历史时点，中国没有理由放弃奥运会竞争，体育人一定要坚守信念，看淡社会嘈杂的声音，坚持大奥运战略不动摇，为实现中华民族伟大复兴的中国梦而努力奋斗。

2.5.4 媒体转型正当时

媒体构筑了这个时代的色彩和奇观，正如视觉理论代表人物德波所言，表象胜过现实，幻想才是神圣。从刘翔退赛事件的媒体呈现问题，到李娜对主流媒体不友好的形象认知，再到里约奥运会中国媒介对世界的开放和包容，印记社会价值观前进的脚步。作为新闻媒体开放社会价值观的象征，"洪荒之力"一夜刷屏，"洪荒少女"现象表征新媒体权力的崛起，新的媒体融合生态正在形成。"洪荒少女"媒介现象是指，游泳运动员傅园慧赛后接受央视采访，因为话语直率、风趣，表情丰富、夸张，展示了年轻一代性格本真的一面，由主流媒体推出，新媒体产生共振的媒介事件。从新闻源的挖掘来说，供给侧改革为新闻话语出新创造了包容的环境。以往体制内很少对媒体开放，一方面冠军运动员代表了竞技体育"举国体制"的生态面貌，体制内追求"政治正确"，在采访过程中要求"少说"以避免节外生枝。另一方面旨在维持冠军运动员作为民族英雄的崇高性与神圣性，有意与媒体、公众保持一定的内心距离。体制内切断了媒体的生计来源，一方面主流媒体以走程序式的报道完成任务，"三段论"式采访遭人诟病，即"临场发挥如何""未来有何打算""表示各种感谢"，有价值的信息供给不足，给新媒体各种"八卦"和谣言的传播提供了生存土壤。另一方面主流媒体官话、套话式的报道风格，无法满足需求侧的信息获取需要，对主流媒体的采访资源造成极大浪费。运动员程序性地表达一连串感谢这样的媒介陈词滥调，占据整个采访的主要内容，使受众对运动员群体缺乏一个清晰的、正确的认识。体制内供给侧改革拉开序幕，对广大媒体开放价值观，将运动员参与媒介互动和公益活动纳入大训练环境建设中，在与外界的友好交流中建立奥运战略的良好形象，营造积极向上的舆论氛围。傅园慧自带"表情包"的媒介演绎，是这个转型时代的幸运儿，也是中国奥运战略结构性改革的必然。在"共同享有人生出彩的机会"的 21 世纪，每个人都将凭借自己的努力和智慧，成为这个变革时代的弄潮儿。

相比于伦敦奥运会频繁出现的裁判争议问题，今年媒体报道给国人留下了"误判时常有，今年特别多"的印象，中国在体操、举重、帆船等项目上遭遇严格执裁，赛会在部分单项搞起了两种标准，"美国式重赛事件"激发广泛讨论，媒介宣泄话语达到顶峰。媒体按照某种预设的价值导向制造观念图像，依托全球重大体育赛事制造民族性与政治性话语。体育报道长期缺乏专业主义的弊病暴露无遗，新闻界主要依靠娱乐"八卦"模式，不惜断章取义、哗众取宠式的放大报道，大走民族主义路线博取受众情感，以"标题党"冲击点击率。例如，霍顿夺冠后对孙杨的不友好行为，被媒体置于民族主义的立场大做文章。霍顿拒绝与孙杨握手这一报道有失客观，媒体抓住了某一个镜头、某一个采访片段，有选择性地忽略了事件的背景

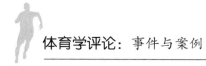
陈述，以及对事件整体性的呈现。重大体育赛事对于提升民族国家认同和社会凝聚力具有积极作用，媒介从中扮演的传声筒作用无可置疑。尤其在以国家为单元的精英体育竞争，标榜"我们"和"他们"的民族认同语境中，以扭曲事实的新闻解读方式，裹挟受众的认知，与媒体一起"同仇敌忾"。媒体不能失去新闻的客观性这一基本遵循，过于渲染民族情绪，更不能以不正义的方式，获得一个正当的结果。每一起公共事件，每一个新闻焦点，每一场全民讨论，是对社会价值观的革新与推动。在东京奥运会期间，相信中国新闻媒体将以更广阔的视野、更专业的报道、更宽阔的胸怀，为国人呈现一场人文奇观。

2.5.5　中国女排重回巅峰的重要意义

中国首次参加 1984 年洛杉矶奥运会，在 6 个大项中夺得 15 枚金牌，女子排球项目是中国夺得的第一枚集体大球项目金牌，也是该届奥运会中国夺得的唯一的球类项目金牌。中国一鸣惊人的惊艳表现，创造了举国振奋的社会效应，为改革开放政策的铺开以及触发的社会变革注入了一支强心剂。中国崇尚集体主义的历史传统，在排球这一集体大球项目中找到了原型，象征"团结就是力量"的集体大球项目，十分切合当时中国社会的精神风貌。在许海峰创造中国奥运历史的时刻，个人荣誉显然没有集体荣誉值得放在整个社会层面上宣扬，许海峰的中国首金也是在"实现金牌零的突破"的历史意义上获得社会宣传的合法性，除许海峰和中国女排之外的单项金牌，并未获得足够的社会影响力。以当时的社会氛围，集体大球项目更能够体现国家精神面貌和民族特性，以个体为基本单元组成的大集体，以单项金牌为计分依托的金牌榜，更能够反映爱国主义和集体主义的精神诉求。集体大球项目的特性决定了女排世界冠军作为彰显社会团结的标杆，为国家与社会广泛称颂。

邓小平南巡讲话后，中国经济开启了高速增长模式，过度追求经济增长指标，"GDP 至上论"渗透各行各业。从 1990 年北京亚运会，到 2008 年北京奥运会，金牌榜的国家象征意义超越个人的荣誉得失，对集体主义的弘扬，或者说集体的力量，超越个人获得的荣誉。中国女排夺得 2004 年雅典奥运会冠军，成为继金牌榜之后最切合的民族主义教育素材，这一寄寓集体主义精神救赎的大事件，将女排精神推向了社会舆论的顶峰。体育界的"GDP 至上论"愈演愈烈，缺乏国际高竞争力的"软金牌"项目犹如中国经济发展的缩影，重经济指标，不重经济的包容性、可持续性、可循环发展；重金牌"数量"，不重金牌"质量"。"三大球"项目全面滑坡，女排项目的基业逐渐松动。中国体育代表团在北京奥运会和伦敦奥运会上夺得 89 枚金牌，却没有夺得一个集体大球项目冠军。"三大球"项目在群众基础、商业开发、文化认同等方面的战略价值，促使世界诸国在供给端发力，形成了充分参与的国际竞争格局。稀缺效应无形中提升了"三大球"项目的竞争门槛，中国过度追求金牌总数排名，过度追求较低国际竞争力的"软金牌"战略，致使中国"三大球"项目失去应有的锐气和光芒，造成"无处安放的民族精神"这一尴尬的局面。中国重新审视"三大球"项目的社会价值，对集体大球项目有更深刻的理解。中国足球改革发展一系列重大政策的出台，吹响了中国竞技体育结构性转型的号角。由要素驱动向创新驱动转型，由优势项目向基础大项、潜优势项目扩展，提升中国在国际高竞争力项目上的竞争力，逐渐成为社会与行业发展共识。具有较好发展基础的中国女排，无疑扮演了中国奥运战略"急先锋"和"救赎主"的重要角色，成为中国奥运战略结构性转型的重要突破口。

里约奥运会中国体育代表团遭遇滑铁卢，说明中国奥运战略结构性转型的实际成效不容乐观。里约奥运会中国部分优势项目发挥失常，直接造成奥运整体成绩的大滑坡。游泳项目并未再现伦敦奥运会的辉煌，只凭借孙杨的强势发挥，优秀后备人才出现断档。潜优势项目夺金点快速轮动，说明缺乏稳定的夺金点，无法对优势项目提供长期有效的辅助支撑。除了女排项目一枝独秀，"三大球"项目缺乏竞争力。中国田径取得历史性突破，是在男女竞走这一"艰苦"单项，金牌含金量具有一定折扣。中国奥运战略转型的目标方向，必然由要素驱动转向创新驱动，由"软金牌"项

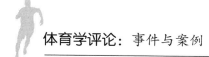

目转向国际较高竞争力项目，中国女排重回巅峰，寄寓中国逐项突破国际高竞争力项目的开端。在东京奥运会"第一集团"争夺中，俄罗斯、英国、日本都将成为中国的竞争对手，中国如能在国际高竞争力项目上实现突破，即使被挤出奥运会"第一集团"的行列，也会凭借"中国女排"效应，收获更多的民族自信。正是由于国际高竞争力项目的巨大难度，质量达不到就要拼数量，又要回到"软金牌"数量和奖牌榜整体排位的轨道上来。在不远的将来，中国奥运6大优势项目如能实现以运动员大学生的身份参赛，即便成绩表现不佳，人们会心一笑，也无需在"软金牌"项目上找回民族自信。中国多出几个"女排"团队、"姚明""李娜""孙杨"，或许是民族自信最生动的表达形式。

参考文献

［1］王成，靳铁军.《奥林匹克2020议程》解析——兼论新时期奥林匹克运动改革新动向［J］.上海体育学院学报，2016，40（2）：90-94.

［2］王相飞.大型体育赛事社群成长的发展模式［J］.体育学刊，2016，23（1）：31-35.

2.6　中职篮"川辽冲突"事件评析

提　要：在新媒体环境下，体育社会组织危机公关问题日趋重要。本节引入善治理念与实践，以中职篮"川辽冲突"事件为例，分析中国体育社会组织危机公关问题。主要结论：善治不仅是一种值得展望的社会理想，也是体育社会组织值得借鉴的改革实践策略。建议：中国篮协紧跟时代脚步，由传统的管理职能向现代的治理功能转型，加强利益相关者的公平对话和民主协商，强化责任意识，提升透明度，切实保障行业与社会的整体利益，引领中国篮球事业更好更快的发展。

2.6.1　研究意义

"推进国家治理体系和治理能力现代化"这一重要命题，既是"四个全面"战略布局中关于全面深化改革的总目标，也是完善和发展中国特色社会主义制度的必然要求。治理的概念比较宽泛，在引入体育界的过程中呈现多元化观点，有学者将"治理"理解为在与时俱进语境下的创新管理[1]，有学者将"治理"与"管理"概念区分开来，视其为一种多元主体的协商与博弈过程[2]。由于对治理的多元理解以及存在的较大分歧，体育实践面临"拙劣"治理的风险。善治作为一种更高标准的治理形式，已经成为国际体育组织治理改革的目标。《治理百科全书》指出[3]，"善治"的定义多种多样，这些定义源自人们对于组织内部决策方式和执行这些决策的正式及非正式机构的作用的常规化设想。联合国亚太经济社会委员会（ESCAP）认为善治包括 8 个基本要素，分别为积极参与、遵循法治、透明公正、积极回应、达成共识、平等包容、实际高效、责任明确。[4] "善治"既是关于治理的美好理念或指向治理的理想状态，又是一个评估治理主体绩效的参照标准。

伴随全球技术革命和新媒体时代的到来，体育社会组织的运作承担了更大的风险，同时在体育事务运作过程中具有更大的不确定性，一个不经意间的疏忽，例如，在纪律处罚决定中出现的某个适用条款错误，或某个字句的错漏，都可能在网络化传播环境中无限放大，对体育社会组织的公共形象产生负面影响，导致暂时性的公共关系危机。如果不能在最短的时间内化解危机，或者以逃避、推诿、被动的工作方式予以处理，这种暂时性的公共关系危机将会延时，并与后续不断爆出的公共关系危机形成叠加效应，以致危机的延时效应达到不能有效地说服公众的程度，最终导致公共关系危机的大爆发。所以必须对职业体育联赛的突发性事件高度重视，尽快将暂时性危机产生的不良影响清除干净，避免暂时性危机久拖不决，形成共振效应，对体育社会组织的公信力产生长久的负面影响。如何化解职业联赛发生的突发性事件带来的负面影响，对于体育社会组织公信力建

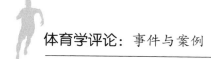

设，乃至职业联赛的可持续发展具有重要意义。

中职篮"川辽冲突"事件是指 2015—2016 赛季中国男子篮球职业联赛总决赛第三场——四川队主场对阵辽宁队比赛，赛后在辽宁队入住酒店门口，四川队球迷与辽宁队部分球员发生了严重的肢体冲突，这一事件通过微信等新媒体迅速扩散，一夜间成为中国篮坛的大事件，对中职篮的公共形象产生了恶劣影响，同时将中国篮协推向了风口浪尖。中国篮协对此突发公共事件的回应和处置明显滞后，表现出被动处置、拖延危机的风格，"川辽冲突"事件同时映射出中国体育社会组织普遍存在的危机管理问题，缺乏一套可操作性的危机公关机制。以下围绕"亚太经社会"组织关于善治的 8 个方面内容展开实践讨论，以期对中国篮协乃至中国体育社会组织危机公关提供一套可操作性的解决方案。

2.6.2　体育社会组织危机公关案例分析

（1）积极参与

共同参与是善治的基石，参与可以是直接参与，也可以通过合法中介机构或代表进行参与。从西方代议制民主实践角度而言，代议制并不意味着社会弱势群体的诉求能够在决策制定中得以充分考虑，不仅关涉民主自由和表达意愿的自由，更需要一个组织化的公民社会。[4] 在"川辽冲突"事件中，中国篮协作为职业联赛的领导者，在突发公共事件发生后的协商解决过程中，应当扮演引领多方协商的中枢角色。在具体协商事宜中，不仅涉及与四川队方面、辽宁队方面的单线问询调查，更需要纳入更多的利益相关者，倾听不同的声音，让突发公共事件的多元治理主体积极地、充分地参与，一起协商事件处理事宜。这些治理主体至少包括四川队方面代表、辽宁队方面代表、涉事球迷代表、涉事球员代表、中立方代表（如酒店当值保安等）、中国篮协代表等利益相关者，各方应积极参与事件解决，中国篮协在完成单线问询调查这一必要环节之后，应尽快启动"共同参与"式的民主协商程序。民主协商问题是中国体育社会组织治理改革的大方向，

《中国足球协会调整改革方案》明确提出"逐步形成依法自治、民主协商、行业自律的组织框架"。中国篮协主导的单线问询调查能够排除利益相关者的不当干预，更加充分具体地了解问询方关于公共事件的看法和利益诉求。但是，单线联系阻碍了信息的公开流转，加剧了涉事各方的不信任，事件治理主体对自我利益能否得到公平公正的考虑产生更大的疑虑，同时有扩大涉事各方对立情绪和矛盾的可能性。中国篮协应该承担事件管理者的责任，第一时间组织单线问询调查和民主协商"圆桌会议"，在突发公共事件中发挥"穿针引线"的引领作用，促进利益相关各方开展有效的民主协商活动，为事件治理主体的积极参与提供平台保障。

（2）遵循法治

善治需要执行公平公正的法律框架，还需要充分保护人权，尤其是少数人的人权，同时要求独立的司法机构秉公执法。[4]"川辽冲突"事件中，中国篮协将超出组织内部司法权的部分，且在事件中涉嫌违法犯罪的行为活动移交公安机关处理，这说明中国篮协在组织自治与国家法律制度间关系问题上处置妥当。组织自治与法律制度之间的价值冲突一直是国际体育发展的争论焦点，国际体育组织具有自治的历史传统，随着国际体育组织在全球政治经济领域的纵深发展，其传统自治体系、治理机制与国家司法实践形成了局部的紧张关系。最典型的案例是，近年来欧盟司法部门频繁介入公共体育事件，由于全球体育一体化发展趋势并非割裂的板块，而是一个融入全球化、本土化、地方化的历史进程，体育发展表现出公共性的一面，同时为民族国家集团干预全球体育发展中的偏离行为提供了合法依据。体育自治不是法外之物，尤其在独立于全球体育治理体系之外的国家体育发展环境中，体育自治更不能逾越国家法律制度的基本框架。中国篮协将"川辽冲突"事件中的一些违法犯罪线索主动移交公安机关处理，很好地诠释了体育自治必须敬畏国家法律制度的根本主张，体育自治活动必须始终围绕在国家法律制度下合理有序展开。与此同时，在体育社会组织内部自治的既有秩序框架下，中国篮协又具备一定形式的"软法"治理功能，

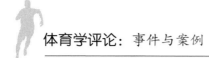

运用组织章程、纪律处罚条例、道德行为规范等一系列组织内部自治机制，对偏离组织发展理念、目标、行为规范的不当行为予以规范处理，也是对善治视阈中遵循法治原则的实践执行形式。

值得提出的是，2016年4月15日（"川辽冲突"事件发生后的一个月），"川辽冲突"事件有了最新进展，辽宁和四川方面分别发表致歉声明，向广大球迷提供了一个迟到的交代。令人遗憾的是，中国篮协迟迟没有给出该事件的处罚决定，也可以认为，该事件反映出中国篮球行业内部治理监督机制的缺席，在某种特殊的突发公共事件情境中，人治大于法治，以当事人双边和解与善后的做法，来替代行业内部自治"软法"的规制功能。很显然，这一处理方式虽然获得了冲突双方的谅解，很好地处理完事件的善后工作，但对于中职篮的公共性价值缺乏慎重考虑。更重要的是，要给予中职篮真正意义上的存在主体——广大球迷和公众，一个客观公正的说法。不能以息事宁人的保守做法，破坏中职篮内部自治规则、既有秩序和公共形象。如果"川辽冲突"事件可以久拖不决，甚至无人承担公共责任，那么，以后中职篮发生打架斗殴这类严重违反联赛健康发展的行为，是否都能够在中国篮协自由裁量权的庇护下予以豁免？这不仅是对体育行业自治规则的公然践踏，也是一种危险的尝试，为权力寻租行为提供了窗口。

（3）透明公正

透明公正意味着决策制定和实施过程需要遵循规章制度，也意味着受到决策影响的人们能够直接获得决策制定和实施的消息，同时还意味着媒体需要以人们容易理解的方式向人们提供足够的信息。[4]提升透明度是国际体育组织最新的改革目标，国际奥委会主导的《奥林匹克2020议程》第29条议题"扩大透明度"指出，要求遵循国际财务报告准则（IFRS），制作公开透明的年度活动和财政报告。国际足联在2016年特别大会上表决通过了新一轮治理改革方案，将透明度纳入治理改革目标。"川辽冲突"事件中，各方并未付诸公开透明的议事程序，或者说根本就不存在一个透明化程序的设计，这是中国体育社会组织普遍存在的问题，也反映了中国传统的人际关系社会的典型特征。一些突发公共事件不走透明化程序，以私下协商解决为主，不愿放在台面上解决问题。这固化了点对点的利益协商交流，缺乏在一个公共平台上的公平对话，不仅增加了民主协商的成本（从时间、精力到可见的资源），也加深了互相猜疑和不信任感，无益于公共事件的快速高效解决。对于中职篮的最大利益群体——广大球迷而言，很难获知有价值的事件进展信息，等待成为广大球迷唯一的选择。至于中国篮协的处理结果是否公正，要从程序正义与实质正义两个方面理解。从议事程序规范方面来说，很显然是缺乏正义的，打上了内部处理的烙印。然而，从人之常情角度出发，处理结果又符合现实要求。辽宁方面多名球员严重违规，如果开出停赛罚单，总决赛便缺乏精彩，对于中职篮的商业与公众影响无法估量。中国篮协只能采取缓兵之策，搁置争议，一切未尽事宜等待联赛结束后再议，这样便造成了程序正义与实质正义的价值冲突。

（4）积极回应

善治要求机构及实施过程能够尽量在合理时间内回应所有的利益相关者。[4] "川辽冲突"事件是一起典型的公共事件，尤其在新媒体传播环境中，公共事件能够产生裂变式传播效应，"川辽冲突"事件借助微信传播的力量，在两三个小时内传遍中国篮坛，演化为中职篮乃至中国篮协的危机性事件。按照当前处理公共事件的惯例，事件中涉及的主要责任部门应第一时间做出回应，满足公众对于"尽快讲述"的迫切需要，"尽快讲述"之所以重要，在于人们接受信息时存在心理上的"首因效应"和"第一印象效应" [5]。"川辽冲突"事件发生后，中国篮协第一时间介入事件调查，在心理层面上对于稳定各方情绪发挥了积极作用，同时完成了"首因效应"的"讲述"环节（承诺）。然而，中国篮协在"首因效应"讲述后便没了下文，没有发布更多的事件进展信息。很显然，"尽快讲述"涵盖了公共事件发生、演变与结束的全过程，善治视阈中的"积极回应"原则同样是对公共事件全过程的客观要求。中国篮协第一时间发声表明态度，只是"积极回应"的

第一步，重要的是全程跟进。俗话说"开弓没有回头箭"，中国篮协佯装拉弓，便动作停滞不再发声。如果广大球迷无法获知权威信息，那么就会给谣言传播提供温床。"川辽冲突"事件发生后，各种版本的说法流于互联网，诸如"辽宁多名球员在冲突事件中受伤，连夜返回辽宁接受治疗""总决赛被迫取消"，更有言论者将事件造成的危害无限放大，扭曲事实，进一步扩大了事件可能产生的负面影响。如果无法做到"积极回应"，那么就会陷入被动的境地，消耗更多的精力发声辟谣，最终被网络谣言牵着鼻子走。2007 年颁布的《中华人民共和国政府信息公开条例》，将各级职能部门的信息公开责任提上了改革议程，体育社会组织具有的公共属性，在政府信息公开方面具有同源性和参照性。同时，谣言止于积极回应和信息公开，关于"川辽冲突"事件的"全程讲述"，对于中国篮协更好地开展工作，安抚各方情绪，缓解负面影响，都是非常有利和必要的。

（5）达成共识

善治需要社会中的不同利益相互调节，并在社会的最大利益以及实现社会的最大利益上达成共识。善治还需要从广泛而长远的角度来考虑人类的可持续发展，并从特定的社会历史、文化与社会背景中获得理解。[4]中国篮协在协调事件冲突双方的利益方面做出积极努力，这是基于事件冲突双边达成共识的考虑，一种针对直接利益方的调解平衡功能。正如善治中"达成共识"原则所言，善治需要社会不同利益相互调节，为实现社会最大利益付出努力。"川辽冲突"事件一方面涉及冲突双方的直接利益，另一方面涉及中职篮的公共形象，媒体、广大球迷和公众的间接利益。以媒体的视角，媒体缺乏积极参与，就不会形成共识。在整个冲突事件全过程中，公共媒体都被排挤在外。事件冲突双方和中国篮协采取了"闭门谢客"的方式，这种封闭式的媒体关系建构，虽然在信息再生产过程中避免了"节外生枝"，也是我国体育社会组织应对媒体报道的固有套路，但在媒体生产本质方面堵住了信息流转的命门，缺乏对公共事件舆论环境的引导。采访是媒体的生计，缺乏直接采访这一"硬新闻"的形式，媒体介入突发公共事件报道就只能采取"软新闻"策略，"软新闻"更多的是推理式、评论性的，网络媒体更是随意揣测走出"标题党"路线，甚至抱以"唯恐不乱"的心理博取"眼球效应"。事件冲突双方和中国篮协并未充分赋予媒体的采访权利，在媒体生产方面未能达成共识，共识的形成是付诸行动的基础，在公共事件的解决上就缺乏统一认识，在行动过程中就会产生分歧乃至离心力。最典型的案例就是中国足协面临的舆论环境问题，长期以来，中国足协运用封闭式的媒体应对策略，在供给侧切断了广大媒体的生产通道，一些媒体无奈采用"八卦"的形式，要不哗众取宠，要不刻意抹黑，一次次制造中国足协的"坏印象"，从而不断累积形成中国足协的"刻板印象"，即信息封闭、作风保守、办事拖拉、决策犹豫。如果逆向思考，突发公共事件本身是糟糕的，但在开放价值观的正确导向下，也可能产生"逆袭式"效应，留下"积极应对""敢于担当"的好印象。这就需要事件冲突双方和中国篮协，向更广泛的利益相关者开放价值观，舍弃自身利益，顾全社会大局，在实现社会最大利益这一根本立场上达成共识。

（6）平等包容

一个社会是否充满幸福感，取决于所有成员感觉到他们是其中的一部分，不会感觉他们被排除在社会主流之外。这需要所有的群体，尤其是弱势群体，有机会改善或者维持他们的福利。[4] 中国篮协在处理冲突事件时，主要考虑的是冲突双方的利益协调问题，缺乏对广大球迷和公众利益的考虑。中职篮联赛作为文化商品的本质，在满足与服务广大球迷群体的需求方面还有待进一步提高。关于冲突事件中受伤球员的现实关怀问题，是一个道德与现实的悖论。中国篮协充分尊重与考虑在冲突事件中辽宁球员的感受，尤其在总决赛的节骨眼上，延缓做出相关纪律处罚决定，体现出道德层面上的包容。然而，道德与现实之间的价值裂痕，足以撕裂道德寄予的美好期待。在监管者层面体现的包容价值，类似于非法道德行为的豁免原则，在富有人情味的同时，也面临违纪不究的现实拷问。作为支持中国篮球事业发展的球迷群体而言，都知道呵护

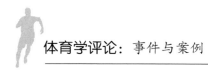

我们的球员、保护我们的联赛的重要性，结合个别球迷蓄意挑衅的特殊情境，对辽宁队球员的非理性行为便多了一份理解和包容。即便这样去考虑，新媒体也有不同声音，认为道德考量不能以破坏行业秩序为代价，所谓长痛不如短痛，违纪违规就必须得到应有的处罚，秩序和规则永远是第一位的。无论偏于道德价值考虑，还是偏于捍卫秩序与规则的考虑，都不会有绝对的正确与错误。体育是彰显人类主体性的重要形式，体育竞赛的价值主体最终要落实在"人"的上面，竞赛是以弘扬人类美德为价值旨归，有"人"的竞赛才是自由的，有人情味的竞赛才是道德的。中国篮协在包容性价值方面的考虑值得称赞，但在程序正义和透明度方面还有待进一步完善，也就是在操作性层面上，如何让广大球迷和公众理解接受，是今后需要改进的目标方向。

（7）实际高效

善治意味着决策过程在满足社会需求的同时，能够充分利用手头的资源，善治中的高效概念还包含对自然资源的可持续利用及环境保护方面。[4] 体育社会组织控制的无形资源，源自在领导体育行业可持续发展方面的合法性地位。中国篮协在建设发展职业联赛方面扮演了组织者和监管者的角色，在实际高效解决突发公共事件问题上具有引领作用。根据《中职篮联赛手册》规定，运动员出现打架斗殴等严重违法违纪行为，主办单位将视情节轻重，对其给予通报批评、停赛 8 至 10 场的处罚。然而，中国篮协迟迟未能做出关于事件中各方责任认定的处罚决定，没有任何人为此承担责任。四川方面和辽宁方面也未能在事件发生后的第一时间发表致歉声明，而是在事件发生后的一个月时间，冲突双方通过官方微博发表致歉声明，辽宁方面对冲突中受伤的球迷表示歉意，四川方面对安保工作上的疏忽表示歉意，这一迟到的歉意声明在处理突发公共事件问题上明显处于被动的境地。与此同时，中国篮协作为监管者并未实际高效地发布事件进展信息，也未能很好地履行监管者的责任，督促事件双方实际高效地做好信息公开工作，罔顾广大球迷和公众的迫切期待。

（8）责任明确

责任明确是善治的关键所在。不仅是政府机构，还包括私营部门和公民社会组织，都要对公众以及利益相关者负责。谁对谁负责的问题，取决于决策或行动实施是在组织或机构的内部还是外部。一般来说，一个组织或机构会对那些受决策或行动实施影响的人负责。责任明确不能缺乏透明公正和遵循法治的要求。[4]"川辽冲突"事件中，至少存在三个相关责任主体，第一是涉事的辽宁队球员对自己的不当行为负责，对造成相关球迷的伤害负责，对造成负面的公众影响负责。第二是四川队方面未能做好安保工作，对直接导致冲突事件负责。第三是中国篮协在赛事组织和监管方面承担相应责任。从冲突事件造成的显性影响来说，主要指向涉事球员的过失，也是对职业球员道德规范的客观要求。这其中容易忽视另外两个责任主体所要承担的责任，四川方面作为赛事举办方，有责任保护球员的安全。四川方面无视客队球员的安全考虑，给本地球迷挑衅客队球员的机会，客队球员在冲突事件中受伤，直接削弱了客队的竞技实力，主队便成为了间接获利者。四川方面在维护客队球员安全方面没有委派任何的安保力量，尤其在冠亚军决赛这么重要的比赛中，具有纵容本地球迷寻衅滋事的嫌疑，应承担过失责任。中国篮协作为监管方，未能对四川方面的安保工作进行督促指导，在中职篮总决赛尚且如此，常规赛更是无法想象。按照以前的惯例，中国篮协作为行业秩序的缔造者和监管者，本身并不在事件中承担任何责任，这种自上而下的管理模式不符合善治理念的要求。管理主要表现为自上而下的归口指令特征，治理主要表现为多元主体的民主协商特征，在私营力量和社会力量崛起的当代社会中，归口指令模式逐渐丧失行动能力，"三大球"运动的可持续发展需要全社会的力量共同推动。增强行动能力必然走向利益相关者的民主协商模式，这就对中国篮协治理功能的转型提出了客观要求，从单一的管理功能走向管理与治理功能并重。作为治理功能转型的中国篮协，必须以多元治理主体的身份与利益相关者展开公平对话，以合作者的姿态参与到行业治理中。善治以责任的分担为

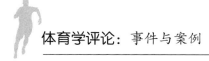

前提条件，讲求"责任明确"，力求实现责权利的对等，这样才能在引领行业发展过程中树立社会组织的威信，强化治理能力和行动能力建设，促进整个行业的可持续发展。[6]

2.6.3　体育社会组织危机公关机制

"川辽冲突"事件暴露出中国篮协乃至中国体育社会组织危机公关机制存在的问题，一方面受到既有公关机制的制约，或许就不存在一套应对组织危机的预案，另一方面受到新的国内国际局势不断变化的影响，无法更好地适应新的社会环境变化。由此，有必要建立一套组织危机公关机制，哪怕建立一个应对突发公共事件的简易流程，并在不断变化的社会环境中适应调整，逐步摸索出一套符合中国体育社会改革发展需要的危机公关机制。这里结合善治理念和原则，初步提出一个应对突发公共事件的简易流程，以期对中国体育社会组织应对突发公共事件提供一些参考。

（1）回应：体育社会组织第一时间介入事件调查，发表声明要求彻查事件，第一时间回应广大球迷与公众的关切。

（2）参与：纳入广泛的利益相关者，特别关注广大球迷和公众的利益诉求。

（3）法治：注重"软""硬"兼施，在国家法治的大框架下，发挥行业自治规则的独特作用。

（4）透明：尊重广大球迷和公众的知情权，与公共媒体（保持中立）展开合作，事件处理全程实行信息公开。

（5）协商：以实现社会最大利益为目标，做好利益相关者的民主协商工作，达成基本共识，增强行动能力，促进事件解决。

（6）包容：在处理突发公共事件中体现"包容"的社会价值，尊重事件冲突双方或多方，乃至广泛的利益相关者的道德诉求，在法治背景下体现"以人为本"和人性化的价值追求。

（7）高效：结合实际，立足务实，分秒必争，全程高效处理突发公共事件。

（8）问责：实行问责制，明确突发公共事件中利益冲突各方的责任，尤其应当明确体育社会组织应当承担的责任，发挥体育社会组织的引领示范作用。

参考文献

［1］公冶民.论国家治理现代化视域下的体育治理［J］.首都体育学院学报，2014，26（4）：292-297.

［2］王邵励.从"体育管理"到"体育治理"：改制背景与内涵新创［J］.成都体育学院学报，2015，41（5）：7-11.

［3］Bevir M. Encyclopedia of Governance［M］.London：SAGE Publications，2007：359-262.

［4］ESCAP.What is Good Governance？［EB/OL］.［2009-07-10］.http：//www.unescap.org/resources/what-good-governance.

［5］王向民，等.公共事件：缘起与治理［M］.上海：上海人民出版社，2014：216.

［6］黄璐.体育社会组织危机公关机制研究——以中职篮"川辽冲突"事件为例［J］.体育文化导刊，2017（1）：19-24.

2.7　大型运动会真的太多了

中国崛起势头迅猛，国民躁动的情绪总是不得消停。近来网络"口水仗"此起彼伏，大型运动会太多太杂成为众矢之的。有砸锅卖铁的、有维稳的、有骂街的、有大唱赞歌的。好东西不嫌多，这是最简单的生活常理。大型运动会多了，国民反而不高兴了，这是哪门子道理，这其中的蹊跷猫腻真得认真盘点。

竞技体育或曰竞争性体育（Competitive Sports），分为高水平竞争性体

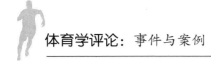

育和业余大众竞争性体育（Mass Sports），进一步将高水平竞争性体育区分为职业体育（Professional Sports）和精英体育（Elite Sports）。体育学界很少在认识论、价值论、哲学、文化学、社会学研究中严谨区分职业体育和精英体育这两个概念，习惯用模糊的上位概念大而统之。二者虽然在本质属性上表现同一，但在价值取向上却代表了两种不同的存在与实践方式。古希腊罗马竞技代表了精英体育的文化精神，近代顾拜旦复辟的奥运会乃至体育传统，也是基于古希腊罗马竞技形态意义上建构起来的。与之相对应的，文艺复兴与英国工业革命送来了资本主义，资本主义精神结合人类运动形态，创造了职业体育的最初形态。国际奥委会及现代奥运会秉持更快、更高、更强的精英体育精神，国际足联及世界杯足球赛则一以贯之眼球经济和商业逻辑。诚然，这两个概念并不是简单的直线对立关系，二者之间的重叠部分、联系与互通性亦较大。例如西甲联赛竞技水平与西班牙国家足球队竞技水平之间呈正相关性，再如英超誉为世界足球职业联赛顶级市场，而英格兰队在2010年南非世界杯赛上却未能晋级八强，这表明一个国家职业联赛发展水平与这个国家足球队竞技水平之间不能简单划等号。这里只是想通过简化概念达到有效讨论的目的。

"二战"后，两大政治集团对弈激烈，西方社会发生了天翻地覆的变化，资本主义阵营始终把利益最大化与商业主义逻辑摆在赛事发展首要位置，亦是一个"原始资本积累"的赛事品牌成长期。不具有商业潜质的、非职业化的赛事发展停摆，奥运会面临前所未有的生存危机。最后的结果众所周知，以1984年洛杉矶奥运会为标志，奥运会还是走了职业体育的发展道路。这里大家会提出质疑，1984年之后的奥运会同样秉持顾拜旦理想主义和古希腊竞技传统，怎么会是商业主义驱动的职业赛事。这里举两个例子。第一，耐克、阿迪达斯在中国设有代工厂，为什么中国能生产同样质量的运动产品，却卖不出同样的价格。第二，北京奥运会证明中国有条件办国际一流赛事，为什么中国本土没有国际知名赛事。我们往往归结为品牌成长问题，那么赛事品牌又是怎么生成的。首先必须在战略与文化层面上去定义一个赛事，创造一个全新的概念，建立一个历史的神话。同样质量的产品，穿阿迪就是"酷"，穿李宁就是"土"；同样性能的手机，拥有 iPhone 就是时尚与身份的象征，拥有中兴就是不入流。奥运会很巧妙地应用人类普适价值的身体表现形式，建立赛事的神话体系和群体认同，在日趋同质化与白炽化的国际赛事竞争中脱颖而出，本质上是赤裸裸的商业主义，以普遍主义的名义来为西方价值体系的特殊利益辩护。

以 1984 年洛杉矶奥运会为转折点，奥运会必须为推行商业逻辑寻求一个恰当的理由，在经济与文化政治层面上引起世界诸国的兴趣，有人气就有市场，商家才有发展空间。雅各布斯（Jacobs）将神话定义为一种保守主义，总是回头找寻基本教义信仰的引导，并引以为世界观。很难想象如果不是乔布斯致力于人文与技术完美结合的文化经济理想，苹果现在会是什么样子；很难想象如果奥运会没有独树一帜的神话传统与价值体系，这样一个大杂烩的赛事会是什么样子。正如杰姆逊尝试把握后现代文化经济基本逻辑的那句名言："经济的生成文化的，文化的生成经济的。"这也正是美国正在做的事情，用抽象的文化符号，换取中国实实在在的资源与劳动。在这层意义上，奥运会的内在本质已今非昔比，顾拜旦复辟古奥运会的精神文化遗产，主要在建构赛事的概念、神话与群体认同层面上使用，奥运会商业主义披上了华丽的外衣，成为后现代文化经济、后殖民主义与新商业主义实践的一个生动案例。

冷战后，资本主义像病毒一样在全球蔓延，利益最大化的根本诉求散播全球，赛事发展呈现两极分化特点：职业赛事迅猛发展，精英赛事日渐式微。国内学者注意到这样一种外在表现趋势，即西方国家主导的职业赛事，向表演化方向延伸。只要顾客满意，商家才有机会。比赛并非单向度的追求技术与胜利，而是主张运动技术为商业主义服务。比赛指向身体审美与媒体狂欢价值，运动员更像是一名职业演员，在赛场上表演身体造型与动作艺术。职业赛事与精英赛事的发展分化很大程度上源自运动项目内在性的规定，田径、游泳、体操、跳水、举重、乒乓球等项目被定义为不具有商业潜质的，足球、篮球、网球、橄榄球、冰球、赛车、高尔夫球等项目被定义为具有商业前景的。现在不得不面临这样的状况，具有商业前

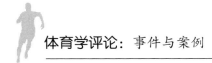

景的项目赛事更加商业化，不具有商业潜质的项目赛事在积极转向商业主义。在赛事商业化方面，世界诸国抱以极大的热情与资源投入，商业竞争日趋白炽化，发展中国家的禀赋优势逐渐淡化，不得不面对赛事商业边缘化的境况。

这里大家又会提出质疑，难道精英赛事就失去应有的价值了吗？显然不是。美国同样热衷于举办各种不具有商业前景的精英赛事，如区域性赛事、公益性赛事、各单项全国大学联赛、校际友谊赛、校级联赛等，各级各类比赛繁多，处处洋溢运动的气息，这些比赛技术水平一般，观赏性较弱，为何不遭人诟病？这就是美国百年来一直努力在做的事情。美国在为它的国民提供一种竞技生活，创造难以忘怀的社区与家乡记忆；在为竞技参与者提供一种公平公正的信念，赢得国民对国家发自内心的信任与尊重；在为竞技赋予文化想象与神话内涵，创造现代国家的情感基础和团结一心的社会氛围。你会抛弃这样的国家吗？显然不会。冷战时期的东方阵营，可以是强大的苏联政治集团，也可以是柏林墙倒塌后的政治军事大国俄罗斯。从政治集团、地理范围和种族范畴来定义一个现代国家早已过时，现代国家是一种极富吸引力的社会文化氛围及其认同范畴，这便是沃拉斯指出的现代国家的存在本质，作为一个心灵的实体、一个抽象概念、一个象征、一个化身、一个归宿。现在中国的某些官员、富商以及官二代、富二代们在捞足"油水"之后，，大都移民去发达国家，或摇身变为双重国籍身份。你能说他们是"中国人"？如果不能有效地运用特殊的形式，建构国家身份的想象与荣耀，中国高速发展之后将成为未来的全球"贫民窟"。艺术、电影、网络民主、赛事等文化形态都是这样的特殊形式，这就是美国一个世纪以来致力发展的大事件。

谈到这里，再回过头去思考中国举办大型运动会的问题，许多疑问便迎刃而解了。中国用改革开放30多年的时间去追赶西方一个世纪的发展脚步，这是不可想象的事情，而事实上确实没法赶超。中国各单项职业联赛市场发展缓慢，具有世界影响的本土联赛品牌尚未确立，惟有申请引进"轮流坐庄式"（如北京奥运会）与"票房提成式"（如上海F1赛车）

职业赛事稳住颓势。中国在列强竞争的国际职业体育格局中丧失话语权与"定价权"，徘徊在职业赛事产业链的中低端。中国真正在做的事情，是在精英体育上有所作为，说得难听点，是在奥运会"软金牌"（低含金量金牌）问题上大做文章。依据营销学长尾理论，中国凭借举重、跳水、乒乓球、体操、羽毛球等诸多"软金牌"项目，组成销量庞大的"长尾"，以粗放式、高能耗的集团作战效应突破营销学的"二八法则"，历史性地登基奥运会金牌榜首，这便是坊间盛传的"中国用职业运动员打业余金牌"。

暴风雪过后惊恐的民众，与迈入新世纪刮起的那阵"中国可以说不""中国崛起"的社会躁动一样，喊出了"中国竞技体育强国""中国体育强国"的口号。这个不具有学术研究价值的议题引起了体制内学者的极大兴趣。中国仅仅是一个奥运金牌强国而已，怎么偷换概念摇身变为职业体育强国，进而等同于竞技体育强国。更甚者步子迈了八丈远，干脆喊出"学校体育大国""大众体育大国"的口号。奥运金牌强国更不能与体育科技强国划等号，田径、游泳基础大项最能证明一个国家的体育科技发展水平，美国奥委会主席向媒体公开承认中国精英体育具有人力、体制和实际的训练方法优势，但对中国体育科技发展问题保持沉默，就是这个原因。近代中国背负屈辱的历史，自魏源"师夷长技以制夷"发轫，到中华人民共和国成立初期，全国人民勒紧裤腰带搞原子弹、发展航空科技，中国人民太需要证明自己了。改革开放 30 多年经济社会伟大变迁，让积压已久的民族情绪（以 1990 年北京亚运会为标志）得到释放（以北京奥运会为标志），转化为一种暴发户式的炫富心理，完全靠经济业绩与文化事件的显摆，来确认自己的国际地位，确认自己的民族自信与国家尊严。进一步掀起后北京奥运时期一线城市申办国际大型运动会的浪潮，如 2010 年广州亚运会、2011 年深圳世界大学生运动会、2013 年天津东亚运动会、2014 年南京青奥会等，这些赛事完全是"赔钱赚吆喝"，中国哪里是在世界体坛扮演救世主的角色，分明是暴发户的钱好赚，招徕了一批专业"盗墓者"，试问现在哪个跨国资本集团不看好中国市场的。暴发户心态导致中国过于"冲动"、过度"饥渴"，走向了另一个极端。最终我们收获的，不是金牌原

初的涵义与象征的荣耀，而是为国家失落的信仰颁发了一个"自我安慰奖"。

中国在职业体育上建树甚微，在申请引进国际品牌赛事上难以获利，就只能把多余的精力放在表现精英体育的国内大型运动会上。全运会、民运会、残运会、大运会、农运会、中运会、城运会、体育大会等，这些大型运动会的商业前景黯淡，但却蕴含着群体认同乃至国家认同的巨大社会价值，即塑造共同的社区与家乡记忆，赢得国家的荣耀与尊重，夯实现代国家的感情根基，服务于中国统一战线。现实中的问题远比期待的要尖锐，农民不"农民"、大学生不"大学生"，铺张奢华，效率低下，创意匮乏，审美疲劳，症结究竟在哪里？

东西方文化政治传统各异，西方以民主政治驱动方式为主，东方以集权政治驱动方式为主，进而体现为两种迥异的赛事发展动机模式。古罗马政权为获得自由民的支持与忠诚，维护政权的合法性和社会等级制度，大力推行发展角斗士竞技盛宴，使其成为一种奢华的国民娱乐活动和大型的公共服务项目。这种政治与竞技间的实现方式，聚集为一种强大的社会政治力量，纵深植入西方民主政治和公民社会进程。上层建筑为实现选票政治的合法性，维护既有社会体制和利益格局，抱以最大的热情与动力发展职业体育，提供这种特殊的公共服务。最典型的案例是英国天空传媒集团收购曼联队事件，最终因球队忠诚与区域认同要素引发的球迷强烈抗议搁浅了，在公民对竞技的情感和球队的忠诚面前，金钱与政治的魔力黯然失色。

反观东方社会的集权模式，公民政治权利随意"被代表"，政治精英注重集权体制内的关系圈影响。陈云"不唯上、不唯书、只唯实"批评到点子上，官员只要得到"上面"的赏识与肯定，做足升迁所需的政绩形象工程，哪还管当事人或国家人民处于什么状况。现在的中国官员处境微妙，经济不景气（粗放增长严令禁止、结构调整阻碍重重），高科技又费力，可利用的形象噱头实在太少，也只能动大型运动会的脑筋，为晋职升迁捞点光鲜。换作日本是什么状况？谁敢动国家之所以成为现代意义上的国家的感情根基这块大奶酪，就必然受到最为严厉的打击。日本足球的崛起是最有力的证据，足球重建了历史文化记忆共识，是大和民族团结一心的心灵纽带，帝国野心的马赛克。日本政治高层怎么会让一群乌合之众盗取国家最大利益集团的奶酪。如果中国官员能够认识到这一点，走出人生追求的低级趣味，中国足球怎么会腐败丛生、臭脚云集，又怎么会输给一个蕞尔小国。

诚然，竞技与权力共谋，绝非中国特色，西方社会政治同样存在。依据亚里士多德城邦生活即政治的观点，竞技本身是一种文化政治活动。正是伯德里亚引出的批判涵义，足球只有过于快活，才不至于承担舆论民众恶魔的责任。问题的关键是，经济状况、思想境界、城市品位这些因素产生的中西差距、国家差距、城市差距，直接决定了实践方式与行动结果。这里借用李力研的一个批判话语形象说明，日本一直在政治舞台上大出风头，绝不是因为他的竞技运动如何发达，而是经济发达到了处处憋涨特想管点闲事的地步。犹同美国竞技体育发展的价值追求，国家战略的兴奋点完全放在了商业主义和国家认同两个维面，一方面是打造世界一流的职业体育市场，另一方面是建构现代国家的感情根基。至于奥运会那些"软金牌"项目，可没脸面花费纳税人的钱，索性扔给市场和学校。反之，足球文化纵深植入欧洲社会的神经，以此形成一股强大的社会政治力量，欧洲国家高层哪敢怠慢。再看深圳市拒绝参加广东省农民运动会这个问题，换作别的经济落后地市，还不屁颠着去献媚，毕竟深圳市的经济状况、思想境界和城市品位已经发展到了一个不需要过多金牌来证明自己的地步。

想想我们的日常生活，对办大型运动会为什么有意见？为什么不开心？赔钱赚吆喝，跟着折腾受累，还得自费度假和限行出门，到哪说理去？中国办赛事不应在行动战略上走两个极端路线，不是"一哄而上"，就是"一刀切"。应当在内在价值层面上走两个发展道路，打造赛事商业主义和国家认同的"双轨制"，实实在在地为国家经济发展服务，为国家人民的幸福生活负责，促进中国文化经济与社会政治领域的发展繁荣。了悟至此，人民日报记者许立群关于"大型运动会是不是太多了？"这个批判性观点寻找的答案是中国有意义的赛事太少了，无聊的赛事太多了。

第 3 章
体育学书评案例

3.1 《竞技体育中的公平竞争》简评

提　要： 本节以《竞技体育中的公平竞争：一个道德规范体系》展开书评，书中对竞技体育公平竞争理论与实践的价值，可总结为公平竞争辩证法和案例法，即公平竞争是一种理想和相对性的概念，表现为使利益各方承认与接受的公平竞争过程，必须以辩证的观点看待问题，以具体案例具体分析的视角作出评价，以期深化对竞技体育公平竞争道德规范的认识。

伦敦奥运会不断上演的裁判事件给人留下了深刻印象，同时对公平竞争理论提出了新的问题和挑战。国内有关竞技体育中公平竞争问题的研究并不多，主要集中在概念内涵[1]、制度建设[2]、行为分析[3]以及文化比较[4]等方面。公平竞争理论作为竞技体育规则制度的基石，具有较为重要的理论与实践意义。他山之石，可以攻玉。遗憾的是，国内现有的研究成果中极少引用国外学者的文献成果，这让学界缺失了一个比较、借鉴、改进与提高自身的机会。为此，重拾竞技体育公平竞争这一重要研究主题，开辟域外视野，回顾与提炼国外学者的研究智慧，进一步深化理解竞技体育公平竞争道德规范显得十分迫切。

3.1.1 《竞技体育中的公平竞争》的基本信息

2001 年泰勒弗朗西斯出版集团（Taylor & Francis Group）旗下的 Routledge 出版社陆续推出了体育伦理研究系列丛书，如《竞技与伦理》（Ethics and Sport）、《竞技中的价值：精英主义、民族主义、性别平等和冠军的科学创造》（Values in Sport）、《破坏竞技：理解并阻止竞技中的性剥削》（Spoilsports）等专著。该系列丛书结合社会和文化研究领域展开竞技体育哲学与伦理讨论，涉及体育道德、价值、破坏行为、公平竞争等体育伦理学研究的主要范畴，旨在对竞技体育实践中的伦理问题进行批判性反思，激励专业评价发展，促进与完善竞技体育伦理与道德建设。

该系列丛书中的《竞技体育中的公平竞争：一个道德规范体系》（Fair Play in Sport：A Moral Norm System，以下简称《公平》）[5]引人关注，主要表现在两个方面：一是从研究选题来说，公平竞争是竞技体育存在与发展的灵魂，是竞技体育道德规范研究的基本问题，加之竞技体育实践中层出不穷的规则问题、判罚争议、参赛身份、运动员赛场行为等公平竞争事件，这赋予了公平竞争研究较高的理论关注度和实践讨论价值；二是从研究内容来说，该书作者 Sigmund Loland 时任挪威体育运动大学（The Norwegian University of Sport and Physical Education）竞技哲学与伦理学教授，在平时教学、学术交流及有关公平竞争事件评论方面积累了丰富经验。该书出版已逾 10 年，但书中主张的公平竞争辩证法（相对性）和穿插代表性的案例讨论，至今仍有较高的理论和实践研究价值。

3.1.2 《竞技体育中的公平竞争》的主要内容

《公平》共分五大章节，第一章主要论述了体育比赛的规则、目标和社会逻辑，涉及公平竞争的概念分析、历史背景和当前理解、竞技伦理的作用和重要性等问题，认为竞技体育是在规则治理下的社会实践活动，是一种特定的社会逻辑，具有工具论价值和目标指向性。体育比赛的目标分

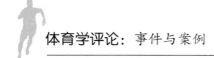

为结构目标（Structural Goal）、蓄意目标（Intentional Goal）和道德目标（Moral Goal）。结构目标是依据运动员竞技表现进行比较和排定名次，蓄意目标是依据运动员多元的个体目标表现出的主体性差异，道德目标分为正式的和非正式部分，正式的部分要求对比赛公平公正有明确的规定，有合理的规则并遵守规则，非正式的部分要求比赛双方互相尊重理解，表现出良好道德。

第二章主要论述了基本道德观点在竞技体育中的适用问题，涉及自愿选择、实用理性、利己主义、结果主义、功利主义、道德推理以及规范体系等基本伦理学理论，具体有亚里士多德、康德、休谟、霍布斯、罗尔斯、边沁等人观点，这些基本伦理学和公平正义理论的引入，从不同的道德立场和多元的理论视角，为竞技体育公平竞争道德规范的讨论提供母学科理论支撑。

第三章和第四章主要论述了正确的体育比赛（Right Sport Competitions）和良好的体育比赛（Good Sport Competitions）的公平竞争范畴，也可以抽象为体现程序"对的"和体现本质"善的"两个哲学辨识范畴，涉及比赛正义的基本准则、程序公平、机会平等、不正当竞争、运动员表现、功利主义、以实现目标为目的和以游戏为目的的良好比赛等问题，比赛规则必须接受公平公正程序的检验，参赛者必须自愿遵守公认的比赛规则，对比赛的外部环境、个人条件和场地设备引发的争议进行辩证分析和案例讨论，力求对公平竞争道德规范做出合理解释。即使参赛者严格遵守规则，做到了程序公平的"正确的体育比赛"，但不一定是本质向善的"良好的体育比赛"。比赛双方在竞技能力和态度方面尽可能一致，报以蓄意的目标追求和游戏的比赛态度，才能形成良好比赛的共识，激发参赛者对胜利的渴望以及尽全力比赛的行为。

第五章主要总结提炼了全书观点，认为一个合理的公平竞争道德规范应该尽可能的简单、完整和保持内部一致性（Simplicity、Completeness、and Internal Consistency），并列举了具体的道德规范条款，实现共同的比赛目标和共享公平竞争精神。建议保持比赛结果的可控制性和不可预测性之间的平衡关系，以实现比赛的不确定性结果且令人接受的紧张状况（The Sweet Tension of Uncertainty of Outcome），提升比赛的紧张感、精彩程度和观赏性，亦是竞技体育道德目标的有机组成部分。

3.1.3　《竞技体育中的公平竞争》的理论与实践价值

《公平》建立在普遍认同的竞技体育公平竞争道德观念基础上，结合基本的道德原则和具有代表性的公平竞争实践案例，比较全面系统地阐释了现行公平竞争道德规范，以及这些道德规范给竞技体育实践带来的变化、结果和社会影响。该书围绕三个核心问题展开论述，即竞技体育的公平（Fairness）、公正（Justice）和关键价值，运动员道德和不道德行为的解释，如何创造"好的竞争"（Good Competition）。

该书在体育理论方面的贡献可以总结为"公平竞争辩证法"，不断辩证认识公平竞争道德行为的公平性和公正性。理论上往往将公平竞争的概念和主体行为条块化、机械化和绝对化，在付诸实践时才发现，这些被定义的道德规范实际操作起来具有极大张力，以不同的利益群体（运动员、观众、媒体、国家或国际组织等）、不同的价值视角（竞技、性别、政治和社会等）、不同的环境条件（个人条件、外部环境和训练条件等）做出评价，甚至能够得出南辕北辙的结果，引发无尽争议。例如，竞技健美操运动的早期发展，在"难、新、美"的价值导向下，过度追求成套难度技术发展，当前一系列政策和规则变化，如减少比赛套路时间和难度数量、限制难度动作在成套中的表现、增设健身健美操比赛等，价值转向为成套完成和艺术表现。按常理来说，这违背了人类挑战身体极限的竞技运动基本原则，但是出于项目观赏性的要求，促进项目赢得市场认同和更好更快发展，以及创造规则条件保护运动员身体的价值视角，在追求难度技术和艺术观赏同时，做出了多元价值的综合权衡，形成了当下项目发展的主导价值和发展状况。这可能在名义上不符合更快、更高、更强的奥林匹克价值观，不是一个"正确的价值选择"，却是一个"恰如其分的价值权衡"。公平竞争是一个相对的概念和道德规范体系，相对于某个条件变量而言是

表现公平的。公平竞争道德行为本身具有较强的辩证特点，是一个不断认识、改进与再认识的道德提升与行为改造过程。应该考虑多视角、多目标和多价值层面的影响，才能权衡各方利益关系，尽可能地避免比赛争议，更全面、更客观、更系统、更有效地推进竞技体育公平竞争理论与实践的发展。

　　该书在体育实践方面的贡献可以总结为"公平竞争案例法"，不断分析总结公平竞争典型案例的共性和特性。公平竞争是一个社会实践范畴，关系经济、媒体、教育、体育等各领域的健康发展。引入基本的道德原则来解释竞技体育公平竞争行为，必须充分考虑竞技体育的价值特性和行业特点。竞技体育公平竞争是不断进行中的道德价值判断过程，依据具体环境和要素条件的不同，评价结果表现出个案分析的特点，随着比赛内外部环境变化和观念认识的进步，评价结果亦表现出变化发展的特点。例如伦敦奥运会羽毛球消极比赛事件，8 名球员被取消比赛资格，成为奥运羽毛球史上最严厉处罚。消极比赛行为是国际体坛的潜规则，足球、棒球、篮球等项目是重灾区。北京奥运会男足小组赛最后一轮，由梅西领衔的阿根廷队已确保小组出线，为保存实力阿根廷队尽遣替补上场；伦敦奥运会女足小组赛最后一轮，获 2011 年女足世界杯冠军的日本队已确保小组出线，为保存实力并且力求在下一轮对阵中避开法国队，日本女足尽遣替补上场。但阿根廷队和日本队没有受到任何形式的处罚。两相比较，大相径庭。这充分体现了具体案例具体分析的价值，在项目差异、制度设计、赛制安排、比赛规则、涉及利益相关者的权利要求、舆论环境、伦理道德等方面体现出较大差异，根据不同的公平竞争事件情境和影响因素做出合理的判断。公平竞争涵盖并体现尊重、友谊、团队精神、公平竞赛、无兴奋剂的竞技、平等、诚实、团结、宽容等竞技体育和日常生活中的基本价值，这些抽象的价值惟有接受实践检验和案例讨论，才能得以彰显和广受认同，才能经得起历史的检验。

3.1.4 《竞技体育中的公平竞争》的不足之处

　　《公平》适合课堂教学讨论、研究应用和行业案例参考。不足之处在于对起点公平和结果公平问题关注甚少，主要围绕过程公平这个中心主题展开讨论。这在一定程度上反映了西方社会对于公平竞争理论的操作性层面的关注，对公平竞争时序中的"两头"（起点和结果阶段）关注不够，这就忽视了竞赛主体的对等关系，即公平竞争的本真含义是强调竞赛主体的对等性，保证运动员具有对等而非平等的竞赛权利，因为公平竞争在形式上要求的"平等性"恰恰剥夺了公正竞赛所要求的"对等性"[6]。在商业至上论和文化霸权主义主导的体育全球化进程中，以忽视起点公平问题为表征的媒介奇观体现出的公平竞争形式化趋向，掩盖了国家间、地域间的不公平竞争的事实本质。这里以国际公平竞争委员会（International Fair Play Committee，CIFP）为例，如表 3-1 所示，CIFP 推举的公平竞争行为范例高度体现欧美中心主义，与欧美体育价值观国际推广的切身利益紧密联系。在 CIFP 欧美中心主义之外，在非洲备受青睐，CIFP 第三任（1997—1999 年）主席来自西非，CIFP 网站上展示了非洲球迷的公平竞争范例。历史上非洲是法国的殖民地，战后法国对非洲实行利益代理人扶持和文化殖民战略，形成了新的体育双边交流关系。作为法国利益代表的软权力实践组织机构，CIFP 借助体育无国界的优势开展法国对外交流活动，建构符合法国利益诉求的地缘政治格局，在建立法非新殖民主义关系中发挥了一定作用。一些有良知的发达国家公民，致力于援助不发达国家的贫困运动员，使其至少在运动装备上形成对等关系，他们的援助行为影射出波西米亚文化、嬉皮士运动、嘻哈帮、布波族的救世精神，在日渐败坏的世俗风气中寻求人类灵魂和精神救赎。而这些边缘化的向善价值，又被《公平》那种严肃的学术讨论所遮蔽了。这种无意识涉及的相关知识与主题讨论，隐藏背后的意识形态问题需要引起足够的重视。亦即西方体育全球化进程中嵌入的"木马程序"及存在的价值认同陷阱，以价值普适性的名义为西方体育价值观的特殊利益服务[7]。今后需要更多的案例分析，植根发展中国家的权利立场，重估竞技体育中的公平竞争理论发展价值，并深化竞技体育公平竞争理论与实践的讨论。

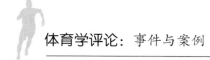
表 3-1 CIFP 网站上推选的公平竞争奖范例[8]

设奖项目	获奖者及所在国	公平竞争行为
顾拜旦公平竞争个人行为奖	Sergey Bubka（俄罗斯撑杆跳运动员）	1995 年奥运会撑杆跳比赛，将器械借给南非选手。慕尼黑 IAAF 大奖赛决赛，将器械借给对手 Brits，最终 Brits 夺冠。
顾拜旦公平竞争组织行为奖	国际足联	大力倡导公平竞争，修订大量规则与解释，对暴力及不公平竞争行为给予严厉制裁。在 1994 年世界杯赛上，在球员与球迷中创造了良好的竞技道德和公平竞争氛围。
顾拜旦公平竞争集体行为奖	挪威人民	本着奥林匹克宪章精神，为所有国家的运动员欢呼，为竞技水平低的运动员鼓掌，展现了良好的体育精神风貌。数千志愿者积极开展体育援助活动，帮助底层人民和战争受害者。
	塞内加尔足球观众	在非洲国家杯赛上，国际体育媒体突出报道了塞内加尔观众的体育行为，他们不仅为自己的球队加油，还为对手喝彩。
伯罗特拉体育事业奖	Miguel Indurain（西班牙自行车运动员）	环法自行车赛和奥运会冠军，在整个职业生涯中践行"公平竞争比胜利更重要"，忠于球队，是尊严和公平竞争的楷模。
	Wayne Gretzky（美国冰球运动员）	作为 NHL 明星球员，保持了 NHL 史上几乎所有进攻记录。积极从事社区与慈善事业，奥林匹克援助委员会荣誉委员，成立个人基金会帮助渴望从事曲棍球运动的青年弱势群体。
道姆促进公平竞争奖	L' Equipe（法国报纸）	长年支持 CIFP 的工作，定期出版花名册并报道颁奖典礼。
	Bud Greenspan（美国电影导演）	为体育纪录片的发展和体育精神的传播作出了突出贡献。如在其电影作品中成功塑造了一名坦桑尼亚的马拉松运动员，在落后对手一个半小时仍坚持完成比赛的感人事迹。

此外，对公平竞争的现行理解及概念定义比较模糊，文中从古奥运竞技、凯尔特人传统、中世纪骑士精神、莎士比亚文献、19 世纪英国公立学校与《Sporting Magazine》杂志有关公平竞争概念表述、绅士行为等方面进行历史追溯，对公平竞争现行观念的理解采取了概念描述性和案例解释性的分析方法，对公平竞争概念内涵的把握不够具体。如表 3-2 所示，可以考虑 CIFP 对于公平竞争概念的具体解释，包括尊重、友谊、平等、诚实、团结、宽容、乐趣等概念内涵和价值范畴。

表 3-2　CIFP 对公平竞争行为评价的价值范畴[9]

公平竞争价值范畴	CIFP 网站释义
尊重 （Respect）	必须依据成文规则进行比赛；必须尊重非成文规则；必须无条件地尊重对手、队友、裁判和体育迷。
友谊（Friendship）	赛场上的对手并不排斥友谊，友谊从高尚的竞争中发展而来
团队精神 （Team Spirit）	个人可以强大，但在团队中可以变得更强大，独自取得的胜利是甜蜜的，但没有比同团队分享胜利的时刻更甜蜜的事情。
公平竞赛 （Fair Competition）	享受胜利的成果还不足以成功，胜利必须以完全公平的方式和诚实的比赛为前提。
无兴奋剂的运动 （Sport Without Doping）	使用兴奋剂的人在作弊，作弊的人会毁了比赛，毁了比赛的人不能参与到竞技中来。
平等（Equality）	平等竞赛是竞技的基本条件，否则成绩无法适当的度量。
诚实（Integrity）	真正的冠军必须在正确的道德框架下完成比赛，包括诚实和遵守道德伦理。
团结（Solidarity）	彼此支持，分享情感、目标和梦想。
宽容（Tolerance）	愿意接受自己不认同的行为以及产生的自我抑制，可能成为成功或失败的决定因素。
关怀（Care）	真正的冠军关怀他人，因为他们十分清楚，如果没有他人的关怀自己无法成功。
卓越（Excellence）	更快、更高、更强，竞技使我们毕生致力于追求人类的卓越。
乐趣（Joy）	从事任何运动，首先应该寻找乐趣，即使在比赛最激烈的时候，也不能忘记玩耍。

3.1.5　小结

《公平》对竞技体育公平竞争理论与实践的价值，可总结为公平竞争辩证法和案例法，即公平竞争是一种理想和相对性的概念，表现为使利益各方承认与接受的公平竞争过程，必须以辩证的观点看待问题，以具体案例具体分析的视角作出评价。同时应该看到，在严肃的学术讨论背后隐藏的意识形态问题，这不仅出于"明辨是非"的考虑，为竞技体育强国建设提供理论支持，也为竞技体育公平竞争理论与实践的中国化进程预留了发展空间，为推动西方公平竞争理论的革新发展创设了契机。

参考文献

[1] 赵昆. 竞技体育公平竞争的概念界定 [J]. 北京体育大学学报，2011，34（4）：16-18.

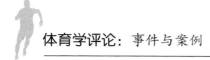

［2］张春燕，钟明宝，王玉珠.体育竞赛公平竞争及其制度建设研究［J］.中国体育科技，2007，43（3）：3-8.

［3］张厚福，张新生，谢光辉，等.竞技体育反不公平竞争行为的研究［J］.武汉体育学院学报，2008，42（8）：32-36.

［4］郑小九.论中西方体育文化中公平竞争精神的差异［J］.广州体育学院学报，2008，28（2）：12-14.

［5］Loland S. Fair Play in Sport： A moral norm system ［M］.New York：Routledge， 2002.

［6］刘卓.对等性——"费厄泼赖"的本真含义［J］.体育文化导刊，2004（6）：19-21.

［7］张旭东.全球化时代的文化认同：西方普遍主义话语的历史批判［M］.北京：北京大学出版社，2006：29.

［8］International Fair Play Committee. Heroes and Legends ［EB/OL］.（2011-06-06）.http：//fairplayinternational.org/fairplay/heroes-and-legends.

［9］International Fair Play Committee. The Essence Of Fair Play ［EB/OL］.（2011-06-06）. http：//fairplayinternational.org/fairplay/the-essence-of-fair-play.

3.2 《当我谈跑步时，我谈些什么》研究札记

提　要： 以村上春树的《当我谈跑步时，我谈些什么》为研究文本，洞悉跑者人生哲学，透视这个变革时代的精神色调。作为跑者的村上春树，从马拉松运动的哲学沉思道出了生活的真谛。在人人生而无聊的境况中，马拉松运动让跑者的日常生活充盈起来。马拉松运动是激励人生的一种生活方式，比收获健康更有积极意义。跑者在宣扬自我性格的同时，必须承担社会推广责任。马拉松是一种炫酷哲学，与传统世界之间有着千丝万缕

的联系。跑者应当享受身体磨难，守望内心原初的梦想，奔赴最美好的未来。

近两年来，中国城市掀起了马拉松赛事热潮。从社会表征的层面，文学作品记录了时代变迁的过程与细节，反映了现代民族国家的历史演进，伟大的时代同时催生出许多脍炙人口的文学作品。在诸多记录跑者世界的文学作品中，日本知名作家村上春树的《当我谈跑步时，我谈些什么》[1] 可谓风格迥异，一方面展示了日本民族性格的当代转变，展示了村上春树对战后时代的个性认知，另一方面记录了战后世界变迁的精神风貌。本节通过对村上春树基调轻盈的文字记述进行细读，捕捉文字背后的个性、观念、隐喻与情怀，洞悉跑者人生哲学，透视这个变革时代的精神色调。

3.2.1 在无聊与充盈之间

人人生而无聊，有些人忙忙碌碌，手头的事一辈子做不完；有些人无所事事，闲得只能放慢脚步以便消磨一些时间。人生的无聊并不在于忙忙碌碌或无所事事，有些人忙碌一生，却没有时间停下匆匆的脚步，倾听自己内心的声音，大半生在空虚与无聊的精神状态中度过。有些人无所事事，或重复机械式劳作，却在坚持中发现了人生的意义与航标，在远行中找到了最真实、最感动的自我。哲学家叔本华提出"要么庸俗，要么孤独"这一生命意志命题，生命是一团欲望，欲望不能满足便痛苦，满足便无聊，人生就在痛苦和无聊之间摇摆，事实上痛苦和无聊两者就是人生的最后两种成分[2]。马拉松项目的基本特点无疑是长时间的、重复性的、机械性的跑动，人们要沦落到多么无聊透顶的境地，才会选择这么枯燥乏味的运动项目。

人们无节制地追求权力与金钱，身体处于高速运转中，丰富的物质生活无法填满欲望的沟壑，夜深人静的时候仿佛坠入黑暗的深渊，空虚感迎面袭来。选择具有意义的、积极的、磨难的方式，对抗无聊透顶的日常生活，一时成为人们充盈内心世界的方式。信奉个人自由主义的村上春树显然看到了这一点，"全程马拉松就是如此苛酷的一种比赛，不念诵咒语真言，便无法坚持到最后。其中一位选手的真言，'痛楚难以避免，而磨难可以

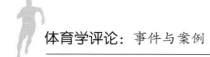

选择'[1]"。此刻，磨难显得漫长，时间却是永恒。影像比文字更能呈现人类的默会知识。在科幻电影《月球》中，克隆人孤身一人坚守月球世界，孤独感拉长了时间的边界，月球上的一天如地球上一个月一样漫长，在枯燥乏味的工作之余，找乐子打发时间，对墙练习乒乓球技术成为每天的必修课。以枯燥的运动训练对抗无聊的生活，在重复性的技术训练中沉潜下来，犹如漫漫人生路，以简单且机械化的程式，锻造精雕细琢的工匠精神，这是一种生活的悲叹与无奈，也是一种积极面对、磨砺自我的生活哲学。

人们在独处时回忆走过的路，尤其人到中年重新审思人生的意义与奋斗目标，总有一丝惆怅，一丝感伤，好似荧幕快要落下，又好似下一剧目即将开演。村上春树用轻盈的文字记录了这一精神状态："思考人生时，我不时觉得，自己不过是一根被冲上海滩的漂流木。从灯塔方向吹过来的贸易风，摇曳着蓝桉树的梢头，沙沙作响。"[1]村上春树选择以痛楚对抗孤独这一解放内心世界的方式，"我跑步，只是跑着。原则上是在空白中跑步。也许是为了获得空白而跑步。人类的精神还没有强大到足以坐拥真空的程度[1]"。芸芸众生无法如禅师般看空俗世，生活犹如空气环绕着你，不经意间被一些生活琐事裹挟其中，喜怒哀乐无法自控，孤独感无从驱赶。马拉松运动可以放空一切，暂时躲避嘈杂的尘世，村上春树感悟到："头脑变得朦胧恍惚，无法完整地考虑任何一件事情。可是当你不顾一切地坚持跑完，便觉得仿佛所有的东西都从躯体最深处挤榨了出来，一种类似自暴自弃的爽快感油然而生。"[1]马拉松运动具有抵抗人类孤独症的功能，或者说枯燥的运动训练具有驱赶内心孤独感的功效，村上春树如是说："唯有如此，我才必须不间断地、物理性地运动身体，有时甚至穷尽体力，来排除身体内部负荷的孤绝感。"[1]

既然选择运动训练来驱赶孤独感，就必须完成一定的业余训练强度，达到一定的身体负荷标准，抱以严肃认真的态度，才能享受运动训练带来的疲劳和痛楚。如果只是心血来潮，或迎合社会潮流，参与马拉松赛事体验，偶尔试跑几次，抱以潇洒走一回的态度，不仅无法完赛，而且这样漫无目的地跑，脑海中不断浮现日常琐事，孤独感仍填充在内心世界中。村上春树采取的方式是"跑得认真"，从事马拉松运动必须达到"认真"的标准，村上春树骨子里流淌着大和民族的文化血脉，日本人做事认真、细心，这是一种民族性格。"于是乎，每周六十公里，一个月大约二百六十公里，于我而言，这个数字便大致成为'跑得认真'的标准。依照慢跑速度，每跑一小时大致相当于十公里。在我来说，这个水平就是相当'认真'地跑了。[1]"此外，"跑得认真"还要投入大量的闲暇时间，这对于交际频繁的当代人来说，简直是要命的一件事。"人生逐渐变得忙碌，日常生活中无法自由地抽出时间来了。并不是说在年轻的时候，时间要多少有多少，但至少没有如此繁多的琐事。不知何故，琐事这玩意儿似乎随着年龄的增长而逐渐增多。[1]"鲁迅先生的至理名言："无端地浪费他人时间无异于谋财害命。"时间是生命的标尺，时间不能浪费，光阴不可虚度。村上春树选择以积极的消耗生命的路跑方式，调换同样消耗生命的日常琐事，以痛楚抵抗孤独，又有多少成功人士在用处于上升期的事业、到手的权力和财富，来换取自由时间和私人空间，去填补内心的孤独。由此，我们看到了企业家王石挑战珠穆朗玛峰的洒脱，看到了郭川单人不间断环球航行的壮举。马拉松运动对于打磨性格、磨砺人生的意义，寄寓着远行、坚毅、奋斗与梦想，犹如马拉松运动中的沿途风景，对逝去的美景恋恋不舍，对未来的风景充满期待。

3.2.2　在颓废与激励之间

马拉松运动是一种生活方式，一种文化形态，一种自我价值实现方式，同时可以提高身体机能水平，保持良好的身体健康状态。有时候追求一种马拉松式的生活方式，要比收获健康更具有积极意义。跑者希格登认为，马拉松另一个具有积极意义的"副产品"就是改善健康[3]。村上春树将二者(生活方式和身体健康)形象描述为"夜盗式"跑者和"病态式"跑者，"途中遇到几位慢跑健身者，男女人数大致相当。这些脚踏大地、气宇轩昂、精神十足的跑步者，望去仿佛有一群夜盗在身后追赶他们似的。也有双眼半睁半闭，一边跑步一边呼哧呼哧喘气，两肩无力地下垂，一看便知苦痛不堪的肥胖跑步者，也许是一周之前刚刚检查出了糖尿病，主治医师竭力劝告他们每天坚持体育锻炼。而我，大概居于两者之间[1]"。"夜盗式"跑者追求一种生命存在的意义，奉行"我跑故我在"的人生哲学，年轻人自甘冒险是要体验挑战性的生活，追求身体健康显然只是"副产品"。例如在翼装飞行（Wingsuit Flying）中，甚至会以丧失性命的代价，换取对生命意志的体验和追求。"病态式"跑者是以增进健康为目的。绝大部分跑者都是二者兼得，也就是村上春树所说的"居于两者之间"。

马拉松运动超越了身体健康这一基本功能，寄寓一种激励人生的哲学。村上春树以身说法，"过上了从早到晚伏案写作的生活，体力逐渐下降，体重则有所增加。因为需要高度集中精力，不知不觉香烟抽过了头。打算作为小说家度过今后漫长的人生，就必须找到一个既能维持体力，又可将体重保持得恰到好处的方法[1]"。印刻跑者身份就是选择一种积极向上的生活方式，这种积极主动寻求身体磨难的方式，保持了充沛体力，提高了工作效率，同时具有一定的预设目标，让日常生活有了前进的方向。村上春树的看法是要活着生气勃勃，行动选择应当充满意义，"同样是十年，与其稀里糊涂地活过，目的明确、生气勃勃地活当然令人更为满意。跑步无疑大有魅力，在个人的局限性中，可以让自己有效地燃烧，哪怕是一丁点儿，这便是跑步一事的本质，也是活着一事的隐喻[1]"。与其颓废地活着，不如寻求身体磨难，拥抱马拉松的挑战。体育世界蕴含的励志元素，足以构筑这个时代最绚丽的风景。跑者罗尔的经历具有代表性，年轻人长期处于熬夜、醉酒与寻欢作乐的放纵生活中，日复一日沦为"沙发、土豆与大肚腩"，这是缓慢地摧毁自己，需要一种全新的生活方式[4]。生活方式的转换是对过去的告慰，活在当下，面向未来。体育文学作品《深夜加油站预见苏格拉底》（翻拍成电影《和平战士》）的精神主题，亦是告慰过去那个年少轻狂、暴躁、颓废的自己，反思生活与强大内心世界的意义，重拾对有意义的人生旅程的期待。

对于老烟枪来说，戒烟是极其困难的事情。村上春树长时间泡在马路上，似乎没有多余的时间吸烟，慢慢地吸烟习惯也就淡化掉了。"只要跑步，我便感到快乐。跑步，在我迄今为止的人生中养成的诸多习惯里，恐怕是最为有益的一个，具有重要意义。[1]"选择马拉松体现了一种积极的态度，与沉沦的那个自己划清界限。联想当下风靡中国城市的马拉松赛事，相比于每年酗酒、吸烟等不健康生活引发的致死案例，马拉松猝死案例想必是"小巫见大巫"。诚然，切不可以数量论得失，需要考虑更多的人文关怀。马拉松赛事热潮寄寓政界作风的转变，表征城市生活风格的切换，社会评论应当更多地关注马拉松赛事的正向价值，不能将这种生活新态度、城市新风貌扼杀在襁褓中。

村上春树不忘将马拉松爱好与文学写作职业结合起来，马拉松能够内化为职业发展的不懈动力，"年轻时写出优美而有力的杰作的作家，迎来了某个年龄，有些人会急遽地呈现出浓烈的疲惫之色，创作能量日渐衰减"，村上春树认为这是"体力已然无法战胜毒素"的结果，因为之前"肉体的活力自然地凌驾于毒素之上，过了巅峰期，便逐渐丧失了免疫功能，难像从前那般进行主动的创造了。想象力与支撑它的体力之间的平衡，业已土崩瓦解[1]"。马拉松运动可以弥补体力上的落差，治疗由岁月消蚀的工作激情，大量耗费在马路上的光阴，换得马拉松运动的馈赠，反而赢得一个高效的工作成果。当然，如果将个人爱好做得更专业一些，并进行认真的业余训练，那么爱好也和工作一样，总有为之疲倦的时候，村上春树称之为"跑者蓝调"。"跑步不再像从前那样，是无限的乐事一桩。在我和跑步之间，这样一种徐缓的倦怠期前来造访了。其间有着付出的努力得不到报偿的失望，有着理应敞开着的门户不知何时却被关上的茫然。[1]""这种弥补当然有限，从中还能感受到丧失优势后那淡淡的悲哀。[1]"

然而，对于认真的跑者而言，正如马拉松远行的魅力，人生无终点，奋斗无止境，克服"跑者蓝调"，启程再出发。"跑步至少是立志提高自己，并为之日日付出努力。我超越了昨天的自己，哪怕只有那么一丁点儿，才更为重要。在长跑中，如果说有什么必须战胜的对手，那就是过去的自己。[1]"岁月如此，人生亦然。不论早晚，找到人生的航标是为之兴奋的事情，"我则朝着我的目的地继续奔跑。我的目的地在何处？当然是纽约[1]"。作为跑者航

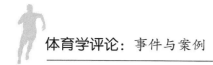

标的"纽约"只是一个文化符号，凸显纽约作为全球时尚文化网格化布局的战略地位，如同篮球爱好者言必称美职篮，足球爱好者梦想英超联赛，街舞发烧友聚集在纽约布鲁克林区，登山者向往圣地珠穆朗玛峰……与其颓废地活着，不如激励自己振作起来；与其心灵与思想的死亡，毫无目标地苟且而活，不如选择身体磨难，尽早领悟生活的真谛，皈依心中珍藏的那个理想人生的原型，做回"最感动"的那个自己。

3.2.3　在自我与责任之间

众所周知，冷战后的世界是一个资本主义新自由主义道路盛行，个人主义甚嚣尘上的时代，自由和自我成为民主化时代的代名词。村上春树不乏自我的时候，将个人的情绪以及对人生与社会的思索一股脑儿地灌注在马拉松写作中，诸如"我根本不是个优秀的跑者，却无疑是个健壮的跑者。这是我为数不多的足以自豪的资质之一[1]"。写了几十年"别人"的文字，这一次只写自己。人类天性贪得无厌，在无限索取个人自由空间的同时，往往忽视与自由相对应的社会责任。村上春树能够将个人写作与社会责任结合起来，在个人叙事与社会担当之间寻求平衡，也反映了体育作为这个变革时代最具影响力的社会文化的责任担当。村上春树的马拉松写作显然不是讲跑步技术，而是侧重于马拉松与更广泛的社会文化范畴的意义反思，字里行间渗入跑步基本常识。村上春树置换大众读者视角，以通俗易懂的写作方式，让非专业化的体育知识普及，取得事半功倍的传播效果。处于初级水平的马拉松爱好者，或者通过名人作品接触马拉松运动的大众群体，一般不会搜集专业书籍，或正儿八经地参加训练课程，去增强跑步技术的正确性，伤病风险自然就产生了。借助名人效应，村上春树以马拉松业余爱好者的身份娓娓道来，不失时机地普及马拉松基本常识，"身体乃是极为事务性的体系，只有耗时费日，断续地、具体地给它痛苦，它才会认识和理解这信息，才会主动地接纳给予它的运动量。我们再一点一点地将运动量的上限提高。一点一点地，一点一点地。别让身体超负荷[1]"。运动技术知识的普及出自作家之手，想必如彩绘一样绚丽，村上春树反复强调"一点一点",将之"添油加醋"式串联起来,生动阐述了运动训练中的循序渐进原则。这种深入文学情境中的"悦读"体验,加深了读者(尤其是初次接触马拉松运动的人)对马拉松基本常识的认知或共鸣,达到印象深刻的程度,成效不逊于严肃的业余训练课程。

跑步技术的应用因人而异,个体在不断体验和"试错"中形成自我技术套路,这是基于技术习得的自我调适的结果,适应个体的身体差异,让身体处于舒适的应激状态。村上春树分享的"试错"方式,具有教科书式的知识普及价值,也为个体的技术自主学习打开了一扇窗。"日日以艰苦训练为伴的长跑者,膝盖常常是弱点。我发现膝盖内侧残留着些许不适,暗示疼痛的位置就在那里,但是昨天那种令人震愕的锐利痛感没有了。我试着再一次上下楼梯。这次速度接近平常,下了四层楼梯,再上去。尝试了各种走法,还将腿弯曲成各种角度。没有听到关节那不详的嘎吱声,我略略松了口气。[1]"如果说分享跑步经验,只是处于马拉松写作的初级层次,那么村上春树力求传达出的"认真"标准,则为读者更严肃地看待马拉松运动,进而更专业地从事马拉松运动作出了表率。村上春树有自知之明,"有一句箴言说,真的绅士,不谈论别离了的女人和已然付出去的税金。真的绅士大约不会在大庭广众之下,喋喋不休地谈论自己的健康方法。[1]"占据写作版面,喋喋不休于技术经验,不是绅士应有的风度。如果立意于传递一种严谨认真的态度,又另当别论。村上春树不断使用"认真练习""认真跑完""扎扎实实"等词汇,向读者传递马拉松运动的专业性特征。"以马马虎虎的态度不可能跑完全程马拉松。我还是相应地认真练习,相应地认真跑完比赛。[1]""已经连续四个多月,我扎扎实实地坚持跑步。[1]"在切入不同的体育项目领域表现出一贯的严谨态度,流露出对不同职业和社会的敬畏感。"恐怕也是我的心思由马拉松移向了铁人三项比赛的缘故。我本来是一个长跑者,对跑步并不感到惧怕,可是想掌握其他两项比赛的技巧,则必须经过相应的训练。我从基础开始,矫正了游泳的姿势,学会了骑自行车的技巧,还重新锻炼了肌肉。[1]"

文学写作的社会影响越大,公共责任就越大。村上春树别具风格的

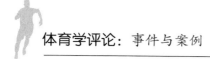

马拉松写作，诠释了释放自我与社会责任之间的紧密关系。反观一些"80后""90后"写手，光顾着炫耀青春与自我，缺乏社会责任融入意识。同时，一些手持麦克风的公众人士，或受知识结构的限制，或出于自身道德"贫血"的缘故，对风靡中国城市的马拉松赛事缺乏一个客观公正的看法。《中国式马拉松骗局：商业驱动下的蒙骗与狂欢》这类新闻时评，他们只是批评而已，此外他们什么事也不会干。全面深化改革战略背景下，各个都是战略家、指挥家，就是不动手去做，此情此景，何等感伤。我们一定要以保卫社会的勇气，去呵护久违的城市新风气——马拉松热。村上春树毅然承担了这个时代文学的公共责任，作为一名体育人，更无理由拒绝主业健康成长的呼唤，必须坚定做正向的行动派。

3.2.4　在传统与时尚之间

时尚表征新奇，让人眼前一亮，每天都有新鲜感，村上春树以"他者"追求时尚的视角，让人领略时尚空间的魅力。一个是中老年时尚案例，"她每天的穿着都不相同，有时身缠潇洒的纱丽，有时则身着印有大学名称的大号运动衫。如果我的记忆无误，我一次也没有看见她身着同一件衣服。检验她今天身穿什么衣服，也成了我每天清晨跑步时的小小乐趣[1]"。一个是青年时尚案例，"她们大多娇小玲珑，苗条瘦削，身穿印有哈佛标志的深红色T恤，一头金发扎成马尾辫子，一面听着崭新的iPod，一面英姿飒爽地沿着道路向前直奔[1]"。

跑者将展示个性放在第一位，生命是一团火焰，人类从古至今执迷向往和不懈追寻，飞蛾扑火是梦境，是结局，是颠扑不破的真理，或许这就是健康功能成为马拉松运动"副产品"的原因。大凡跑者出版的书籍，不忘在彩页插图中展示自己最炫酷的照片，跑者罗尔在《奔跑的力量》彩页中展示了自己最中意的跑步照片，赤脚跑过印满涂鸦的墙面，黑裤衩、腕表和紧绷的肌肉，外加侧身拍摄，最炫酷的照片如此出炉。村上春树亦免不了"俗"，在《当我谈跑步时，我谈些什么》的插图中不忘展示自己，其中一幅图片显示，1983年7月18日，村上春树首次在马拉松发源地希腊马拉松市参加全程马拉松比赛。黑裤衩、腕表似乎成为跑者炫酷的"标配"，只是置换在不同的画面背景中，犹如电影奇观中古惑仔形象的出场方式，目光直视、一袭黑衣、阔步向前，无疑是炫酷哲学的登顶之作。

村上春树理解的时尚世界，一方面反映了中年群体的普遍特征，传统、沉稳、平实，另一方面彰显了人格的魅力，"这家厂商的鞋子，正因为没有刻意添加任何噱头，才令我有一种自然的信赖之感。这当然只是我的感想，萝卜青菜各有所爱吧。这种鞋子既没有新奇的噱头，又缺乏时尚感，也没有哗众取宠的广告词，因此对于一般消费者来说不太具有魅力。然而它的鞋底能够准确地、耿直地、牢固地抓住路面。而跑步者时时追求的，便正是这样一种微妙之处[1]"。并不是最新的技术发明都能成为时尚潮流，传统世界也可能成为时尚的一部分，取决于社会时尚的制造机制。体育品牌设计为迎合市场需求，在某种程度上反映了社会时尚潮流，日本传统体育品牌鬼冢虎（Onitsuka Tiger）为迎合"复古"时尚潮流，从定位于功能性运动品牌，以及严格注重工艺生产过程，转向多元化生产经营，以多元化战略开拓新的品牌成长空间[5]。通过时尚机制的转换，复古式的沉稳风格也可以成为新的社会潮流。村上春树对时尚的表达具有中年群体的沉稳风格，质朴、稳重、简约，不失为路跑中的一种别致风景。村上春树免不了"晒"生活，与风靡神州大地的马拉松"晒客"现象一脉相通，寄寓人类对生命这团炙热火焰的深情向往。"由于气温上升，我脱去了紧身半截裤，换上了新而轻的汗衫和短裤。将'纽百伦牌'超级马拉松专用跑鞋（请诸位相信，世界上当真存在这种东西）从八号换成八号半，因为双脚开始浮肿，需要将跑鞋的尺寸放大一些。[1]"跑者在马拉松赛场上以"独特"的表演方式，实现自我性格的戏剧化展示，有些展示了本真的自我，有些掺入了炫耀的元素[6]，"晒"数据、"晒"装备、"晒"场景、"晒"生活等，无奇不有，一应俱全。

从时尚文化中，我们感受到年轻的自己，想象换做自己可能的行为表现，每个人表达社会时尚的尺度具有差异性，时尚总是力求突破传统的审美尺度，村上春树对马拉松运动与社会时尚关系的思考，揭示了社会时尚

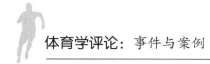

变迁的心理机制。"我的人生之中也曾有过这等辉煌的日子么？是啊，或许有过那么几天。但即便那时我也有着一条长长的马尾辫子，恐怕也不曾像她们的那般摇来荡去。[1]"人们对时尚的理解不尽相同，同样一个动作、表情或造型，有些人认为够酷，有些人认为平常，或许社会时尚的密码在于理解过去的那个自己，理解已逝的传统世界。当社会时尚呈现出标新立异的形态，众人模仿纷至沓来，时尚潮流成为稀松平常的社会现象，经过岁月的沉淀，蜕变为传统世界的一部分。传统与时尚的融汇贯通，犹如接力赛一样魅力无穷，村上春树寄寓传承的力量，长江后浪推前浪，被后起之秀赶超是一件愉快的事情。"眺望她们的奔跑姿态，不失为一件赏心乐事。你会朴素地感受到，世界就是这么实实在在地传承下去的。归根结底，这就是类似于传承交接的东西。虽然被她们从背后赶上超过，也不会萌生出懊恼之情来。[1]"时代总会褪色，跑者永葆青春。长跑、马拉松以及体育的哲学向往[7]，或许不在于体育的炫酷哲学到底谈了什么，而在于莫言式"讲故事的人"谈得如何精彩。

3.2.5　在消亡与存在之间

生命的基本规律在于繁衍生息，消亡与重生犹如生命的"二重奏"。面对衰老和消亡，人们感到莫名的恐惧，唯有享受生命成长的过程，深化与世界的交往形式，才能真真切切地感触生命的存在。这或许就是两位古稀之年的老人，奔忙于各地演说，竞选 2016 年美国总统给予的启发。生命表现不仅是那些意指或意味着某种东西的表达，还包括那些无意表达精神，却使这种精神的东西为我们所理解的一切东西[8]。村上春树如是说："马拉松赛跑，只有享受它才有意义。如若不是一种享受，何以有好几万人来跑这四十二公里的赛程呢。"[1]享受马拉松，享受身体磨难，进而享受生活，享受过程，让身体的记忆更深刻，让生命的存在更真实。村上春树将身体磨难的形式贯穿于整个生命周期，远行总会结束，结束寓意启程。"我跑，故我在。跑全程马拉松时，到了最后关头，脑子里充溢的全是一个念头：赶紧跑过终点，赶快结束！我觉得，所谓结束，不过是暂时告一段落，并无太大的意义。就同活着一样。并非因为有了结束，过程才具有意义。而是为了便宜地凸显过程这玩意儿的意义，抑或转弯抹角地比喻其局限性，才在某一个地点姑且设置一个结束。[1]"当我们处于身体磨难的抵抗极限时，期待磨难赶快结束，宴席散去时又感到失落和孤独，期待再次进入磨难的空间，我们的心思总在当下与未来之间摇摆。

　　享受身体磨难是证明生命存在的形式，与其真真切切地体会磨难的过程，不如让经受磨难的自己洒脱起来。与跨世纪风行的环球游记一样，人类在现代性的轰鸣声中告慰历史，在钢筋混泥土式的城市化建设中寻找往昔的足迹，从余秋雨的《千年一叹》，到体育思想者李力研的《谁有资本谁有理》，学界以环球游记的形式探寻人类文明起源的某些神秘元素。在"言必称希腊"哲思的感召下，村上春树向往原生态马拉松的梦想，终于等来体验的机会。"这是一次媒体采访旅行，由希腊政府旅游局主办策划。我对这类全包式观光旅行本来没什么兴趣，可是旅游结束便一切自由，这一点却魅力十足。再怎么说，希腊毕竟有马拉松的原始路线。我想亲眼看看这条路线，甚至可以亲自跑上一段。对于刚刚成为长跑者的我，这是何等令人兴奋的体验！[1]"做"有料"的媒体，跑"有料"的马拉松，这是彰显跑者存在感最贴切的表达形式。马拉松"晒客"追求微信刷屏效应，意在宣扬自我的存在，没有最好的形式，只有切合的形式。存在感是一种人际互动的行为，在与他者或社会的互动中生成，人际互动或指跑友圈的融入，就像空气一样无法摆脱，被跑友的情绪感染，被社会的氛围渲染，村上春树的建议是坚持自己的节奏，坚守自己的空间，敢于"做自己"。"被别的人重重包围时，即便你不想这么做，不由得也会发力。跟着众人一起'预备，跑！'地去赛跑，本是一件非常愉快的事，竞争本能却会不知不觉露出锋芒来。这种时候得牢牢地把持住，冷静地去跑。[1]"

　　村上春树借用社会对艺术家扭曲的认知，衬托马拉松运动带来的益处，从"消亡"到证明存在感的价值，"所谓艺术行为，从其最初的缘起，就内含不健康的、反社会的要素。我主动承认这一点。唯其如此，作家或艺术家之中才会有不少人，从实际生活的层面开始颓废，抑或缠裹着反社会

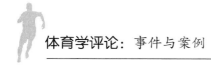

的外衣。这完全可以理解。[1]" "写小说乃是不健康的营生这一主张，我基本表示赞同。当我们打算写小说，打算用文字去展现一个故事时，藏身于人性中的毒素一般的东西，便不容分说地渗出来，浮现于表面。倘若没有这毒素介于其中，就不能真正实践创造行为。[1]"艺术活动需要酒神精神的灌溉，同时需要理性主义来调控前进的乐章。其一，马拉松运动使身体机能维持在较高水平，提高了工作效率。"拜其所赐，这二十年来工作顺利，效率甚高。[1]"其二，马拉松运动使跑者的内心世界愈加淡然，"写小说很像跑全程马拉松，对于创作者而言，其动机安安静静、确确实实地存在于自身内部，不应向外部再寻求形式与标准。[1]"其三，马拉松运动是一种精神特质，一种生活情怀，通过一种自我控制的规训来追寻另一种快乐，形成自身的跑步哲学[9]。"我只能通过执著的反复，改变或是扭曲自己，将它吸收进来，成为人格的一部分。[1]"

在祛魅化的世俗社会中，追逐功名利禄沦为社会通行的对话法则，功利性的存在是好是坏？如果逆向思考这一问题，从金钱到财富，从权力到权威，从俗世的"消亡"到生命的"存在"，蜕变因马拉松世界而改变，同样追求功名利禄，在马拉松式的积极人生中却又萌生不同的意义。人们在形式上迎合世俗社会的套路，实质上在努力摆脱生活琐事、社会道德与国家意志的束缚，一步一个脚印地实现自我的存在价值。为了捍卫权利、保卫社会而追逐权力，为了造福普罗大众而合理运用权力，为了世界变得更好而不断创造财富。这就是《当我谈跑步时，我谈些什么》给予我们的哲学沉思价值，享受身体磨难，让人生充满积极意义，守望内心原初的梦想，奔赴最美好的未来。

参考文献

[1] [日]村上春树.当我谈跑步时，我谈些什么[M].施小炜，译.海口：南海出版公司，2010.

[2] [德]叔本华.作为意志和表象的世界[M].石冲白，译.北京：商务印书馆，1982：427.

［3］［美］霍尔·希格登.马拉松终极训练指南［M］.吴洪涛，译.杭州：浙江人民出版社，2015：5.

［4］［美］里奇·罗尔.奔跑的力量［M］.毛大庆，译.杭州：浙江人民出版社，2014：4-85.

［5］Kobayashi K，Amis J M，Unwin R，et al.Japanese Post-industrial Management： the Cases of Asics and Mizuno［J］.Sport in Society，2010，13（9）：1334-1355.

［6］崔永衡，任振朋.马拉松"晒客"自我呈现分析——基于戈夫曼拟剧理论［J］.体育研究与教育，2016，31（4）：22-27.

［7］易剑东，任慧涛.长跑、马拉松以及体育的哲学向往——从村上春树《当我谈跑步时我谈些什么》谈起［J］.体育与科学，2014，35（6）：14-20.

［8］陈世恩.身体为形而上的道场——以村上春树《关于跑步，我说的其实是……》之再诠释［J］.运动文化研究，2013（22）:51-71.

［9］任占兵.我国马拉松赛事文化的若干问题研究［J］.体育成人教育学刊，2016，32（5）：8-13.

3.3　《高中篮球、种族与美国梦》评析

提　要：这是一个中国梦冉冉升起并期待有所作为的时代。有比较，才有进步。本节对鲁本·A.布福德·梅博士撰写的《穿越篮圈的生活：高中篮球、种族与美国梦》一书进行评析，尝试厘清美国篮球梦的轮廓与文化精神，以期为中国体育梦的社会实践提供参考借鉴。该著作运用民族志研究方法，对美国佐治亚州东北地区的一支高中男子篮球队展开深入的个案研究，力求理解美国高中篮球、种族与梦想之间的关系与发生机制。美国篮球梦的基本轮廓，是在名义上宣扬，只要勤奋努力便能获得更好的生活。在内质上呈现，积极对待生活并享受生活过程的观念态度。美国篮球

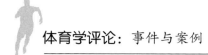

梦的文化精神，在自由主义和个人主义的国家制度层面上，展现"舍我其谁"般的生活信心、男性气概和无畏的勇气。在个人成功与价值实现的层面上，展现"永不言败"般的生活追求、精神气质和梦想的力量。

　　这是一个敢于想象与实现的时代，是一个充满荆棘与风险的时代，也是中国梦冉冉升起并期待有所作为的时代。现在，每个人都在重新思考自己的理想和追求，每个行业都在重新审视自身的目标和梦想，体育人、体育行业的梦想是什么？这是一个需要我们放慢脚步、静心思考的行业发展问题。有比较，才有进步。在此评析有关美国篮球梦的研究成果，重点针对鲁本·A. 布福德·梅（Reuben A. Buford May）博士撰写的《穿越篮圈的生活：高中篮球、种族与美国梦》（Living Through the Hoop： High School Basketball, Race, and the American Dream，以下简称《美国梦》）一书[1]进行评析，尝试厘清美国篮球梦的轮廓与文化精神，以期为中国体育梦的社会实践提供参考借鉴。

3.3.1　《美国梦》的研究背景

　　《美国梦》采用民族志（Ethnography）研究方法，对美国佐治亚州东北地区的一支高中男子篮球队展开深入的个案研究，力求理解美国高中篮球、种族与梦想之间的关系与发生机制。当今美国社会面临贫富分化和种族冲突这两大棘手问题，贫富差距难于遏制，美国经济与社会生活的稳定发展面临冲击，为催生社会不安定因素埋下了隐患。种族冲突难以消减，美国文化与精神生活的合法性面临挑战，为美国的立国之本——民族认同增添了文化分裂的危险。相对于贫富差距这一显性的经济发展指标，文化认同问题是美国社会和谐稳定发展的"定时炸弹"。美国是建立在现代化车轮上实现高速发展的国家，移民造就了美国的辉煌，也使美国陷入无尽的种族与文化冲突中。美国一以贯之"大炼炉"政策（同化，Assimilation）和多元文化政策（共生，Symbiosis），以期实现各种族间的和平共处，建立精神统一的美国国家认同。近年来，随着美国少数族裔人口的不断扩大，多元文化政策的努力与社会现实之间的鸿沟越拉越大，尤其体现在以非洲裔为主的黑人种族群体上。说到美国的黑人文化，这一点不难理解。从"二战"后的黑人民权、女权主义、新左派、嬉皮士等反正统文化运动，到 20 世纪 80 年代有力传承了文化反叛精神而形成的嘻哈文化、极限运动、地下音乐等青年亚文化，都能看到黑人群体活跃的身影。街头篮球、街舞、轮滑、跑酷等流行体育，都能和黑人群体的行为与形象联系起来。黑人群体是美国国家认同中的重要内容，具有多元文化政策实施的社会示范效应，也是美国社会发展中的不稳定因素，以及需要解决的棘手问题。

以往黑人体育研究主要集中在历史学、文化学、社会学、人类学等学科领域，以社会文化人类学（Sociocultural Anthropology）视角的个案研究还不多。个案研究虽然在普遍性意义上很难具有说服力，但在理解竞技体育与种族文化之间的深层发生机制方面具有特殊的方法论效果，尤其是通过参与式观察、深度访谈等田野工作来进行实证研究，了解某一文化模式，再运用文化模式解释其行为，为理解既定观点提供学理依据[2]。鲁本博士的知识结构和研究经历为该项目的顺利完成提供了良好的理论基础。鲁本获芝加哥大学博士学位，是一位文化人类学研究者，主要研究领域为非洲裔种族文化的民族志研究，已出版的专著有《非洲裔美国人的酒吧对话》（Talking at Trena's：Everyday Conversation at an African American Tavern）。在我国以民族志研究方法为主的体育文化人类学研究，主要集中在民族传统体育研究领域，对体育教学、运动训练、体育管理与组织、体育社会问题等研究领域涉猎极少，这为体育各学科领域的研究者提供了一个很好的思路，体育人文社会学、体育教育训练学可以尝试新的研究视角和研究范式。例如，做一个体育教学机构的社会人类学案例研究，尝试理解为何中国学校体育改革总是步入窘境的深层原因，是顶层设计问题，中层推行问题，还是基层单位的权力结构和实施问题。写研究者自己的工作与生活环境，要比《中县干部》[3]那种外力介入式的社会人类学研究更艰难。研究不是要为自己的单位歌功颂德，而是要把那些错综复杂的人

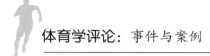

伦关系展现出来。没有植根现实生活中的研究素材做基础，学术研究就是空架子。

3.3.2 《美国梦》的研究方法

民族志是人类学独具特色的研究方法，建立在田野工作基础上的一手资料与参与式观察，类似社会学的参与观察法（Participant Observation）。《美国梦》在方法论附录部分中指出，民族志是针对某一特定群体，通过研究者的直接参与观察，记录田野工作笔记、感受和经验，进而把握社会生活中的细微差异，理解某一特定群体的社会行为和文化意义。民族志有时也被理解为参与式观察，这一研究方法的优势在于，能够融入研究对象的群体生活中，深入了解研究对象的社会行为，劣势在于研究者的介入有可能会改变研究对象的社会行为，使研究工作偏离"原生态"的发展预期。鲁本从小就养成了写日记的习惯，该项目获得研究对象东北骑士队主教练本森的大力支持，鲁本以助理教练和研究者的双重身份完成了长达 5 年的田野工作与研究，并辅以深度访谈（非正式、开放式）和学校、球队的政策文件分析等研究方法，弥补了参与式观察的研究不足。由于受到现实利益的影响，文中的人名、地点均为化名。

《美国梦》是一本田野工作笔记，一个典型的民族志研究，一部篮球人生经验的合集，又像是一本触碰心灵的笔记，一部悲与喜的情景剧，一本人生励志小说。作者直接援引了篮球训练、比赛与生活中记录的田野工作素材，这些素材是体育人共同经历的生活片段，铭刻的记忆在内心深处产生强烈共鸣，化为场景对话呈现出来，例如上场比赛前的加油仪式："现在，各位，"教练本森说道，"我要告诉你们，你们代表东北高中，要为此感到自豪。别在这让你们的家人蒙羞，别让他们超过你们……记住，别让那个后卫把你推开抢到篮板。如果球在地上，就要扑上去"。

我们围成一圈，手叠放在圆圈中心。"数到 3 喊骑士，"兰斯喊道，"1–2–3"。"骑士！"我们喊道。

场景对话渗透在全书整个部分，这种文本叙事方式将研究对象描摹得更生动、更具体，对话中也不惜"爆粗口"来展现田野工作的真实性。同为黑人身份的作者对球员生活感同身受，与队员打成一片，严肃严谨的研究工作淡化在训练比赛与日常生活中。作为球队的一份子，作者无法超越研究对象的生活氛围，无形中融入了自己的感情倾向，将梦想这一概念富有感性色彩的一面表现得淋漓尽致。同时力求传递社会发展的"正能量"，展示黑人群体对美好生活的强烈向往，对抗争美国种族歧视的社会现实付出的不懈努力。

　　这里需要重点讨论的是，作者在该书致谢、前言、全书概览、方法论附录部分，反复强调自己的研究身份和篮球经历。作者从小学六年级开始接触篮球运动，八年级时教练授予他最有进步球员奖杯。作者对他第一次篮球比赛的难忘经历进行了浓墨重彩，并感慨"那场球赛是我热爱篮球运动的开始"。作者在奥罗拉大学（Aurora University）读本科二年级时进入校队，这一小型文理学院篮球队中大部分是黑人球员，他与队友建立了深厚友谊。亲密愉快的大学生活，为激发作者走向基于某个社会活动空间（一个酒吧、一支球队等）的黑人群体的社会行为研究提供了素材。作者于 1996—2002 年担任佐治亚大学（University of Georgia）的社会学副教授，现任美国德州农工大学（Texas A&M University）的社会学副教授。因为他的继女在东北地区某高中女篮接受训练的原因，作者承担了该校篮球队兼职教练的职务，于 1998 年正式介入研究工作。作者对篮球专项技能、知识与文化的理解，对实际研究工作帮助较大，具体表现在捕捉与记录有价值的田野研究素材，理解研究对象的社会行为，展现文化涵义，提炼价值共性等方面，使田野工作具有研究的合法性基础，提升了研究成果的可信度和说服力。

　　借此反思中国体育人文社会学的发展生态，犹如一个跨专业背景的学者聚集区，身体力行问题造成了理论派和实践派的割裂状态。体育行业是极具实践性的研究领域，专项技能的传习与体验承载了竞技的本质与精神的内容，专项基础知识、运动经历与文化理解对于研究工作的深化必将锦上添花。很难想象一位武术研究者，在没有习武经历的前提下能够把研究

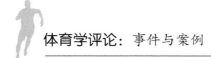

做"实"，也只能绕开武术的技术性，完成母学科知识的嫁接使用，在躲闪腾挪中做高深�蹊跷的跨学科研究。争做"文""武"双全的学者，对于具体的研究工作而言，将更加富有研究灵感，更游刃有余，更具说服力和吸引力。

略显遗憾的是，《美国梦》在整体研究框架和研究方法的综合运用上，并未超越怀特的《街角社会》这一经典的社会学实地研究著作。但通过对不同研究领域、学科与方法的整合，该书为理解种族体育文化与社会心理，诠释美国梦的感性存在和发生机制，丰富母学科的研究内容，开辟了独特的解释呈现视角。这为体育人类学是"体育研究对象"与"人类学方法论"简单叠加的产物这一观念进行了有力辩护，而是尽最大努力将文化人类学与体育科学形成一个整合的方法论结构来研究体育实践问题[4]。

3.3.3 《美国梦》的主要观点

《美国梦》分为7个章节，附有后记。书名以"超越现实的梦想"这一美国梦口号为蓝本，进行了隐喻引申和口号改编，"穿越篮圈的生活"朗朗上口，与美国梦交相辉映，给读者的第一反应，这是一本理解美国精神、信念与梦想的著作。第1章"穿越篮圈"描述了东北骑士队球员的个性和家庭背景，与教练、长辈的关系，球员所在学校的环境和社区生活，力求记录球员日常生活的细节。研究的意义和观点假设穿插在球员信息及所处社会环境的介绍中，夹叙夹议式地引出研究的问题。年轻人的精力没有消耗在球场，而是浪费在停车场。参与篮球训练的实际效果显而易见，黑人将篮球运动视为向更高社会阶层流动的一种手段，学会表达自己的个性和情绪，学会追求与期盼自己所处的社区不能提供的梦想生活，在纯粹的篮球世界里忘记一切烦恼和现实问题。对篮球梦的追求，从短期效应来看是积极的，至少年轻人不再上街游荡生事。但是，美国篮球梦很难实现，因为他们在篮球世界里没有未来。2001年全美高中共计530068名篮球运动员，只有0.025%（13365名）能成为大学球员，而达到专业水平的精英球员仅占0.001%（405名）。尽管现实如此残酷，美国篮球梦依然让年轻人魂牵梦绕，付诸百倍努力执着于实现梦想。

第 2 章 "为了大家"研究东北骑士队的不除名政策，将禀赋希望的篮球追求融入到美国梦的信念中。骑士队的不除名政策免除了球员末位淘汰的后顾之忧，让球员更团结，球队更有凝聚力。球员相互竞争更多的上场时间和表现机会，很大程度上提升了球队战绩，受到教练和大部分球员的拥护。不除名政策作为一种激励制度，无条件地给予球员稳定的生活支持、平等的竞争机会和实现梦想的希望。球员们相信只要可以参加训练和比赛，就有机会展示自己的能力，并坚信自己有能力继续下一阶段的训练和比赛。骑士队的高一新生球员司米提，一个身材瘦小的急性子，这种球员占用球队训练资源，通常球队的做法是将其除名，"优胜劣汰、适者生存"的政策符合大多数美国机构的利益。但是司米提生活在充满毒品和暴力频发的考克曼广场附近，如果失去校园的篮球生活，他就会被恶劣的生活环境吞噬。给司米提保留一个适当的球队位置，就是赋予他一个精彩人生的美好开始。篮球让黑人球员怀揣对未来生活的美好期待，通过参与分享篮球运动来提升社会地位的观念，深深植入黑人球员的潜意识中，并相信自己有机会自由追求美国梦。

第 3 章 "三种毒：饮酒、毒品与犯罪"研究了生活在危险社区中的球员，如何借助篮球生活的信念来抗拒社区违法行为的诱惑，并走上积极的人生发展道路。美国的贫困社区充斥着种种社会问题，包括开放的毒品市场、贫穷、暴力、酗酒、单亲家庭、宽松的枪支管理等问题，年轻人在这么恶劣的社区环境中成长，逐渐被"问题社区"熏染，化为整日无所事事的、索取不义之财的、"带兜帽的"罪犯形象，沦为游荡在城市贫困社区的"问题青年"。骑士队球员泰森、卡梅隆、柯蒂斯、喀尔文等，亲眼目睹了他们的朋友和家人是如何深陷毒品、暴力的泥潭而不能自拔，这样的现实环境让年轻人失去未来，如喀尔文所说的，"那样混下去将什么也得不到"。这些年轻人将精力转向篮球，投入更多的时间进行篮球训练与比赛，珍惜篮球赋予自身的一切改变，避免让"问题社区"带坏自己。一些积极的变化开始显现，加之教练和家庭对这种信念的大力支持，黑人球员更加相信

篮球可以拯救他们，并最终帮助他们脱离现在的生活环境，过上梦寐以求的好生活。

第 4 章"每日种族和篮球"研究了黑人球员对其卓越的运动能力的自我认同，与追求篮球梦的过程中种族歧视因素的关系。东北骑士队所在社区与美国大部分贫困社区一样，都是人口密集、收入低、种族歧视严重的城市地区。黑人球员直接或无形中受到种族歧视行为的侵扰，例如比赛中出现的"黑鬼"这一诋毁种族和人格的话语，一旦划出种族界线，黑人球员会为种族的荣誉而战，有可能导致比赛演化为一场种族斗争。再如黑人球员在性行为方面受到限制，很难触碰白人女性的身体，事实上这也是美国性别政治中最大的忌讳。即便如此，教练本森仍然鼓励球员们，种族因素并不会成为黑人球员追求个人成就和梦想的障碍，不要把宝贵的时间和精力消耗在种族歧视引发的烦恼事上，而要专心于篮球训练和比赛。黑人球员的理想看法支撑了教练告诫的观点，种族这一概念并不代表运动能力，不论是什么种族，都有追求成功的平等机会，这种观念支撑了黑人球员对篮球梦的执着向往。在行为选择上，大部分球员选择忽视种族主义和种族歧视的影响，这或许是迫不得已的理性选择，以便专注于追求卓越的个人成就，将篮球技能作为提升种族社会地位的实践途径。

第 5 章"骑士气概"研究了黑人球员利用性行为和性关系，以及面对恐惧时表现出的勇敢品质，以建立男性气概（Masculinities）。传统的性别逻辑将体育视为培养男性气概的途径，导致体育场成为男性的保留地。[5]骑士队球员意识到异性恋特征对建立男性气概的重要性，并坦然公开除结婚生子之外的婚外性行为。在深度访谈的 18 名球员中，有 13 人声称有过性交行为。姿势阴柔，走路、说话"像女人"，通常被看作是同性恋的特征，如果年轻人能够和女人建立性关系，同性恋的看法就会不攻自破。另一个建立男性气概的重要方式是在恐惧面前展现出无畏的勇气，"打斗"和"彪悍"是必备特征。社区中的两类行为印证了这种勇气，一是毒贩在遇到有人干预他生意时，表现出用暴力解决问题的勇气。二是扣篮者在球场上表现出肢体冲撞的勇气。这种勇气表现是自由、力量和财富拥有的象征。篮球不仅成为黑人球员追求金钱、地位和拥有力量的职业，也是确立球员男性气概的主要方式。相比于美国东北地区一个大学足球队的田野工作研究的结论，即传统的男性气概表现出差异性特征，类似于使用粉红色的足球护具这种性别选择的变化[6]，"骑士气概"的研究结论更体现了体育男性气概的正统观念，反映了标准的体育"型男"特征。

第 6 章"需要胜利和运动家精神（Sportsmanship）"研究了球员以公平竞争和运动家精神为标准评价自我行为的过程，从球队、教练和社区这三个影响球员公平竞争行为的环境背景的角度，来理解追求比赛胜利与彰显运动家精神之间的张力和矛盾。赢得比赛胜利是美国竞技体育的传统，也是彰显资本主义文化精神的重要表现形式，然而"不惜一切代价赢得比赛"的观念给体育行业的可持续发展埋下了隐患。胜利者将获得财富、地位和荣誉，失败者一无所有。学校比赛和商业比赛中充斥着不公平竞争行为，耳濡目染之下让球员们对"不惜一切代价赢得比赛"的做法深信不疑，例如，激烈对抗中的肘击、篮下推搡对手、比赛中满嘴脏话等不正当行为。黑人球员可能表现得更明显，他们身处社会底层，长期遭受社会排斥，对成功的渴望远远超过了坚守公平竞争的道德诉求。例如，美国橄榄球职业联赛或大学联赛中招募的非洲球员，对当地社区和社会空间缺乏归属感，这些"雇佣兵"的目的很明确，信奉努力的意义、有区别的回报以及"不惜一切代价赢得比赛"的观念[7]。媒介化体育中有关黑人职业球员"白手起家"终获成功的美好故事，这种典型的美国梦观念形态，注重暗示与建立那些在各自专业领域不懈努力的人，与那些事实上获得成功的人之间的必然联系。球员对理解不正当竞争行为，乃至形成运动家精神的正确观念，不仅受到媒介化体育的形象传播影响，同时受到老运动员不可或缺的专业意见的左右，以及生活环境的深深影响，这些都加深了东北骑士队球员对于篮球梦的向往之情。

第 7 章"肮脏的把戏"研究了在教练、家长、学校、社区与大众媒体的共同观念作用下，将年轻人推向过度饱和的篮球场，运用美国梦这一意识形态化的制度性欺骗手段，遮蔽了资本主义贤能制度的谬论。竞技体育

作为一种制度设计，在美国社会最基本的功能就是传播和强化那些社会约束行为和意识形态价值观，并融入到美国梦、机会平等、通过奋斗提升社会地位等社会信条中。获得运动员奖学金或成为职业球员是众多年轻球员追逐的目标，他们的信念获得了教练、家长、学校和社区的支持，即在美国资本主义制度和社会中，不论个人的起点高低，都拥有相同的机会改变个人命运和社会地位，这种价值观在美国的社会生活中根深蒂固。然而，尽管篮球运动让年轻人在很多方面受益匪浅，但是美国篮球梦描绘的当代神话景象所产生的负面效应足以引起更多批判。一个人向上层社会流动的能力蜕变为是否足够努力的问题，这一障眼法暴露了美国社会制度中"肮脏的把戏"的重要舆论组成部分。现实生活中处处受限，无法撼动的社会潜规则，以及美国社会体制的结构性障碍，导致黑人球员长期生活在媒体与社会营造的梦想神话世界中，很难实现一些具有实质性意义的梦想，例如成为职业球员，镁光灯下"日进斗金"的生活。

后记"加尔文·科迪之死"记录了骑士队球员科迪步入大学生活后自杀的噩耗，对科迪自杀动机的追索，并与美国社会背景联系起来进行延展分析，藉此引发读者更深的回味思考。民族志研究者会触碰到很多人的生活，也会被这些人的生活所感触。鲁本博士的研究涉入生活太深，或者说完全融入到研究对象的"小社会"生活环境中。回想往昔那些再熟悉不过的身影，那些挥汗如雨并肩走过的日子，再听到科迪这一前途光明的跃动生命的消逝，鲁本博士已经无法拒绝这些感性表达，扉页上赫然写着"献给科迪"。生活是一种氛围和情绪，无时无刻不缠绕着你，让人无处躲藏，压得喘不过气。科迪这样的年轻人深知他们实现梦想的机会，被他们的种族、他们所在的学校、他们生活的社区和现实的社会环境所绑架，成功的希望是非常渺茫的。科迪的葬礼仪式上，主教练本森的发言，把读者带到沉闷的社会反思氛围中。有增无减的恐惧心理，不断上演的枪杀事件，令人窒息的社会氛围，为美国梦留下了某种难以愈合的社会心理创伤。在社会大环境面前，一个人的力量是多么渺小，遗留更多的是无奈和无助，褪色的英雄和失落的梦想将美国梦拉回到现实中[8]。后记中表达隐晦的批判性反思话语，直指美国梦这一体面光鲜的意识形态背后潜藏的制度困境，及与社会现实间的紧张关系。美国社会现实中的悲哀，就是黑人球员只能拥有篮球梦，而会继续被排斥在成就的门外。

3.3.4　跟进思考：美国篮球梦的轮廓与文化精神

美国梦是一种社会观念形态，篮球运动与身俱来的技术与文化特征，高度契合美国梦的表现框架，并在美国梦的意识形态传播中扮演了"演绎者"的角色。文学作品是诠释美国梦最基本的、传统的传播载体，综观 20世纪的美国文学，一个经久不衰的主旋律，就是对美国梦的沉重失落感和魂牵梦绕的执着追求。美国梦并不是一般的超越现实的梦想，而是贯穿美国历史，最能体现美国生活方式和国民精神的理想，是对平等、自由、宽容、进取和成功的理想主义信念，是对机会平等，人人都有成功希望和创造奇迹可能性的乐观自信[9]。在《美国梦》第 3 章"三种毒"的研究与论述中，以诠释美国梦的传统表现方式，传承了"二战"后的美国实验派文学的创作精髓，对暴力、吸毒、犯罪和性乱主题进行了现实主义刻画，部分暴力和性乱主题内容合并至《美国梦》第 5 章"骑士气概"中讨论，如涉及学校纪律管理、逃学、恶作剧恐吓、打架斗殴、社区黑社会帮派、社区虚无主义的悲观情绪影响等问题，这不仅揭露了美国社会的残酷现实，也让球员深刻认识到，篮球运动才是他们的救命稻草。《美国梦》的田野素材选择倾向于研究对象的意识观念，具体行为的研究作为辅助论证的环节，研究结构不完全依赖理性的逻辑，而是关注感性效果所产生的作用影响，这都说明了文学这一传统表现方式在诠释和演绎美国梦文化精神中的地位和作用，也为本书将《美国梦》的成果定论为"不辨东西"（是文学作品还是研究成果）提供了依据。文学方法论引入体育社会学的实地研究，这种跨学科范式的拼合使用所产生的研究效果，值得学界反思。体育人类学教科书中不断强调，一定要追求理性，讲究逻辑，方法正确，表述端正，《美国梦》研究中感性元素的使用提供了另一种研究思路，感性效果并不一定会破坏研究的客观性，在一定条件下使用，可以提升研究的整体效果、可

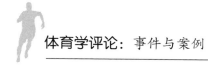

信度和成果价值。

随着 20 世纪信息技术和休闲娱乐行业的发展，美国梦的传播载体呈现多元化态势，好莱坞电影和职业体育逐渐成长为诠释美国梦文化精神的新生力量。职业体育中的胜利、励志、成就与拜金逻辑，无可争议地列为美国梦传播的重要范畴。"自由、民主、人权"是一种结构性价值观，求胜作为意识形态则是一种源动性价值观，是驱动美国内部发生在白人主流和以黑人为代表的少数族裔之间的这场文化战争的原动力，意识形态分野和族群地位之争是美国文化战争的主要特征[10]，种族分歧问题掩盖在美国梦许诺的美好世界和统一的社会价值观中。《美国梦》从种族观念和社会现实的视角切入，以社会文化人类学的实证研究有力呈现了美国梦的轮廓，反映了骑士队黑人球员这一特殊的非洲裔美国人群体的基本价值观和信仰，诸如个人主义、自由主义、社会流动性、勤奋努力、乐观与进步性等美国梦的基本元素和文化精神。值得推荐的是，好莱坞电影《卡特教练》如同《美国梦》研究的影视版，一个研究美国黑人球员的种族观念、梦想和行为的活标本，二者在理解篮球运动、种族与美国梦的关系问题上殊途同归。遗憾的是，国内对于体育电影的评论和研究并不多，也未能意识到文学和电影艺术作为体育文化研究资源的重要性，对《卡特教练》的理解停留在运动员教育与"毕业出路"的策略建议层面上[11]。

美国梦中反映物质性追求的一面，在不同的国家发展阶段内涵不一，当下更具体一点来说就是美国中产阶层梦想的六个方面，有房、有车、有休闲时间、接受大学教育、享受退休保障和医疗保险[12]。其精神性追求的一面，被定义为一种国家意识形态，一种植根资本主义制度，创造美好生活、实现民主愿望的承诺，藉此维护既得利益格局，转移社会冲突、仇恨与问题，稳定资本主义新自由主义的制度根基[13]。由此也形成了国家意志与世俗生活的梦想价值分野。以国家梦想的视角，1981 年国际奥委会放开了职业运动员的参赛限制，美国男篮一跃成为名副其实的梦幻团队，球员个人技术表演甚嚣尘上，美国自由主义、个人主义精神获得极大彰显。受到广泛深入的 NBA 球员国际流动影响，以及欧洲团队主义篮球打法的兴起，美国梦之队的声誉受到极大挑战。美国男篮已经不能完全凭借个人主义的力量赢得冠军，加强了团队配合和整体性打法，也随之将美国篮球梦的价值呈现放在团队精神方面。参加北京奥运会的美国男篮梦八队被贴上了美国精神"救赎之队"的标签，不仅要向世界证明美国梦的精神价值，还力求宣扬美国作为全球职业体育市场领军者的象征意义[14]。

以世俗生活中个人和种族梦想的视角，对于黑人球员而言，美国梦的含义不仅仅是拥有一份稳定的工作，甚至追求更高的物质生活，还要在精神层面上过上受人尊重的生活，这与美国社会中黑人种族的社会地位息息相关。美国梦之所以沦为"梦想"，是与某一社会发展阶段的目标有一段很长的距离，非洲裔美国人真正实现美国信条的真谛——"人人生而平等"还遥遥无期。1863 年，林肯签署《解放黑人奴隶宣言》；1868 年，《美国宪法》第 14 条修正案授予非洲裔美国人公民权；1963 年，美国黑人民权运动领袖马丁·路德·金发表"我有一个梦想"著名演讲；1970 年，《民权法》废除了"文化测验"等对黑人选举权的限制；1990 年，威尔德当选为首位黑人州长；2008 年，奥巴马当选为首位黑人总统……时至今日，黑人的生活状况和社会地位有所改善，但美国主流社会留给黑人自由实现梦想的职业选择机会并不多，绝大部分黑人的奋斗之路仍然集中在具有人种优势的竞技体育行业，以及那些无人问津的艰苦职业上。

《美国梦》的主要研究结论有力呈现了美国种族现实中赤裸裸的一面，美国梦作为虚无缥缈的社会价值观的真实境遇，以美国梦国际传播及对外软实力（制度吸引力）建构的视角，美国梦精心编织了一个高品质生活的当代神话，要求世界与其共享同一套价值观。事实上，世界没有能力承担如此昂贵的美国梦，这是一个分裂世界的梦，一个为美国自己谋幸福的梦，也注定是一个不能普遍化的梦想[15]。以美国梦社会内部治理的视角，美国梦倾向于体现上层社会的利益诉求，奉行白人政治与社会逻辑，少数民族、种族或族裔的权利要求和利益诉求未能平等体现，也注定是一个不能全民化的梦想。可悲的是，篮球运动沦为黑人的专项特长，具有功利性的谋生手段，向上层社会攀爬的阶梯。《美国梦》的研究证实了这一点，许

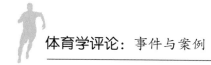

多黑人球员把改变生活的希望寄托在篮球，而不是学业上。《卡特教练》中刻画的黑人球员形象，生动反映了美国高中篮球运动员看待教育问题的普遍观念。凯文·加内特、科比·布莱恩特、勒布朗·詹姆斯等高中毕业直接晋级职业联盟的明星球员成为他们的学习榜样，劣迹斑斑的阿伦·艾弗森也成为他们学习效仿的特例，艾弗森的"街头"身份与他们有灵犀相通的地方。迈克尔·乔丹、艾弗森乃至美国华裔林书豪的横空出世，契合了美国梦"一夜暴富"的叙事神话，这只是在社会激励与象征意义上，篮球运动作为美国种族主义的例外主义存在的社会文化本质。如同林书豪给美国华人社会带来的振奋效应，突显了美国梦作为麻痹社会神经比较"明智"的一面，上层社会懂得适时赋予一个象征性的"贵族俱乐部"席位，而普遍的种族状况却未有明显改观。

美国篮球梦有憧憬的一面，也有现实的一面，而现实与梦想的距离总是那么遥远。尤其对于美国高中的黑人球员而言，在这种无限漫长的奋斗过程中，快要窒息的生活氛围里，难免会产生放弃生活的念头，沦为无所事事的街头青年，甚至像科迪那样终结自己的生命。然而，正如鲁本博士对篮球生活与内在魅力的追问，对研究构思与动机的讲述，"为什么我对篮球的爱如此深厚，为什么这么多年轻黑人和我一样热爱篮球，由此，我开始严肃思考篮球带给年轻人的巨大影响。"也正如《美国梦》的研究结论极力传达的观点，篮球运动改变了黑人球员的世界观、人生观和价值观，形成积极、乐观、进取和永不放弃的生活态度。就像一场比分悬殊的第四节比赛，最重要的是表现出挽回颓势的努力并积极争取胜利的态度。明知机会无多，希望渺茫，却"飞蛾扑火"，尝试灭亡。这或许就是美国篮球梦的基本轮廓，在名义上宣扬，只要勤奋努力便能获得更好的生活；在内质上呈现，积极对待生活并享受生活过程的观念态度。这或许就是美国篮球梦的文化精神，在自由主义和个人主义的国家制度层面上，展现"舍我其谁"般的生活信心、男性气概和无畏的勇气。在个人成功与价值实现的层面上，展现"永不言败"般的生活追求、精神气质和梦想的力量。

参考文献

［1］Reuben A B M. Living Through the Hoop： High School Basketball，Race， and the American Dream ［M］. New York： New York University Press， 2008.

［2］于德山 . 追寻体育的人文精神价值——胡小明教授学术访谈录［J］. 体育与科学，2013，34（2）：20.

［3］冯军旗 . 中县干部［D］. 北京：北京大学，2010.

［4］张颖，寒川恒夫 . 体育人类学的理论与实践——亚洲体育人类学会会长寒川恒夫访谈［J］. 武汉体育学院学报，2013，47（3）：10.

［5］张志成，陈刚，姜勇，等 . 体育运动与男性气概［J］. 体育学刊，2011，18（3）：72.

［6］Adams A. "Josh Wears Pink Cleats"： Inclusive Masculinity on the Soccer Field ［J］. Journal of Homosexuality，2011，58（5）：579–596.

［7］Maguire J. "Real politic" or "ethically based"： Sport， Globalization，Migration and Nation–State Policies［J］. Sport in Society，2008，11（4）：443–458.

［8］Hemphill P. Lost in the Lights： Sports， Dreams， and Life ［M］. Tuscaloosa： The University of Alabama Press， 2003：72–78， 161–170.

［9］辛潮 . 美国梦的失落与追寻——20 世纪美国文学的主题变奏［J］. 辽宁师范大学学报（社科版），1989（3）：36–42.

［10］董海滨 . 析美国文化产业中的意识形态纷争和身份认同冲突［J］. 现代传播，2012（12）：16–21.

［11］张新萍 . 电影《卡特教练》对"教体结合"的诠释及启示［J］. 体育学刊，2011，18（6）：63–66.

［12］徐崇温 . "美国梦"变成了虚幻的神话——国际金融危机严重冲击

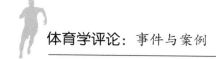

了 "美国梦" ［J］. 红旗文稿，2012（21）：25-30.

［13］Hochschild J L. Facing Up to the American Dream： Race， Class， and the Soul of the Nation ［M］. Princeton： Princeton University Press， 1995： 3-15.

［14］Cunningham C. American Hoops： U.S. Men's Olympic Basketball from Berlin to Beijing ［M］. Lincoln： University of Nebraska Press， 2009： 385-414.

［15］马静. 十字路口的国家路径选择：美国梦？欧洲梦？还是中国梦？专访赵汀阳［J］. 人民论坛，2011（27）：34-35.

3.4 《体育政治经济学》评析

提 要： 体育政治经济学致力于全球体育实践的多维考察和解释分析，研究对象是日益泛化深化的全球体育实践活动，以及植根全球化进程中的区域体育实践活动，发展动力来自全球体育实践复杂性的解释和综合多维考察的迫切需要。由 John Nauright 和 Kimberly S. Schimmel 组织编撰的《体育政治经济学》是体育政治经济学专题研究和案例分析的典范，进一步梳理该书的内容框架和理论价值，选择体育文化政治经济学研究分支，思考揣摩，举一反三，评述该书具有代表性的理论分析片段，旨在抛砖引玉，期待更多学友研究跟进。

3.4.1 《体育政治经济学》的内容框架

由 Tim Shaw 教授牵头策划，Palgrave Macmillan 有限公司出版发行的国际政治经济学系列读本中，《体育政治经济学》（The Political Economy of Sport）[1] 引人关注。该书分为三大部分，共 10 个独立章节内容，介绍和结论分别由美国南佐治亚大学体育管理系教授 John Nauright 和美国肯特州立大学运动训练与休闲学院副教授 Kimberly S. Schimmel 组织编撰。Nauright 兼任哥本哈根大学、南丹麦大学、加拿大达尔豪斯大学客座教授，曾任《足球研究》杂志的创办主编和《国际体育研究》杂志的联合主编（Co-Editor），著述颇丰，涉猎广泛，如《南非的运动、文化和身份》《南非民族和橄榄球运动》《种族、性与商业》《运动的本质》等著作；Schimmel 兼任国际体育社会学联合会扩展委员会（Extended Board）成员和《国际体育社会学评论》杂志书籍与媒体评论栏目编辑，致力于体育政治经济学与城市发展的联系与影响、体育产品营销关系、职业体育俱乐部权力运作等研究方向。其余 8 个专题章节分别由来自美国、澳大利亚、新西兰、苏格兰各大学教学研究机构的 12 名学者完成。

　　《体育政治经济学》植根资本主义全球扩张和文化殖民语境中，采用案例分析为主并与理论分析相结合的研究范式，从历史学、文化学、经济学、社会学等多学科交叉综合的多维知识层面提供论据支持，以政治经济学视角剖析西式体育的国际化战略。该书内容框架的划分与政治经济学中的"政治"（Political）概念词源的含义相一致，即希腊文"politikos"，代表"国家的""社会的""城市的"等多种含义。该书除介绍和结论（分别由 Nauright 和 Schimmel 主笔）部分外，第一部分（2 个专题）以足球运动和奥林匹克运动为研究个案，置于资本主义市场经济运行环境中考察，为解释西方政治与体育营销共谋机制及赛事品牌影响力的建构过程。第二部分（3 个专题）审视政治、经济、文化三大坐标中文化要素发挥的作用功能对体育社会变迁的影响，主要通过橄榄球运动和冲浪运动的媒体营销和区域文化变迁的政治经济学分析获得。第三部分（3 个专题）以悉尼、多伦多、日本三个区域或城市体育发展案例的政治经济学分析为主，侧重全球重大体育事件与城市经济发展间关系与作用机制的考察。

3.4.2　《体育政治经济学》的理论价值

　　《体育政治经济学》借鉴了新政治经济学（New Political Economy）和国际政治经济学（International Political Economy）两大理论研究范式，分别表

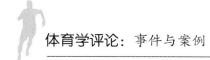
征两大理论脉络与缘起背景。一方面，受 20 世纪初西方体育休闲（Sport & Leisure）蓬勃发展（资本主义消费方式的全球扩张是推进现代体育发展的重要因素[2]）和两次世界大战中政治传播与战争经济启蒙的影响，体育的政治经济功能备受关注，恰逢冷战时期跨学科交叉研究的风行，以及资产阶级古典政治经济学复兴和新政治经济学的创立与成长，为分析体育实践与政治、经济领域三者间的联系提供了理论分析框架和方法学借鉴。另一方面，体育与国际政治经济学联姻历程，来源于体育在国际流动层面上功能转型的内在动力，主要针对国际体系中体育经济与体育政治因素间的联系与作用机制研究。参照 Nauright 的理论分期，在 20 世纪初，体育只是作为一种休闲活动，很少强调规则和组织；在 20 世纪 50 年代末和 60 年代初，体育只是传达胜负比分及新闻；而如今，体育更多的成为了政治代理和营利工具[1]。经过冷战孕育过渡期的发展和以柏林墙倒塌资本阵营全面胜利为标志，加速膨胀的跨国资本主义加大了对新道路的迈进力度——全球化进程和文化殖民，体育自身蕴含的无国界、公平竞争、精神纯粹性、娱乐享受等文化特性，成为后资本主义建构全球版图的重点培植对象。理论当挺身而出，承担解释、判断、前瞻后现代体育实践的责任，为资本主义全球体育政治经济实践扫清障碍。

冷战后有关体育政治经济学研究大都集中在提出假设、实践梳理和理论分析层面，一方面来源于体育政治经济实践的理论思考，充分借鉴了新政治经济学理论成果，如 1979 年出版的《体育政治经济学》[3]、1985 年出版的《南非政治经济中的阶级、种族和体育》[4]、1986 年出版的《高校体育政治经济学》[5]等，这些研究旨在揭示体育政治和体育经济领域的联系与规律，并未从国际政治经济学的视角置于全球化语境中考察。另一方面来源于国际体育政治研究中对经济、文化变量的理论思考，如 1994 年出版的《体育与国际政治》涉及奥运会、足球世界杯等全球重大赛事的组织、政策安排、政府干预、利益分配之间的分析[6]，1999 年出版的《20 世纪国际体育政治》回顾与考察了 20 世纪发生的全球重大体育政治事件背后隐藏的利益动机[7]等，这些研究旨在揭示全球化语境中体育政治的发展规律，也可归结为体育与世界政治、国际关系理论研究范畴。在传承与发展这两大理论范式的基础上，初步形成了体育政治经济学理论研究框架[8]，为后继理论发展打下了基础。

近年来有关体育政治经济学研究注重在案例分析、专题研究等方面，如2004 年出版的理解全球体育经济市场的专题研究《体育组织政治经济学》[9]，2005 年出版的个人评论作品汇编《体育商业与政治》[10]，2005 年出版的案例分析论文集《体育政治经济学》，2007 年出版的职业足球专题研究《澳大利亚足球政治经济学》[11]，2007 年出版的体育赛事专题研究《重大体育赛事政治经济学：以北京奥运会为例》[12]等。可以断言，未来的体育政治经济学研究将侧重理论与实证相结合、质性研究和量化分析相结合、多学科综合交叉研究范式，朝着专题细分发展深化，并关注东方世界或第三世界国家或社会主义阵营的体育政治经济学理论与实践，如近期出版的《职业体育政治经济学》[13]等。

《体育政治经济学》的理论价值在于植根资本主义全球化语境中，以奥运会和足球、橄榄球、冲浪等单项运动发展为理论线索，广为借鉴重商主义（Mercantilism）、马克思主义、新自由主义、全球化理论等政治经济学理论流派和研究方法，致力于澳大利亚、悉尼、日本、多伦多等国家或区域体育发展的案例分析，穿插诸如 IOC、FIFA、NBA、NFL、UEFA、ARL、AFL、SOBL 等国际或国家体育组织的角色扮演与作用分析，以进一步理解体育政治和体育经济间的联系、影响和作用规律。该书在体育政治经济学理论发展和学科建设方面发挥了承前启后和承上启下的作用，为多价值维度理解全球体育实践开辟了独特视野，对体育学跨学科交叉和多学科交叉综合研究具有案例借鉴意义，适合相关专业研究生课外拓展阅读及相关专业教师、学者研究参考。该书有诸多理论亮点，每个亮点的后续思考足以成章，在此遴选典型的精读片断，与学友交流。

3.4.3 精读一：体育文化的政治经济学解读

在 20 世纪 80 年代西方发达国家经济重建的很长一段时间里，失业率

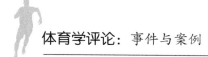

日益增长，社会阶层两极分化日趋严重，为解决这些社会危机，企业与城市联袂合作，制定实施有关文化发展政策，以刺激生活必需品的消费和推动文化行业（艺术、戏剧、时尚、竞技等）进入市场流通领域，具有文化象征意义的经济变得愈发重要[1]，竞技（Sport）的职业化、表演化、时尚化成为一种不可扭转的社会趋势。以冲浪运动为例，全球冲浪运动产值约为 40 亿美元 / 年[1]，冲浪爱好者只是意识到运动本身的意义，而对冲浪运动的政治经济意义却知之甚少。

许多前卫时尚的冲浪爱好者将冲浪运动与反社会生活联系起来，将冲浪运动的反社会含义命名为心灵冲浪。心灵冲浪者将有组织的冲浪运动视为社会权力实践的一种表现形式，用晦涩难懂的后现代生活观念赋予冲浪运动全新的含义，同时代表一种新的民主政治参与形式。冲浪象征自我表达、逃避和自由，海浪变成了梦、操场、矮墙甚至是避难所，寻求完美的海浪则变成了无止境的精神追求。这种反主流文化、反社会生活的理念与逻各斯传统背道而驰，植根个性化的自我实现语境，主张一种特殊的左翼政治路线，以反权威的社会行为，形成日常生活和社会观念批评传统，尤其体现在音乐、服饰、语言和生活方式方面，这些文化主张借助大众媒体的力量得以强化。以冲浪电影为例，20 世纪中叶的好莱坞冲浪电影，植根于南加州的音乐产业和广告创意中，电影神话传达出加州独树一帜的冲浪生活方式，促进了文化冲浪时尚的流行与传播[1]。从影视史学视角审视，冲浪电影代言的社会精神整体上与心灵冲浪概念保持高度一致，是一种属于年轻人自我解读的亚文化形式，崇尚冒险精神和反传统的生活方式[14]。如果将冲浪运动的讨论延伸至一个同类型的体育文化范畴，置于滑板、街舞、街头篮球、轮滑、攀岩、跑酷等标榜青少年性格的时尚体育文化语境中考察，所获得的结论会更容易得到理解与支持。如滑板英雄 Stevie Williams 的案例，白人运动员的社会反叛行为是一种与"白人男性强烈政治抵制"有关的文化标识，滑板运动虽未涉及白色特权和身份政治，却为白人运动员的社会行为寻求了一个合法性观点[15]。

冲浪运动的身份政治优势招徕了社会资本投入，商家精心设计冲浪运动的清新形象，以促进那些有关身体健康和提升生活品质的产品销售，与之相关的系列广告铺天盖地地出现在大众媒体中。冲浪产品制造商和独立零售商店的选择则相对有限，他们必须考虑冲浪运动的文化特性以精确市场定位，并依据心灵冲浪概念及彰显的生活方式设计、生产与营销冲浪运动系列产品，包括冲浪板、服装、杂志、便携式音乐设备、旅行包以及一些附属品等，这些冲浪产品明确地标识社会时尚、价值观和身份烙印，例如一些地域性的时尚文化衫，以此证明心灵冲浪者的身份及价值主张。冲浪运动的政治经济实践映射出时尚体育的社会象征体系，亦如知名体育作家 David Halberstam 所言："有时体育反映社会，有时体育让我们更好地理解这个社会。但更多的时候，体育是有天赋的和受驱逐的青年男女的娱乐世界，他们以技能和热情做特定的事情，并充分享受生活的赋予。"[16]

3.4.4 结语

《体育政治经济学》尚有许多有价值的精辟分析片段，如奥林匹克教育的政治经济学分析、世界职业化赛事与运动员移民问题、体育经济与文化身份问题、体育真实与媒体政治再现问题、奥运会城市发展与房地产经济问题、运动休闲与城市旅游问题等。以上列举体育媒体政治经济学和体育文化政治经济学两个专题研究个案，此外已形成一定成果积累的体育政治经济学专题研究领域，尚有体育国际政治经济学、职业体育政治经济学、体育组织政治经济学、体育赛事政治经济学、体育教育政治经济学等研究分支，旨在抛砖引玉，有待学友们研究跟进。

体育政治经济学致力于全球体育实践的多维考察和解释分析，研究对象是日益泛化深化的全球体育实践活动，以及植根全球化进程中的区域体育实践活动（全球–区域化模式）。其成长过程表现为一种多学科交叉综合研究范式，发展动力来自全球体育实践复杂性的解释和综合多维考察的迫切需要。《体育政治经济学》运用了马克思主义政治经济学分析范式，但应当看到它是建立在西方马克思主义理论发展的基础上，倾向于新马克思主义研究和马克思主义文化研究方向，有别于中国特色马克思主义理论体系。或许政治经济学与体育学的结合只是一种追逐时髦的痴人呓语，或许政治经济学本身只能为全球体育现象提供一种怪癖的、扭曲的、让强权者感觉不适的观点，或许政治经济学为全球体育实践铸造的仅仅是不可实现的仿像……但有一点必须铭记，它明确地告诉你"谁受益，谁受损"（Who Gains，Who Loses），亦可点亮这个后殖民世界的黑暗角落。

参考文献

［1］Nauright J，Schimmel K S. The Political Economy of Sport ［M］. New York：Palgrave Macmillan，2005.

［2］Smart B. Not Playing Around：Global Capitalism，Modern Sport and Consumer Culture ［J］. Global Networks，2007，7（2）：113-134.

［3］Kidd B. The Political Economy of Sport ［M］. Calgary：Calgary University Press，1979.

［4］Jarvie G. Class，Race，and Sport in South Africa's Political Economy ［M］. London：Routledge & Kegan Paul Books，1985.

［5］Hart-Nibbrig N，Ottingham C. The Political Economy of College Sports ［M］. Lexington：Lexington Books，1986.

［6］Houlihan B. Sport and International Politics ［M］. New York：Harvester Wheatsheaf，1994.

［7］Riordan J，Krüger A. The International Politics of Sport in the Twentieth Century ［M］. New York：E & FN Spon Press，1999.

［8］Sage G. Political Economy and Sport ［A］//Coakley J，Dunning E. Handbook of Sport Studies ［M］. London：Sage，2000：260-276.

［9］Forster J，Pope N. The Political Economy of Global Sporting Organisations ［M］. New York：Routledge，2007.

［10］Weiner E. The Business & Politics of Sports：A Collection of Columns ［M］. London & New York：TBE Press，2005.

［11］Stewart B. The ames are not the same：The Political Economy of Football in Australia［M］. Melbourne： Melbourne University Press， 2007.

［12］Close P， Askew D， Xu X. The Beijing Olympiad： The Political Economy of a Sporting Mega-Event［M］. New York： Routledge， 2006.

［13］Bourg J F， Gouguet J J. The Political Economy of Professional Sport［M］. Cheltenham & Northampton： Edward Elgar Pub， 2010.

［14］Booth D. Surfing Films and Videos： Adolescent Fun， Alternative Lifestyle， Adventure Industry［J］. Journal of Sport History， 1996， 23（3）： 313-327.

［15］Farred G. Revolt of the White Athlete： Race， Media and the Emergence of Extreme Athletes in America［J］.International Journal of Sport Communication， 2007， 1（1）： 122-123.

［16］Halberstam D， Stout G. Everything They Had： Sports Writing from David Halberstam［M］. New York： Hyperion Books， 2008.

3.5　《运动哲学杂志》（JPS）推荐

提　要：《运动哲学杂志》（The Journal of the Philosophy of Sport， JPS）是由国际运动哲学学会（IAPS）主办的，旨在沟通当代运动哲学思想的且最受推崇的国际性刊物，内容包括选题新颖的刺激性文章、对已取得工作成果的评论性回顾和有关运动哲学的哲学性讨论。通过对JPS1980—2007年篇目、摘要及若干全文的信息统计与结构分析，力求全面了解和深入把握JPS刊文特点、结构及其所映射出的有关运动哲学研究关键词、国际前沿和问题域。

《运动哲学杂志》（The Journal of the Philosophy of Sport，JPS）是由国际运动哲学学会（International Association for the Philosophy of Sport，IAPS）主办，由人类动力学出版集团（Human Kinetics Publishers

Inc.）出版发行，旨在沟通当代运动哲学思想的且最受推崇的国际性刊物（SCI 收录刊）。IAPS 前身是由时任美国天主教大学（Catholic University of America）的保罗·维斯（Paul Weiss）教授于 1972 年创立的运动哲学研究会（The Philosophic Society for the Study of Sport），并于 1974 年创办 JPS。IAPS 每年举行两次国际运动哲学会议，与会人员是正式成员资格认定的重要途径，会议主题或精华内容于 JPS 即刊发表。JPS 从 2001 年第 28 卷开始由年刊改为半年刊，期刊内容包括选题新颖的刺激性文章、对已取得工作成果的评论性回顾和有关运动哲学（Philosophy of Sport）的哲学性讨论（Philosophic Discussions）。通过对 JPS1980—2007 年第 7—34 卷共 33 期（第 1—6 卷，第 20 卷缺省）的篇目、摘要及若干全文的信息统计与结构分析，力求全面了解和深入把握 JPS 刊文特点、结构及所映射出的有关运动哲学研究关键词（Key Words）、国际前沿（International Forefronts）和问题域（Problem domain）。JPS 常设栏目有 Articles（论文）、Discussion（讨论）、Review Essays（评论性回顾）以及作为 Discussion 有机组成部分（亦是运动哲学领域的热点议题与前沿方向）的 Special Section（专题部分），机动栏目有 Presidential Address（权威性演讲）、Introduction（介绍）、Symposia、Conferences and Notices（评论集，讨论会和通知）和 Bibliography（书目）。常设栏目和机动栏目分别占所统计论文总数（见表 3-3）的 92% 和 8%，值得注意的是，表征西方自由辩论传统与百家争鸣品格的"评论性回顾"栏目占据较大比重（约四分之一）。

表 3-3　JPS1980—2007 年（7—34 卷共 33 期）发文统计表

起止卷（总期数）	论文	讨论	专题部分	评论回顾	权威演讲	介绍	总计
7—17（11）	43	12	18	23	12	2	110（33%）
18—28（11）	41	29	9	29	7	1	116（35%）
29—34（11）	58	5	11	26	4		104（32%）
总计: 7～34(33)	142（43%）	46（14%）	38（11%）	78（24%）	23（7%）	3（1%）	330（100%）

3.5.1 "论文"与"讨论"栏目

"论文"与"讨论"栏目是 JPS 主体部分,占所统计论文总数的 57%。JPS 问题域广博精深,学科多元交叉跌宕,为便于结构分析需要,谨以问题意识(Problem Sensitivity)为逻辑起点的主观分类原则柔性划分问题域范畴,并以问题意识致力最终解决的社会实在问题或学科理论方向作为判断篇目分类范畴的归类依据。如表 3-4 所示,问题域分类统计所占比率从高到低排序依次为认识论(本体)(Theory of Knowledge & Ontology)、其它、精神建构(Spiritual Construction)、道德伦理规范(Ethics)、社会实在问题(The Problem of Social Reality)、方法论(Methodology)、理论体系(System Info)、美学与艺术(Aesthetics & Art)。

表 3-4 JPS"论文"与"讨论"栏目问题域分析

起止卷 (总期数)	伦理规范	精神建构	社会实在	认识论 (本体)	方法论	理论体系	美学与艺术	其它	总计
7～17 (11)	10	10	5	15	4	1	4	6	55 (29%)
18～28 (11)	7	13	7	23	4	1	1	14	70 (37%)
29～34 (11)	10	6	3	22	4	2	4	12	63 (34%)
总计: 7～34 (33)	27 (14%)	29 (15%)	15 (8%)	60 (32%)	12 (7%)	9 (5%)	4 (2%)	32 (17%)	188 (100%)

"认识论(本体)"旨在探讨运动认识的发生、过程、规律、本质、结构、与客观实在的关系,以及运动观念(理想)、本体存在、价值和意义,其中涉及运动观念、价值和意义的主题(篇目)分别有 9 篇、5 篇和 3 篇,其余主题均衡分布于各致力范畴。

"其它"依然延续"评论性回顾"(倾向于质疑、反驳、争鸣)栏目风格,争鸣性文章占所统计"其它"的约三分之二(20 篇),一般刊登于"讨论"栏目,其余主题分别致力于项目与理论介绍(3 篇)、个案研究(3 篇)、概念专题讨论(1 篇)、运动教育(1 篇)、历史哲学(1 篇)、现象学(1

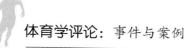

篇）、哲学人类学（1篇）、法学（1篇）。

"精神建构"是运动的社会建构重要范畴，从现代性理论视阈和后现代主义（Postmodernism）立场考探运动精神与思想建构的时代性、逻辑性、可行性，关键词主要有、"运动家精神"（Sportsmanship）、"奥林匹克主义"（Olympism）、"现实主义"（Realism）、"勇气"（Courage）等，亦可抽象为运动与各类"主义"精神的联系、讨论乃至表征，涉及资本主义（Capitalism）、实用主义（Pragmatism）、种族主义（Speciesism）、女权主义（Feminism）、英雄主义（Heroism）、象征主义（Symbolism）、法西斯主义（Fascism）、观众主义（Spectatorism）、自我主义（Egoism）认知主义（Cognitivism）、多元文化主义（Multiculturalism）等。

"道德伦理规范"致力于运动道德、伦理规范及比赛规则的哲学思辩，其中对道德伦理规范（23篇）的讨论传承了西方二元论传统，分别在项目伦理（拳击、足球）、概念化、公平竞争、毒品、兴奋剂、性征（Sexual Characteristic）、本性、欺骗、美德、善良、勇敢等问题域展开激烈论辩，比赛规则的哲学思辩（4篇）分别致力于规则的合逻辑性证明（William J. Morgan，1987，14，1）、规则权威与公平性解构（Stephen G. Utz，1989，16，1）、规则与裁判之镜（J.S. Russell，1999，26，1）、屡犯规则的目的性阐释（Warren P. Fraleigh，2003，30，2）。

"社会实在问题"作为应用性运动哲学范畴，直接面向与解决现实存在的社会问题，且是重大的、棘手的、热点的、具有理论意义的社会问题，具体在制度建构、商业化、形势判断、社会矛盾缓解途径、人际关系、运动公共领域、运动伤害、吸毒、病毒侵害等方面。

"方法论"旨在运用哲学方法论和一般科学方法论并与运动理论与实践相结合，以求获得认识和改造运动专业领域的宏观方法（理论建构）。有关运动的哲学方法论的讨论表现多维，有从宏观性和普适价值出发的探索，如关于运动哲学方法论的思考（Graham McFee，2004，31，1）等，有对具体运动问题、现象、事件的哲学方法学分析，如运动中偶然性所占成分的哲学分析（Frans De Wachter，1985，12，1）等，有建立在西方经典方法学上的运动哲学方法应用性讨论，如还原论于运动实践的表现（Sharon Kay Stoll，1999，26，1）等。

"理论体系"非 JPS 问题域中心，在寥寥 4 篇关于运动哲学理论体系的讨论中，R.Scott Kretchmar（1990，17，1）提出运动哲学理论建构的宏观性与可能性，Sigmund Loland 和 Mike McNamee（2000，27，1）提出具有普适价值意义的有关公平竞赛和运动思潮的哲学框架体系，David Inglis（2004，31，1）评述与声援 Ortega y Gasset's 关于运动实存的哲学体系，Dennis Hemphill（2005，32，2）考察运动在虚拟网络世界的表现与范式。

"美学与艺术"旨在讨论运动美学的若干理论方向和运动艺术化的宏观反映，问题域分别为美国武艺的哲学前景（Carl B. Becker，1982，9，1）、运动和艺术的特性与差异（Terence J. Roberts，1986，13，1、Christopher Cordner，1988，15，1）、舞者作为艺术家和代理人（Peter J. Arnold，1988，15，1）、审美暗示（Lesley Wright，2003，30，1）、完美（Joseph Kupfer，2001，28，1）、爱滋病（伦理）与美学考虑（M. Andrew Holowchak，2002，29，1）、运动与戏剧（Anthony D. Buckley，2006，33，1）、种类艺术（Bernard Suits，2004，31，1）。

3.5.2　"专题部分"与"评论性回顾"栏目

"专题部分"与"评论性回顾"栏目是 JPS 重要部分，占所统计论文总数的 35%。在 JPS 开展的 11 个专题讨论中，无一不是具有重大现实价值、深远理论意义与极富前瞻性的选题，刊庆十周年纪念（Tenth Anniversary，1983，10，1），运动和毒品（Drugs and Sport，1984，11，1），美、运动与性别（Beauty，Sport，and Gender，1984，11，1），运动和美学（Sport and Aesthetics，1985，12，1），运动、竞赛和游戏（Sport，Games and Play，1989，16，1），运动中性别公平与不公平问题（Gender Equity and Inequity in Sport，1993，20，1），富于艺术性的运动哲学状态与历程的反映（Reflections on the State of Art，1993，20，1），动物运动伦理（Ethics of Animal Sports，1996，23，1），运动和道德现实主义（Sport and Moral Realism，2004，31，2），运动和残疾（Sport and Disability，2005，32，

2），奥林匹克哲学（Olympic Philosophy，2006，33，2）。"评论性回顾"栏目广泛开展的质疑、反驳、商榷、争鸣不仅出于对已取得工作成果的评论性回顾的考虑、重视与尊崇，亦旨在通过自由辩论、百家争鸣的形式将理论研讨推向顶峰与高潮，或在广袤且深邃的自由暇思（运动纯哲学思辩）中启发新思路，开拓新的问题域。如 3-5 所示，"评论性回顾"栏目在更高的意义上可视为对"论文"与"讨论"栏目问题域的延伸与补充，以下仅推介创新性选题或新问题域方向，身体与禁欲主义（David Fairchild，1995，22，1）、运动和宗教信仰（Robert J. Higgs，1996，23，1 Douglas R. Hochstetler，1997，24，1）、民族美德与运动特性（Danny Rosenberg，1998，25，1）、运动应用哲学（Jim Parry，1995，22，1）、运动暴力（Sigmund Loland，00，27，1）、文化表演（Andrew Miracle，1984，11，1）、运动和性骚扰（Michael D. Burke，2003，30，1）、运动本体（精神）（Peter Hopsicker，2005，32，2）、哲学运动员（Peter J. Arnold，2004，31，1）、"上帝之手"（Heather L. Reid，2002，29，2）、运动和身体教育的意义（Roselyn E. Stone，1985，12，1）、美国运动小说（Leverett T. Smith，1983，10，1）、运动和舞蹈特性比较（Jan Boxill，2004，31，2）、运动激进论（Maurice L. Wade，1995，22，1）等。JPS 开辟的东西文化哲学比较视阈亦当引起理论关注，它为我们了解西方视野中的东方形象与观念以及理解中西身体文化差异提供了理论视角、方法和可能的选择路径，这些是由作为宏观研究的"东方遇见西方（思想和身体）"（R. Scott Kretchmar，1988，15，1）和作为镜像表征的"禅的意蕴与东方武艺"（S.K. Wertz，1984，11，1）、"武艺实践哲学"（Ronald L. Massanari，2001，28，2）带来。

表 3-5　JPS "评论性回顾" 栏目问题域分析

起止卷（总期数）	伦理规范	精神建构	社会实在	认识论（本体）	方法论	理论体系	美学与艺术	其它	总计
7—34（33）	18（19%）	12（12%）	16（16%）	25（26%）	9（9%）	3（3%）	6（6%）	9（9%）	98（100%）

注："论文"与"讨论"栏目分析中"其它"部分涉及的 20 篇争鸣性文章列入本议题分析范畴，故"评论性回顾"栏目实质上应当占（98 篇）所统计论文总数的近三分之一（30%）。

3.5.3　机动栏目

机动栏目是 JPS 辅助部分，占所统计论文总数的 8%。其中"权威性演讲"栏目引人注目，这里有新颖的选题，如屏住呼吸的纯哲学思辩（S.K. Wertz，1986，13，1）、运动和幸运（Robert Simon，2007，34，1）等；有针对社会实在问题的权威解答，如运动哲学社会批评的反思（William J. Morgan，1988，15，1）、民主政治、教育和运动（Peter J. Arnold，1989，16，1）等；有运动哲学基本理论思辩，如有关运动的哲学方法（W. M. Brown，1982，9，1）、运动哲学体系的任务（Hans Lenk，1982，9，1）等；有运动认识与本体探索，如竞赛的姿态（Drew A. Hyland，1980，7，1）、运动的内在（身体性）（Robert G. Osterhoudt，1996，23，1）等；有致力于精神构建范畴，如运动训练和道德伦理（Carolyn E. Thomas，1983，10，1）、足球和女权运动（Jan Boxill，2006，33，2）等；其它独具特色的选题，如现代体育运动与东方身体文化比较（Shinobu Abe，87，14，1）、运动和诗歌（Terence J. Roberts，1995，22，1）等。"介绍"栏目内容均由 Klaus V. Meier 分别于 1983 年、1984 年和 1993 年带来，问题域分别为技术发展水平的记录（A Note on the State of the Art）、运动和价值论问题（Axiological Issues and Sport）、再论运动和价值论问题（Sport and Axiological Issues Revisted）。"评论集、讨论会和通知"（共 4 期）和"书目"（共 6 期）栏目设置于 JPS7—17 卷，之后亦以不同刊发形式得以持续，主要传达 JPS 与会议信息以及推荐即年有关运动哲学的著述文集。

3.5.4　后记

运动哲学研究的对象或范畴是以运动（Sport）领域现实存在的问题和现象为观照主体的哲学性讨论。JPS 问题域虽多元交叉跌宕却清晰了然、零而不乱，并建立以 Sport 为核心的价值场，亦是本书将 JPS 译为《运动哲学杂志》而非《体育哲学杂志》立意所在。JPS 问题域的意义呈现两种进路，一是发挥哲学的宏观性和现实功效，从更为广阔的意义维度和更为

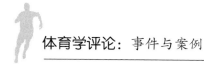

严密的范式整体阐释运动问题与现象，以求优选或开辟新的解决路径与策略；二是发挥哲学的纯粹性和潜在价值，在超脱现实和摆脱功利的纯精神思辩语境中审视与把握运动问题与现象的逻辑合理性和社会合法性。JPS极力推荐社会实在问题的哲学解释，推崇精神游戏者们的纯哲学辩论，敢于判断与憧憬未来的可能。学友们，一个广阔的且最富理论与实践前景的思想建构（学科）场域映入眼帘，您还等什么！